KB202902

농(農)신학

— 살림과 평화의 길

농(農)신학
— 살림과 평화의 길

2024년 5월 3일 처음 발행

지은이   한경호 외 9인
엮은이   한국농신학연구회
펴낸이   김영호
펴낸곳   도서출판 동연
등 록   제1-1383호(1992. 6. 12.)
주 소   (우 03962) 서울시 마포구 월드컵로 163-3
전 화   (02)335-2630
팩 스   (02)335-2640
이메일   h-4321@daum.net / yh4321@gmail.com
인스타그램 http://www.instagram.com/dongyeon_press

ISBN 978-89-6447-004-6 94230
ISBN 978-89-6447-904-9(농신학연구 시리즈)

농農신학

살림과 평화의 길

제4집

한경호 외 9인 지음

한국농신학연구회 동연

머리말

농신학(農神學)의 세계화를 위하여

한경호

(목사, 한국농신학연구회 회장)

농신학연구회가 창립된 지 어느새 5년이 지났고, 1년에 한번 하는 공개심포지엄도 어느덧 4회째가 되었다. 그동안 월례세미나를 빠짐없이 진행해 온 것은 회원 모두의 열정과 헌신이 모여서 이루어진 일이라 생각한다. 요즘 이렇게 매월 세미나를 하는 모임이 흔치 않다는 점을 감안하면 농신학연구회는 좀 특별나다고 말할 수 있다. 심포지엄을 할 때마다 지난 1년간 월례세미나에서 발표한 글들을 모아서 단행본으로 출간하곤 했는데 이 책은 네 번째가 되는 셈이다.

자, 그러면 앞으로 우리는 어떻게 할 것인가? 어떤 과제가 놓여 있는가? 그 답의 실마리를 이번호에 게재된 글 리민수 신부의 "농(農, No)의 신학: 신(神)중심의 신(新)유물론적 기독교"에서 찾을 수 있으리라 생각한다. 그의 글을 읽어보면 오랜 기간 문제의식 속에서 생겨난 것이요, 매우 독자적인 내용을 담고 있으며, 그리하여 우리에게 부족한 부분을 보완해주고 있다는 것을 알 수 있다. 리 신부는 대한성공회에서 사제 서품을 받고 일본에 선교사로 파송되어 사역하다가 일본성공회로 소속을 옮긴 후 지금도 일본에 거주하고 있는 분이다. 고도로 산업화된 도시문명 속에서 살다가 지금은 한적한 시골에서 자연생태적인 환경에서 매우 만족하며 살아가는 그는 현대 문명에 대한 문제의식을 갖고 일본 농업의 몰락과 일본 기독교계의 농촌선교에 대한 세밀한 연구작업을 통해 새로운 길을 생각해냈다. 그리고 주변의 비슷한 문제의식을 갖고 있는 분들과 이 문제를 공유하면서 '농의신학'을 공부하는 모임을 만들어 진행해오고 있다. 우리보다는 다소 늦지만 비슷한 시기에 양국에서 농의 시각으로 성경과 세상을 바라보는 작업을 진행해오고 있었던 것이다. 우연의 일치라기보다는 시대가 그렇게 추동한 것이라고 생각한다. 웬델 베리, 엘렌 데이비스가 미국에 있고, 인도에 다니엘 프렘쿠마르 박사가 있다면, 일본에는 리 신부가 있는 것이다.

우리는 여기에서 앞으로 농신학의 세계화를 생각해볼 수 있을 것이다. 도시중심의 산업문명이 자본주의 경제체제하에서 과학기술의 발달에 힘입어 거침없이 나아가고 있는 모습은 인간의 욕망을 극대화하면서 비인간화시키고, 기후위기를 초래하여 지구 생태계를 사정없이 파괴시키고 있다. 인류의 생존이 앞으로 어떻게 될지 위기감이 점차 고조되고 있다. 오늘도 고도로 발달된 신무기로 전쟁과 폭력을 쉽고 잔인하게 휘두르고 있는 러시아-우크라이나, 이스라엘-팔레스틴(중동)간의 반(反)생명적인 행태를 바라보라. 이런 총체적인 위기 상황 속에서 그 근본적인 원인을 어디에서 찾을 것이며, 그 해법은 무엇인가에 대한 고민을 하는 사람들 그리고 그 답을 '농'(農)에서 발견하는 사람들이 분명코 세계 도처에 있을 것이라고 생각한다.

우리가 할 일은 그런 분들이 어디에 있고, 누구인지 관심을 갖고 찾아보는 것이요, 그런 분들과 생각을 교류하면서 공유하는 것이요, 나아가 그런 분들과 대면이든 비대면이든 한 자리에 모여서 생각을 발표하고 나누는 것이다. 그리고 전 세계를 향하여 예언자적인 목소리를 내는 것이다. 아마도 10년 안에 그런 일이 가능하지 않을까 생각해본다. 이런 면에서 농신학은 단순히 학문적인 연구를 위한 활동만이 아니요, 인간의 변화와 사회변혁 그리고 인류 구원을 위한 거대한 신앙운동이다. 학문적인 체계가 미흡하고 내용이 아직 불충분하더라도 교회와 사회를 향하여 절박한 소식을 간절한 마음으로 전하지 않으면 안 되는 것이다.

그러려면 우리의 준비가 좀 더 철저해야 한다. 학문성을 높이고 생각의 범위를 넓히며 사유를 더 깊이 하는 노력이 필요하다. 현재 농(農)에 대하여 관심을 갖고 있는 신학자가 거의 없지만 가능성이 있는 분들을 견인해내는 노력을 기울일 것이요, 보다 넓은 인문학적 소양을 꾸준히 향상시켜 가야 할 것이요, 우리의 발표문들을 영어로 번역하여 다른 나라 사람들과의 소통의 길을 열어야 할 것이다.

농신학연구회 회원들의 각오와 열정이 더욱 필요한 시점이다. 위기감을 느끼면 느낄수록 자신의 현실적인 삶에 안주하려는 유혹을 떨쳐버리고 분연히 일어서야 한다. 하나님께서 한국농신학연구회를 만들도록 섭리하신 뜻이 어디에 있을까, 진지하게 생각하면서 각자의 삶에서 자신의 과제들을 발굴해내어 부지런히 풀어나가는 노력을 꾸준히 기울여야 하지 않을까 생각해본다. 현재 농신학연구회 회원이 아닌 분들이라도 뜻을 같이할 분이면 참여하여 힘을 보태주기를 소망해본다.

차 례

웬델 베리의 기독교 농본주의와 환경윤리*

정희원

(교수, 계명대, 구약학)

I. 농업: 거룩한 제의의 여정

웬델 베리는 농부의 삶, 학문과 문학 활동을 통해 인간과 자연의 거룩한 관계성과 그에 기초한 환경윤리의 본보기를 제시한다. 그는 매일 켄터키주 포트 로얄 인근의 소규모 농장주로서, 소농의 삶을 살아가고 있다. 그는 왜 농사일을 하느냐는 질문에 선택할 수 없는 출생에 빗대어 답한다.

"'왜'라는 질문에 정확히 답할 수 없습니다. 아버지는 농사꾼으로 생계를

---

* 이 글은 지난 2023년 11월 21일(화) 대전 생명나무교회에서 대면으로 가진 농신학연구회 제38차 월례세미나에서 발표한 것이다.

책임지셨고, 저는 어릴 적부터 그런 아버지의 농사일을 도왔습니다… 일반적으로 사람들은 어떤 일을 좋아하는 이유에 대해 선뜻 대답하기 힘들죠. 저는 글 쓰는 일도 좋아합니다만, 이유를 모르겠습니다. 저는 농사일을 하며 성장했고, 농사를 미천하다고 여기거나 멍청한 사람들이나 하는 일이라고 생각해보지 않은 사람들 사이에서 자랐습니다."[1]

베리에게 농사일은 출생권만큼이나 선택이 아니었다. 또한 농업이 가치 있고 도전적 직업이라는 그의 의식은 작가, 교육자, 학자로서 성공적인 경력을 통해 단련된 농업 문화에 대한 몰입에서 비롯되었다. 베리는 작가와 학문적 업적으로도 잘 알려져 있지만, 농장주이자 농민의 삶은 그의 환경윤리 형성에 진정한 상수였다. 그에게 농사일은 반복적인 제의의 과정이며, 신과의 친밀한 관계 형성을 가능케 하는 여정이었다. 이러한 베리의 경험과 대비되는 벨든 레인의 공간/장소에 대한 묘사는 신과의 만남이라는 경험과 관련해서 대지라는 존재의 허상적 본질을 제기한다.

특정 장소의 성스러움은 매우 일시적이고 주관적이며 정의하기 어려울 수 있다. 신성하다고 인식되는 어떤 장소에서 겪는 특별한 경험은 일반적으로 반복할 수 없는 것으로 증명된다. 특별한 장소로 되돌아간다고 해서 그 경험을 다시 할 수 있다는 보장은 없다. 특정 장소 자체가 사람들이 그곳에 대해 품고 있는 기억을 쉽게 상기시키지는 않는다.[2]

---

1 Morris Allen Grubs, ed., *Conversations with Wendell Berry* (Jackson: University Press of Mississippi, 2007), 150.
2 Belden C. Lane, *Landscapes of the Sacred: Geography and Narrative in American Spirituality* (Baltimore: Johns Hopkins University Press, 1988), 217.

이와 달리 베리는 자연 속에서 성스러움의 개념을 상기할 수 있는 대지/장소와의 관계를 성공적으로 발전시켰다. 그는 경작의 형식으로 대지를 반복적이고 지속적으로 관리함으로써 자신의 토지를 의식적으로 표시하며 성스러움을 경험하고 개념을 확립하였다. 베리는 노동의 제의적 과정이 인간 외부에 선재하는 신성을 인식하는 데 필수적이라고 주장한다. 그가 의미하는 신성한 장소, 성지의 공간 개념은 농사와 같은 일상적인 일과 기도와 같은 거룩한 제의 사이에 자연적인 구분이 존재한다는 인식에 강력히 문제를 제기한다. 인간의 모든 사회적 상황에서 성과 속의 경계가 항상 명확하게 그어지는 것은 아니다. 베리는 농업의 본질에 대한 신념과 전통적 농업 관행의 경험을 성과 속의 경계는 모호하며 그러한 경계의 설정이 끊임없이 문제를 야기한다는 사실을 지적한다. 경계에 관한 인식은 그로 하여금 내재적 성스러움에 대한 올바른 이해에 기초한, 윤리 체계 형성에 이른다.

베리는 대지를 모욕하고 노동의 제의적 과정을 부정하는 것은 육체노동에 대한 경멸과 이원론적 사고방식에서 기인한다고 주장한다. 그는 "나는 몸과 영혼의 이원론, 하늘과 땅의 이원론에 별로 관심이 없었다"[3]고 말한다.

이원론적 사고는 물리적 육체/대지/물질을 경멸적으로 구분하고 이들과 상대적이라고 여겨지는 것들을 우상화했다. 선험적인 것들을 숭배하고 내재된 것들을 무시하거나 어떤 경우에는 비난해 왔다.

3 Wendell Berry, Gary Snyder and Jack Shoemaker, *Wendell Berry and Gary Snyder*, June 22, 2000, Lanan Podcasts, https://podcast.lannan.org/2010/06/23/wendell-berry-and-gary-snyder-with-jack-shoemaker-conversation-10-November-1999-video/

"영혼은 육체에 맞서는 것으로서, 육신의 희생으로 번성한다고 믿어져 왔다."[4] 이러한 구분은 서구 사상에 고유한 부분을 차지하고 있다. 성장과 지식에 대한 무조건적인 긍정과 함께 서구 문화는 인간의 삶을 종속하고 자연을 착취한 결과로 번성하고 확장되었다. "우리 모두는 어느 정도 착취 사회의 산물이다…. 그런 사회의 흔적이 (우리에게) 없는 척하는 것은 어리석고 자기 패배적인 것이다."[5]

이에 베리는 분리 대신 상호의존의 이론, 착취 대신 양육 시스템을 권장한다. 그는 착취자와 양육자의 차이는 대지의 가치를 바라보는 방식과 노동의 의미와 목적을 바라보는 방식에서 뚜렷하게 드러난다고 설명한다.

> 착취자는 대지를 대할 때 오직 얼마나 많은 양을 얼마나 빨리 생산할 수 있는지 묻는 반면, 양육자는 훨씬 더 복잡하고 어려운 질문을 던진다. 대지의 수용 능력은 어느 정도인가? 대지를 감소시키지 않고 그곳에서 얼마나 많이 생산할 수 있는가? 대지는 영구히 무엇을 안정적으로 생산할 수 있는가? 착취자는 가능한 최소의 노동력으로 가능한 한 많은 돈을 벌기 원한다. 양육자는 노동으로 안정적 삶을 유지하기 원하지만, 본원적 희망은 가능한 자신의 일을 잘 수행하는 것이다.[6]

베리에게 이러한 구분이 중요한 것은 대지에서의 노동이 몸과 영혼 사이의 접점에 대한 이해와 연결되어 있기 때문이다. 그에

---

4 Wendell Berry, *The Unsettling of America: Culture and Agriculture* (San Francisco: Sierra Club Books, 1977), 105.
5 Ibid., 7.
6 Ibid., 7.

따르면 농업은 몸과 영혼의 상호 연결성을 인식하는 데 가장 적합한 직업이다. "농사는 실제적인 종교, 종교의 실천이자 의식이다. 농사를 지음으로써 우리는 에너지와 물질, 빛과 어둠에 근원적으로 연결된다."[7]

따라서 흙을 다루는 일은 일종의 종교이다. 대지에서의 종교적 체험은 모든 생명체가 서로 어우러지고, 나아가 전 우주와 상호 연결되어 있음을 확인하는 것이다.

육체와 영혼의 결합에 관한 이해는, 농사가 단지 인간이 소비하는 식량 자원의 생산 외에 다른 어떤 긍정적인 결과를 가져오지 않고, 이러한 노동은 종교 또는 거룩한 행위에 대한 이해에 어떤 역할도 하지 않는다는 통념에 의해 가려져 있다. 이러한 인식은 계속해서 착취적 경향성을 조장한다. "착취자들의 혁명이 성공하면서 노동, 특히 모든 형태의 육체노동은 인간의 존엄성에 걸맞지 않다는 생각도 함께 자라났다."[8] 많은 미국인들은 어떻게 하든지 노동에서 벗어나려고 노력하며, 그러한 사람들은 미국 농촌의 많은 농장에서 현장 노동의 인간성을 제거하는 데 성공했다. 지속적인 기계화로 인해 인적 요소가 제거되면서 관계성의 필수적인 부분이 사라지고 있다. 몸과 영혼이 분리되면 성과 속의 공간과 행동도 분리된다. 베리에게 성과 속은 구분되지 않는다. 만약 이러한 구분을 지속하면, 우리는 자동으로 가치 판단에 참여하게 된다. 성은 거룩함, 신성, 빛, 선함이고, 속은 세상적인 것, 인간적, 어둠, 악이다. 이러한 구분이 이루어지면 스펙트럼의 반대편이 정의되고 설정된다. 관념과 사물은 인간의

---

7 Ibid., 87.
8 Ibid., 12.

목적론적 이해와 연관해서만 스펙트럼의 한쪽 끝에서 다른 쪽 끝으로 이동할 수 있다. 인간에게 정의할 능력도 권리도 없는 능력자, 불변의 보편적 성스러움의 법칙에 대한 이해는 존재하지 않는다. 베리는 바로 이러한 무지에 대해 무엇보다 문제를 제기하고 주목한다.

> 계절을 거치면서 생명체를 통해 에너지를 반복해서 전달하는 농업의 순환에서 우리는 유일한 무한을 인식한다. 이 에너지의 순환이 얼마나 오래 지속될지 누구도 알 수 없다. 태양의 남은 수명 어느 시점에 이 지구는 끝을 맞을 수밖에 없다. 하지만 타오르는 태양의 상상할 수 없는 시간 속에 우리에게 주어진 짧은 시간 동안 그 무한을 접한다. 이 무한의 경험은 존재의 순환을 가져다주고, 생존을 가능케 할 우주 법칙에 우리 스스로를 일치시킨다.9

대지와 관련된 보편적이고 도덕적인 법칙에 대한 이러한 감각은 거룩한 땅, 성지에 대한 인간의 구분과 일시적 관념에 의존하지 않는, 고유한 성스러움에 대한 믿음을 암시한다. 따라서 모든 피조물은 무한한 것의 일부이고, 그 무한함으로 인해 존재하고 지속된다는 점에서 신성하다.

베리의 비(非)이원성에 대한 주장은 성스러움을 다른 방식으로 바라보는 데 도움이 될 뿐만 아니라 불경한 것에 대한 정의의 경계를 넓혀준다. 농업 관행을 불경의 영역으로 제한함으로써 우리는 베리가 상호의존적이라고 주장한 범주들을 더욱 분리한다. 나아가 농업에 대한 이러한 인식은 단일 작물 재배, 화학비료 및 살충제 사용,

---

9 Ibid., 87.

사용 공간 확대, 필요한 노동력의 감소를 옹호하는 농업의 기업 구조화를 조장한다. 베리는 기업농과 현대 사회를 대변하는 양보다 질, 효율성보다 속도, 사람보다 기계를 선호하는 안타까운 현실에 주목한다. 그는 인류의 근본 목적, 즉 땅을 가꾸고 생명을 유지하는 일로부터 인간을 분리시킨 사람들의 논리에 의문을 제기한다. "트랙터의 등장으로 농부는 더 많은 일을 할 수 있게 되었지만, 더 나은 일을 할 수 있게 된 것은 아니다. 그리고 알다시피 더 많은 것이 더욱 나빠지기 시작하는 시점이 도달했다."[10] 농장의 규모가 커짐에 따라 농장에서 일하는 사람의 수는 감소했다. 기업형 농장은 사람이 하던 일을 기계에 점점 더 많이 의존하고 있다. 이는 농부의 노동을 평가절하하고, 기계로 대체 가능하며 제거할 수 있는 것으로 변질시킨다. 베리는 이러한 주장의 정당성에 문제를 제기한다. 과연 우리는 노동에서 벗어날 권리를 갖고 있는 것일까? 기계화된 세상은 진정 인류의 삶을 더 나아지고 단순하게 만들까? 그의 대답은 "아니오"이다.

노동자가 독립적으로 집에서 일을 하면, 사회 전체는 조직의 효율성과 규모의 경제 측면에서는 손해일 수 있다. 그러나 노동자의 인간성 성취라는 측면에서 쉽게 정량화될 수 없는 가치를 얻기 시작한다. 그렇게 되면 노동자는 자율성, 기술, 지능, 판단력, 자부심, 존중, 충성심, 사랑, 경외심과 같은 자질 등을 자신의 일에 발휘한다.[11]

기계화를 제한하면 양적인 측면은 줄어들 수 있지만, 가용 노동력

---

10 Wendell Berry, *The Gift of Good Land: Further Essays Cultural and Agricultural* (New York: North Point Press, 1982), 105.
11 Ibid., 110.

의 증가와 지구에 대한 인류의 인식 증대를 통해 인간 삶의 질은 회복될 수 있다. 우리 삶의 기계화는 "우리를 육체적 생명의 원천으로부터 분리시킨다. 인류로서 우리는 더 이상 자신이 태어난 이 지구를 알지 못하고, 존중하지 않으며, 책임을 지지 않는다."[12] 베리에게 인간과 지구 사이에서 일어나는 교류는 산업화와 환경 파괴에 직면한 오늘날에 가장 명심해야 할 중요한 관계이다. 교류가 없으면 대지의 성스러움은 존재하지 않으며, 이는 인간이 대지와의 관계에서 얻는 결실을 통해 터전의 신성함을 이해하기 때문이라고 베리는 주장한다. "우리가 물려받은 모든 고대의 지혜는… 노동은 우리에게 죽음이 생의 조건 중 하나인 것만큼 필연적이라고 전한다. 선한 노동은 우리의 구원이자 기쁨이며, 조악하거나 이기적인 노동은 우리의 저주이자 파멸이다."[13] 더 많은 기계화는 사람들이 생존을 위해 매일 직접 접촉했던 대지의 신성함에서 점점 더 멀어지게 만든다.

따라서 노동은 고유한 신성함을 인정하고 수행하는 제의의 과정으로 인식된다. 성스러운 영역과 불경한 영역의 경계가 설정될 때, 대다수 사람들은 일반적으로 성스러운 영역을 '멈춰야 할 곳', 경건한 행위로서 가만히 있어야 할 곳으로 간주한다. 하지만 베리는 그러한 경계를 부정하기에 모든 공간은 어떤 의미에서 성스러운 공간이며, 그 공간은 세상 속에서 행동하는 공간으로 정의된다. "세계의 신성함을 확신하고, 그러한 세계에 인간이 책임 있는 일원이라는 소명을 염두에 두는 것은 언제나 부담스러운 일임에 틀림없다. 오늘날 그 부담이 산업화시대의 인간에게 가장 크게 다가오는 이유는 우리가

---

12 Wendell Berry, *The Unsettling of America: Culture and Agriculture*, 52.
13 Ibid., 12.

다양한 방식으로 세계를 더럽히고 창조물을 파괴한 너무나도 큰 죄를 범했기 때문이다."[14] 지구가 신성한 물질로 만들어졌기 때문에, 그 물질들로 일하고 상호 연결된 신성한 영역을 구성하는 요소들을 직접 손으로 만지는 것은 그 중요성을 이해하고 그 이해를 바탕으로 환경윤리를 형성하는 가장 간단한 방법이다. "이러한 유대에 관한 효과적인 지식은 교리보다는 기술에 있어야 한다. 가장 좋은 의미에서 기술은 다른 생명체들에 대한 책임의 표식, 인정, 입법을 의미한다. 이는 가치에 대한 실질적 이해이다. 그 반대는 단순히 미숙함이 아니라 원천, 의존성, 관계성에 관한 무지이다."[15]

베리는 이러한 '원천, 의존성, 관계성'에서 내재적이고 포괄적인 성스러움의 정의를 찾는다. 우리가 세상에서 상호작용할 수 있는 모든 것은 성스러움에 기여하며, 그 본성과 생존의 일부이다. 따라서 정교하고 균형 잡힌 상호작용 시스템에서 그리고 그것과 더불어 일하는 것에는 지식과 기술이 필요하다. "농업이 생명에 기반하고 인간의 삶을 충족시키고자 인간 에너지의 사용에 기반한다면 그리고 농업의 주된 목적이 생명주기의 완전성을 보존하는 것이어야 한다면, 농업 기술은 생명의 법칙에 따라야 한다. 농업 기술은 기계 또는 경제적 모델이 아닌 자연의 과정과 한계를 따라야 한다."[16]

따라서 윤리적 구조는 이러한 자연 과정에 대한 우리 자신의 이해를 기반으로 하며, 자연 과정에 대한 이해는 단순히 관조나

---

14 Wendell Berry, *Blessed Are the Peacemakers: Christ's Teachings about Love, Compassion & Forgiveness* (Shoemaker & Hoard, An imprint of Avalon Publishing Group, 2005), 67.
15 Wendell Berry, *The Unsettling of America: Culture and Agriculture*, 91.
16 Ibid., 89.

'멈춤'이 아닌 대지와의 상호작용을 통해 도달한다. 한 장소에서 '멈춤'은 시작에 불과하다. '멈춤' 이후는 현실과 생생한 경험 속에서 신성한 것을 분명하게 드러내는 행위가 일어난다. 제의의 과정으로 인식되는 환경과의 상호작용은 모든 형태의 인간 활동에서 돌봄과 선용의 윤리를 장려한다. 노동이 신성한 공간과 연관된 신성한 행위로 인식될 때, 인간과 환경의 관계를 유지하는 데 엄청난 책임감이 발생한다. 결론적으로 베리에 따르면 농지는 신성한 자연과의 상호작용이 이루어지는 가장 신성한 공간이며, 그 속에서 이루어지는 모든 행위는 거룩한 제의 행위이자 예배라는 것이다.

II. 웬델 베리의 신앙과 농본적 환경윤리

웬델 베리는 복음주의 기독교단인 남침례교 전통에서 자랐지만, 교회를 포함해 "기성 조직에 만족하거나 편안하게 여기는 사람이 아니었다"고 고백한다. "나는 교회를 좋아한 적이 없고, 학교도 마찬가지였다. 만약 정부에서 일했다면 정부도 별로 좋아하지 않았을 것이다. 지금도 정부에 대해 경멸까지는 아니어도 불편함을 가지고 있다."[17]

베리는 조직화된 기관에 대한 불편함을 스스럼없이 말하지만, 자신을 기독교인이라 소개한다. 그는 기독교인이라는 자신의 정체성에 관해 '설명할 수 없는 어색한' 부분이 있음을 인정한다. 그리고 그 어색함을 '주변적 기독교'(marginal Christianity)라는 용어로

---

17 Wendell Berry, *Gary Snyder and Jack Shoemaker, Wendell Berry and Gary Snyder*.

설명한다.

신앙의 유산인 개신교에 만족한 적이 없었다. 영혼과 육체, 하늘과 땅, 창
조주와 피조물에 관한 이원론, 다시 말해 현생과 세상에 대한 증오를 미덕
으로 여기는 이원론 때문이다. 이러한 종류의 경건함을 어릴 때부터 싫어
했다. 그럼에도 불구하고 나는 오랜 성서 번역본과 우리가 기독교적이라
고 부르는 문학적 전통을 열렬히 사랑한다.[18]

베리는 신앙관에 있어서도 이원론적 사고에 대한 불편함을 계속
해서 피력한다. 그럼에도 기독교 전통과의 유대감은 매우 강하며,
어릴 적부터 강요받은 신앙에 대한 헌신 의식을 이따금 의식적으로
표현하기도 한다. 또한 기독교인이 된다는 것이 기독교의 오랜 과거
의 짐을 짊어진다는 의미에서 기독교인이라는 자신의 정체성과 씨름
하고 있음도 피력한다.

교회, 교단, 조직화된 종교, 교파는 모두 그들의 교리와 제의의 수용을 강
요하고, 그것에 동의하지 않는 이들을 배제함으로써 생겨나고 일관성을
유지한다. 우리는 이것이 얼마나 피비린내 나는 일인지 알고 있다. 기독교
인들은 자신들의 지침에 반하는 가르침을 철저히 무시하고, 초창기부터
다른 신앙을 가진 이들을 죽이면서, 사람들을 구분하고 배제하며 선별적
으로 수용해 왔다. 조직화된 형태의 '교회'는 항상 불신자와 이단자를 배
제하고 때로는 죽이는 짓도 서슴지 않았다.[19]

---

18 Morris Allen Grubbs, ed., *Conversations with Wendell Berry* (Jackson: University
Press of Mississippi, 2007), 192.
19 Ibid., 118-119.

베리는 이렇게 조직화된 형태의 기독교와 씨름하면서도 성서에서 위안을 얻고, 하나님의 창조세계에서 자신만의 신앙적 근원을 찾는다. 그는 자연을 하나님의 작품으로 보기에 그 귀중한 선물의 안녕을 지키기 위해 특별한 방식, 농민이자 작가의 삶을 통해 자연과 상호작용한다. 베리가 '기독교' 작가로 비춰지는 이유는 그가 하나님의 창조를 논할 때 그의 신앙의 색조가 확연히 빛을 발하기 때문이다. 그의 신앙관은 수십 년간의 학문 연구와 작품 여정을 통해 형성되었다. "한동안 나는 종교가 없다고 생각했다. 하지만 성서와 찬송이 마음 깊이 자리하고 있음을 알았다. 그래서인지 내가 고백하기도 전에 이미 사람들은 나를 기독교 작가로 여겼던 것 같다."[20] 베리는 자신이 믿는 기독교가 예수의 기독교와 복음서의 신앙과 연결되어 있다고 소개한다. 그리고 자신의 신앙은 좋은 것이든 나쁜 것이든 기독교의 과거 요소 중 어떤 것도 부정하지 않는다고 말하며, 정통 신앙의 모순과 함정을 인식하고 주변부에서 지혜를 찾는다고 고백한다.

고착화된 종교 구조는 그 표면적 일부인 제도적 종속자들에 의해 바뀌지 않는다. 그것은 홀로 광야에 가서 금식하며 기도하여 정화된 시력을 회복하고 돌아 온 사람들에 의해 변화된다 …. 광야로 떠나는 그들은 가능성으로 가득한 주변부로 향한다 …. 그곳은 선한 것이 절대 있을 수 없다고 여기는, 정통이 배척한 곳이다. 하지만 그들은 새로운 진리는 아니어도 적어도 진리에 대한 새로운 비전을 품고 그들이 속한 공동체로 돌아와서, 자신의 터전에 대해 이전과는 다른 온전한 진리를 목도하게 된다.[21]

---

20 Wendell Berry, Gary Snyder and Jack Shoemaker, *Wendell Berry and Gary Snyder*.
21 Wendell Berry, *The Unsettling of America: Culture and Agriculture*, 174.

이러한 주변적 기독교에 대한 찬사는 베리의 농업 환경윤리의 기본 요소 중 하나이다. 그는 기성 종교에서 관찰되는 권위적 신념이 농업에서도 그대로 동일하게 드러나고 있음에 주목한다. "농업 분야도 전 세계에 걸쳐 기술력, 일반적인 전제와 욕망이 거의 동일하게 확산되고 있는데, 이는 마치 여느 종교들과 마찬가지로 일종의 복음화를 통해 '다른 국가들도 반드시 따라야 한다'고 선포하는 '보편화'를 추구하는 것과 같다."[22] 이처럼 획일화에 반대하는 베리는 에큐메니칼 정신에 기초한 기독교 윤리와 지속가능성을 위한 다양성에 기반하여 농본적 윤리를 제안한다. 이 윤리는 도덕적 질서에 관한 주변적 기독교의 개념에 근거한다. 베리가 언급하는 도덕적 질서는 구체적으로 지구를 착취하려는 자와 가꾸려는 자 사이의 차이에 대한 설명에서 그 의미가 분명히 드러난다.

> 착취자는 기술자이자 전문가이지만, 양육자는 그렇지 않다. 착취자의 목표는 돈과 이익이며, 양육자의 목표는 건강, 즉 터전, 자신, 가족, 지역 사회, 국가의 안녕이며… 착취자의 능력은 조직에 달려 있으며, 양육자의 능력은 질서에 대한 수긍으로, 다른 질서와 신비에 모두 적응하는 인간의 질서이다.[23]

'인간의 질서'란 지상의 질서뿐만 아니라 신성한 질서에 대한 응답이다. 인류와 지구의 관계는 베리에게 있어 도덕성의 전형이며, 인류의 안녕을 유지하기 위해서는 인간의 도덕성을 통해 지구의

---

22 Ibid., 175.
23 Ibid., 7-8.

안정을 지키는 것이 필수적이다. "건강한 문화는 기억, 통찰력, 가치, 노동, 유쾌함, 경외심, 열망의 공동체적 질서이다. 그것은 인간의 필요와 한계를 동시에 드러낸다. 나아가 지구 그리고 인류 간에 우리의 피할 수 없는 유대를 명확히 한다. 필요한 절제가 지켜지고, 필요한 노동이 이루어지며, 그것들이 수행되도록 보장한다."[24] 건강한 세상을 만드는 힘은 대지에 대한 인간의 친숙함과 그곳에 대한 경외심에 달려 있다. 이러한 친숙함은 정착(정주)을 전제하고, 그 지역에 대한 깊은 지식을 형성하며, 이는 다시 그 터전에 대한 깊은 경외심을 불러일으킨다. 그리고 경외심은 '절대적 선'을 위한 행위로 이어진다. 지구의 파괴가 도덕성 부재에 따른 결과임을 이해할 수 있다면, 베리의 '절대적 선'의 개념을 이해할 수 있게 된다.

> 우리가 어떤 일을 해야 할 이유를 심각하게 고심하지 않으며 '상대주의'를 악용해 왔기에, 이제 우리는 스스로를 견주어 평가하고 수고해야만 하는 절대적 선이 과연 존재하는지를 자문해야 한다. 나는 절대적인 선이란 건강함이라 믿는다. 단순히 위생적인 의미에서 개인의 건강이 아니라 총체적 온전함, 즉 창조 세계의 완전함 나아가 거룩함으로서 개인의 안녕은 온전한 총체의 일부일 뿐이다.[25]

이러한 절대 선의 개념으로 인해 많은 비평가들은 베리를 토대주의자(foundationalist)로 분류한다. 토대주의는 "모든 지식이 특정 원칙과 주어진 지식 또는 의심의 여지가 없는 지식에 기초한다고

---

24 Ibid., 43.
25 Ibid., 222.

가정하는 지식 이론 또는 인식론의 형태"로 정의된다.[26] 베리에게 절대 선의 존재는 그의 방법론을 구축하는 근간이자 반박할 수 없는 진리이다. 그리고 절대 선에 대한 인식은 노동의 필요성을 약화시키는 과학과 기술의 발전을 절제하려는 사람들에게서 찾을 수 있고, 구체적으로 전통적 농업 관행을 고수하는 농민들에 의해 유지된다. 따라서 베리는 현대 사회의 절대적 가치로 여겨지는 진보라는 개념에 의존하기보다는 전통과 검증된 방법의 중요성에 초점을 맞춘다.

> 현대농업은 스스로를 '과학'으로 만들었으며(오랫동안 농업 전통에서 지켜온) 도덕 전통과 단절하고, 오직 내부 결속만을 위해 비전과 사고를 제한함으로써 위엄과 파괴적 거만함을 보전해 왔다. 소위 농업 전문가들과 '농업경영인들'이라고 자임하는 이들은 자신들의 시스템이 작동하는 이유가 '외부'와 경계를 짓고 배제하는 관행 때문이며, 시스템이 제대로 작동하지 않는 모든 증거들은 자신들과 무관하다고 여긴다. '외부'의 질문은 묻지도 듣지도 않으며, 응답하려고도 않는다.[27]

이처럼 과학기술의 오만함과 배타성을 비판하는 베리는 윤리 체계의 형성에서도 과학적 방법의 배타적 적용에 대해 비판적이다. 농업 관행은 신념과 경험, 건강을 유지하는 데 도움이 되는 전통과 행위에 기인한 도덕성의 공통 개념에 기반을 두어야 한다.

> 인간의 지성에서 전통과 경험의 연관성은 광범위하고 심오하다. 생물학

---

26 The Online Postmodernism Dictionary, http://www. postmodernpsychology. com/Postmodernism_Dictionary.html(accessed 09/11/2023).
27 Wendell Berry, *The Unsettling of America: Culture and Agriculture*, 172.

적으로, 농업적으로, 경제적으로, 정치적으로, 문화적으로 건전하다. 권위적인 농업은 오직 장부상 경제의 얄팍한 확장만을 뒷받침할 수 있는 반면, 전통 농업은 문명을 구축할 수 있을 만큼 심오하고 견고하다.[28]

베리는 전통적인 농업 관행을 자신의 기독교 도덕 윤리의 정초로 선택했다. 그는 사람들에게 하나님의 창조세계의 상호 연결성과 통일성을 인식하도록 장려하면서도, 다른 종교와 철학을 가진 사람들을 포용하며 환경 문제 해결을 위해 개방적이며 민주적인 대화를 촉구한다. 이에 반해 일부 사람들은 도덕적 질서의 형성에서 과학적 과정의 문제점을 제기하고 협의를 강조하는 베리의 주장을 비판하며, 환경윤리에 있어 실용적 접근 방식을 옹호한다.

한편에서는 과학에 대한 오래된 계몽주의적 관점, 즉 기계적 세계관, 확실성을 위한 탐구, 환원주의적 해결책, 모든 난제는 해결될 수 있다는 인식은 이미 유행이 지난 것이라는 소식을 접하지 못한 듯한 베리에 대해 당황스러울 것이다. 다른 한편에서는 베리가 구겐하임 펠로우십을 받고 그의 수많은 저서가 판매된다는 사실에 탄복한다. 이유는 그의 많은 독자 중 대다수가 그의 토대주의가 자신들의 기호에 딱 맞다고 생각하기 때문이다.[29]

---

28 Ibid., 193.
29 Larry Hickman, "Pragmatic Resources for Biotechnology," in *Pragmatist Ethics for a Technological Culture*, eds., Jozef Keulartz, Michiel Korthals, Maartje Schermer, and Tsjalling Swierstra (Dord-recht: Kluwer Academic Publishers, 2002), 27.

이처럼 베리의 토대주의적 접근 방식에 동의하지 않는 이들은 그의 주장이 지극히 편협한 기독교적 세계관에 기인하기 때문이라고 비판한다. 기독교적 세계관이 아니더라도 토대주의는 그 자체로 문제점을 가지고 있는 것도 사실이다. 토대적 믿음 혹은 지식과 경험은 어떻게 정당화될 수 있는가? 베리는 기독교적 농경 윤리의 관점에서 환경 문제를 바라보지만, 그의 접근 방식은 에큐메니칼적이고 포용적이다. 그가 주장하는 본질적 진리란 인류 모두가 동의할 수 있는 온전함/건강함이 절대적으로 선하다는 것이다. 실용주의자들은 진리란 항상 새로운 경험과의 관련성에 대해 끊임없이 의문을 제기해야 하는 소실점이라고 결론 내리지만, 이 점에 대해서는 베리의 의견에 동의한다. "자연의 과정은 우리의 생존에 필수적이므로 우리는 그 과정 자체를 보호할 의무가 있다. 그 과정은 본질적으로 현재 진행형이기에 현재도 보존해야 하며, 미래에도 계속되어야 한다."[30] 실용주의자들은 인간 생존에 있어 선함이라는 진리에 관해서는 토대주의자들의 의견과 일치한다. 그들은 이 역시 새로운 경험의 출현에 따라 변경되거나 의문을 제기할 수 있는 진리라고 주장할 수도 있지만, 이 진리가 오늘의 현실에서 근본적이라는 것에는 의문을 제기하지 않는다.

베리를 비판하는 실용주의 철학자들의 주장의 문제점은 진보와 성장의 개념을 절대적 긍정으로 평가하는 빈도에서 분명하게 드러난다. 리처드 로티는 실용주의 윤리가 "희망하는 모든 것의 실체, 즉 미래에 대한 궁극적 정당화에 기꺼이 주목하려는 의지를 갖고 있고…

---

30 Hugh P. McDonald, *John Dewey and Environmental Philosophy* (Albany: State University of New York Press, 2004), 135.

실용주의의 차별점이 있다면 더 나은 인간의 미래라는 개념을 '현실', '이성', '자연'이라는 개념으로 대체한다는 점이다"라고 찬사를 보낸다.[31] 로티는 이러한 철학이 미래에 더 나은 사회를 건설할 수 있는 희망을 제공한다는 점에서 칭찬할 만하다고 보지만, 베리는 더 나은 미래에 대한 집착과 의존에 대해 경고한다. "착취적 행동에 대한 가장 많은 정당화의 원천은 미래였다. 착취적인 의식들은 특징적으로 스스로 미래를 책임지려 한다. 미래는 결코 산업 발전과 경제 성장으로 도달할 수 없는 시간이다."[32]

베리는 이러한 '미래 숭배'의 일원이 되는 것을 경고한다. "미래에 대한 숭배(광신)는 우리 모두를 선지자로 만들었다. 미래는 과학이 모든 문제를 해결하고, 모든 욕구를 충족시켜 줄 시간으로 여겨지고 있다."[33] 이러한 미래에 대한 집착은 현재의 시급한 문제를 소홀히 하고, 과거의 소중한 교훈을 무시하게 만든다. 베리의 연구에서 핵심이 되는 환경 문제와 관련해서 보면 농업의 기계화, 즉 미래에 대한 숭배의식은 미래 농장에 대한 상상으로 그들의 범위를 확장했다. "미래형 농장에서 가장 직접적으로 제기되는 문제는 통제에 관한 것이다. 이들 미래 농장에 내재된 야망은 완전한 통제, 즉 농업 환경을 완전히 통제하는 것이다."[34] 완전한 통제를 추구하는 과정에서 세심한 배려의 관행은 사라진다. 대지를 구성하고 농사일에서 경험하는 오묘한 관계성, 다양성과 복잡성은 기계화와 전문화를 통해 무한한 통제가 가능하다는 착각을 조성함으로써 철저히 무시된다.

---

31 Richard Rorty, *Philosophy and Social Hope* (New York: Penguin Books, 1999), 27.
32 Wendell Berry, *The Unsettling of America: Culture and Agriculture*, 58.
33 Ibid., 57.
34 Ibid., 70.

기계화와 무지한 농업 관행은 기업농업에서 가장 확실히 드러난 다고 베리는 주장한다. 지구의 작용을 통제할 수 있다는 인간의 능력에 대한 오만한 인식은 '전문가'와 '미래의 숭배'라는 무지에 내재되어 있다. "그 이유는 전문가와 통제라는 개념이 공생 관계를 맺고 있으며, 어느 쪽도 다른 쪽 없이는 존재할 수 없기 때문이다. 전문가는 한 가지 가능성에만 집중한다. 다른 모든 가능성을 배제함으로써 완전한 통제라는 터무니없는 허구를 실현한다."[35] 우리가 전문가들의 세계에서 살기로 선택한다면, 기업이라는 존재 모델을 선택하는 것이다. 이 모델은 기계화에 의해 확산되며 잘못된 통제에 의해 유지된다.

베리는 건강의 선함이라는 토대적 진리를 바탕으로 농사의 탈기계화, 노동의 탈전문화, 신앙의 탈제도화, 삶의 단순화를 촉구한다. 여기에서 단순함은 무조건적이거나 우둔한 사고방식과 자동적으로 연관 지어서는 안 된다. 다시 말해 베리가 주장하는 단순함은 일반화가 아닌 다양성에 기반한 단순함이다. "현대의 고질병은 전문화이다." 베리에게 전문화는 자연적으로 통합된 것의 해체를 의미한다. 그는 농업 분야의 전문화가 끼치는 영향력에 초점을 맞추려고 하지만, 전문가의 영향력은 단지 농장의 경계 안에서 끝나지 않는다. "전문화는 장인정신, 배려, 양심, 책임감 등의 총체적인 노동의 다양한 본질적 특성의 해체와 재앙적 붕괴를 제도화하고 정당화하며 비싼 대가를 치르는 방식이라 할 수 있다."[36] 전문가는 한 가지 일만 수행하도록 훈련 받아 다양한 지식의 부족과 기술의 단일성으로 인해 다양한

---

35 Ibid., 70-71.
36 Ibid., 19.

상황에 대처하는 능력이 약화된다. 특화된 능력을 지닌 이들을 전문가라고 부르지만, 사실 그들의 전문성은 범위가 제한이다. 다양한 기술의 분업화와 능력의 제한은 베리가 자연계와 인류에서 본질로 인식하는 생명의 상호 연결성을 무시하는 것이다.

> 공동체가 붕괴되는 이유는 물질계와 그 변화 과정, 원칙과 행동, 이상과 현실, 과거와 현재, 현재와 미래, 남성과 여성, 육체와 정신, 도시와 국가, 문명과 야생, 성장과 쇠퇴, 삶과 죽음 사이의 관계에 관해 반드시 요구되는 이해, 구조 및 법칙을 상실하기 때문으로, 이는 개인이 이들 관계에 관여해야 할 책임 의식을 잃어버리는 것과 같다.[37]

이러한 일반화는 또한 자연 세계에 대한 우리의 이해와 환경윤리에 대한 개념화를 혼란스럽게 한다. "국가, 고향, 터전의 개념은 '환경', 즉 우리를 둘러싸고 있는 것으로 단순화된다. 우리가 우리의 공간, 세상에서 우리가 몸담고 있는 일부를, 우리를 둘러싸고 있는 것으로 보는 순간, 우리는 이미 환경과 우리 자신 사이에 깊은 분열을 야기하는 것이다."[38] 이 분열의 과정에서 환경은 불경스러운 정체성을 띠게 된다. 대지는 철저히 물질적인 것, 즉 단순한 상품으로 간주되어 내재적 가치보다는 도구적 가치가 토지 이용의 초점이 된다. 따라서 전문화와 함께 인간 문화와 터전 사이의 유대감은 사라진다.

베리는 비대해지는 이러한 제도화에 대한 해결책으로 삶의 단순성과 기술의 다양성을 제안한다. "현대 정신의 질병은 분열화로서

---

37 Ibid., 21.
38 Ibid., 22.

이를 치유할 수 있는 유일하고 실용적이며 희망을 주는 방법은 정부나 기구, 조직이나 기관은 결코 고려하지 못하는 방식, 즉 한 개인만이 고려할 수 있는 소규모의 겸손한 방법이다. 개인은 장차 공적인 해결책이 될 수 있는 사적인 해결책부터 자신의 삶에서 시작해야 한다."[39]

인류의 정신에 영향을 미치기 위해서는 자기 수양부터 시작해야 한다. 개인이 복잡한 기술을 습득하고, 책임감 있는 삶을 살며, 지구를 깊이 배려하기 위해 노력한다면, 이러한 개인의 인식은 세상에 울려 퍼져 사회에 긍정적인 변화를 일으킬 것이다. 이처럼 베리는 그의 윤리 사상은 개인 차원에서의 변화 가능성에 초점을 맞추며, 그 변화를 세상에 긍정적으로 구현하기 위해 개인 간의 소통을 장려한다.

결론적으로 베리의 기독교적 도덕성은 그의 독특한 환경윤리 형성에 근간한다. 그의 기독교 도덕 규범과의 일체감은 구체적인 사고와 행동과 관련해 도덕 체계의 본보기로서 독특한 기독교 공동체의 가치를 높이 평가한다. 아미쉬 공동체는 그에게 삶의 단순함과 기술의 다양성을 보여주는 대표적인 예이다. 아미쉬의 농업 관행과 신앙은 베리의 환경윤리의 가장 중요한 신조를 구성한다. 모든 농부가 아미쉬가 되어야 한다고 주장하는 것이 아니며, 아미쉬 공동체가 완벽하다거나 그들의 생활 방식이 완전해서 제안하는 것도 아니다. 고려할 만한 몇 가지 원칙을 제시하는 것이다:

① 그들은 가족과 공동체를 지켜왔다.
② 그들은 이웃 간의 관습을 유지해 왔다.

---

39 Ibid., 23.

③ 그들은 부엌과 정원, 가정과 농장에 필요한 기술을 유지해 왔다.

④ 가용한 인간 노동력이나 사용 가능한 무료 동력원(태양, 바람, 물 등)을 대체하거나 소외시키지 않기 위해 기술 사용을 제한한다.

⑤ 관행과 기술을 최적으로 사용할 수 있는 선에서 농장의 규모를 제한한다.

⑥ 앞서의 관행과 제한에 따라 비용을 제한한다.

⑦ 자녀들이 가정에서 생활하고 지역사회에 봉사하도록 교육한다.

⑧ 농사를 실용적인 기술이자 영성 훈련으로 여긴다.

이들 원칙은 경영자, 주주, 전문가가 착취하는 세상이 아니라 인간이 살아 갈 세상을 정의한다.[40]

아미쉬는 베리가 제시하는 토지의 '선용'이라는 개념의 핵심인 한계와 보살핌에 대한 이해의 충실한 본보기이다. 공동체적 가치와 영적 행위로서의 농업에 대한 그들의 관심은 상호연결성과 비이원성에 대한 베리의 이해를 전형적으로 보여준다. "그들이 현 상황의 근본적 역설 중의 하나를 터득했다는 사실을 부인할 수 없다. 우리가 신이 되려고 애쓰는 것이 아니라, 인간임을 인정하고 스스로 한계 속에서 살아가며, 우리의 파편성을 받아들임으로써 스스로를 온전하게 만들 수 있다. 그들은 절제를 통해 스스로 온전하게 된다."[41]

인류는 개인의 생존에 타인이 필요하다는 인식을 통해서만 온전함을 실현할 수 있다. 이러한 결론은 조화를 이루기 위해 다양성을 인정하고, 긍정적인 결과와 정책 변화를 위해 민주적 심의가 필요한

---

40 Wendell Berry, *Home Economics: Fourteen Essays by Wendell Berry* (San Francisco: North Point Press, 1987), 177-178.
41 Wendell Berry, *The Unsettling of America: Culture and Agriculture*, 95.

이유이다. 하지만 현대 농업사회는 이러한 사실을 거의 무시하고 있다. "자연과 초기 농업에서 보여진 다양성의 원칙과 포용과 협력의 원칙을 현대의 권위적인 농업은 다양한 가능성을 무시하고, 과거의 원칙들에 대한 두려움과 복수심에 사로잡혀 엄격한 획일화로 대체했다."[42] 현재의 관행과는 대조적으로 아미쉬는 농장 공동체 삶을 통해 무수한 기술을 습득하며, 농업과 단순한 삶의 주인이 되기로 선택했다. 그들은 전통적인 농본적 삶의 방식으로 다양한 지혜를 성취하고 있다. 이러한 삶의 방식이 베리가 자신의 기독교적 농업 윤리를 통해 모방하고자 하는 환경윤리의 실체이다.

---

42 Ibid., 180.

구약학

삼손의 나귀 턱뼈와 턱뼈샘 이야기

이태영

(목사, 군산 수산교회, 신약학)

사사 삼손의 이야기는 매우 특별하다. 사사기에 나오는 열두
명의 사사들 중에서 삼손은 가장 풍부한 이야기를 전하고 있다.
그 양도 많지만, 그 내용도 대단히 다양하고 다채롭다. 그리고 많은
상징을 갖고 있다. 여호와의 사자(使者)가 삼손의 탄생을 예고하는
출산 이야기, 태어날 때부터 나실인으로 길러지는 이야기, 맨 손으로
사자를 죽이는 이야기, 사자와 벌꿀에 관한 수수께끼 이야기, 여우
삼백 마리 이야기, 당나귀 턱뼈로 블레셋 군대를 치는 이야기와
샘물 이야기, 성 문짝과 기둥들과 문빗장을 빼어서 헤브론 산꼭대기
에 버리는 이야기, 들릴라를 비롯한 여인들과의 이야기, 마침내 들릴
라의 유혹에 넘어가 머리카락이 잘리는 이야기, 머리카락이 잘려짐에
따라 힘을 잃는 이야기, 두 눈이 뽑힌 후 감옥에서 맷돌을 돌리는

이야기 그리고 마지막으로 힘을 쓰고 블레셋 사람들과 함께 죽는 이야기 등은 하나하나가 매우 흥미롭고 많은 신앙적 의미를 담고 있다. 그리고 모든 이야기는 팔레스타인 지역의 오래된 농경문화의 모습을 풍부하게 전하고 있다.

I. 나귀 턱뼈 이야기에 대한 전통적 해석

삼손에 관한 여러 가지 이야기 중에서 당나귀 턱뼈 이야기는 삼손의 용맹함을 잘 보여주는 것이라 할 수 있다. 그리고 삼손의 놀라운 힘 뒤에 하나님의 역사가 있었음을 나타내는 이야기라 할 수 있다.

사사기는 삼손이 블레셋 사람들과의 악연을 갖게 된 것이 삼손이 한 블레셋 여인을 아내로 삼겠다고 생각한 데서부터 시작했다고 기록한다(삿 14:1-2).[1] 삼손의 부모는 삼손이 블레셋 여인을 아내로 삼겠다는 말에 펄쩍 뛰며 반대한다. 더구나 삼손은 태어나기 전, 그의 아버지 마노아가 하나님의 사자로부터 "삼손은 하나님께 바쳐진 나실인이 될 것이며, 블레셋 사람의 손에서 이스라엘을 구할 것"(삿 13:5)이라는 고지를 들은 바 있었기에 그 충격이 더 컸을 것이다.

블레셋 사람들도 삼손을 싫어하기는 마찬가지였지만, 그의 괴력

---

1 "삼손이 딤나에 내려가서 거기서 블레셋 사람의 딸들 중에서 한 여자를 보고 올라와서 자기 부모에게 말하여 이르되 내가 딤나에서 블레셋 사람의 딸들 중에서 한 여자를 보았사오니 이제 그를 맞이하여 내 아내로 삼게 하소서 하매"(삿 14:1-2).

이 무서운 까닭에 함부로 반대는 하지 못하였다. 하지만 삼손이 혼인 잔치를 하는 자리에서 "먹는 자에게서 먹는 것이 나오고, 강한 자에게서 단 것이 나왔다"(삿 14:14)는 수수께끼를 낸 후에, 블레셋 사람들이 블레셋 여자인 딤나를 통해 답을 알게 되고, 그 답을 삼손에게 말하자, 삼손은 심히 노하여 블레셋 사람 삼십 명을 죽이게 된다.

딤나의 집에서는 이 일로 인해 삼손과의 혼인을 파기하고 딤나를 삼손의 친구의 아내가 되도록 한다. 나중에 이 사실을 안 삼손은 보복하기 위하여 여우 삼백 마리를 붙들어 여우의 꼬리를 매고 불을 붙여 블레셋 사람들의 곡식 밭에 불을 지른다(삿 15:4). 블레셋 사람들도 복수를 하기 위하여 딤나와 딤나의 아버지를 불 질러 죽이는데, 이 사실을 알게 된 삼손이 다시 블레셋 사람들을 죽이고 에담 바위틈에 숨게 된다.

이 사건으로 인해 사태가 걷잡을 수 없이 확대된다. 결국 블레셋 사람들이 몰려와 유다에 진을 치고 전쟁 직전의 상황까지 가게 되었다. 블레셋의 다스림을 받던 유다인들은 결국 삼손을 블레셋 사람들에게 내어준다. 삼손을 새 밧줄 둘로 결박하고 내어줄 때, 하나님의 영이 임하셔서 삼손은 밧줄을 불에 탄 삼처럼 풀고 나귀의 새 턱뼈로 블레셋 군인을 쳐서 죽인다(삿 14:9-15).

사사기 14장에 나오는 삼손의 이야기는 매우 극적이며 생생하다. 그리고 성경은 이러한 이야기를 통해 하나님의 능력을 드러내며, 동시에 삼손의 어리석음을 함께 나타낸다. 그리고 삼손의 어리석음과 교만에도 불구하고 하나님의 섭리와 뜻을 완성시켜 가시는 하나님의 역사를 증언한다.

나귀의 새 턱뼈로 일천 명이나 되는 블레셋 군인을 죽이고 '턱뼈의

산'(라맛 레히)을 쌓은 이야기 그리고 이어지는 '엔학코레'라는 샘물 이야기에 대한 전통적인 해석 방향은 삼손의 괴력 뒤에 있는 하나님의 능력을 찬양하는 것이다. "여호와의 영이 삼손에게 갑자기 임하시매"(삿 15:14)[2] 삼손이 자기를 묶은 새 밧줄을 불탄 삼과 같이 끊고 그 많은 블레셋 군인들을 나귀의 새 턱뼈로 죽였다는 것이다. 그런데 삼손은 하나님을 찬양하는 것이 아니라, "내가 천 명을 죽였도다"(삿 15:16)[3]라고 교만한 모습을 보인다. 그 결과 삼손은 심히 목이 마르게 되어 다시 하나님께 부르짖을 때, 하나님께서는 샘물을 솟아나게 하셨고, 삼손은 그 샘 이름을 '엔학고레', 즉 '부르짖은 자의 샘'이라고 불렀다는 것이다.

II. 왜 나귀 턱뼈인가?

나귀 턱뼈 이야기를 하나님의 능력을 나타내기 위한 해석의 관점에서 보는 것은 자연스러운 것이라고 할 수 있다. 성경 말씀 그대로 보는 것이기에 아주 당연한 관점일 수 있는 것이다. 그런데 이렇게만 보는 것은 아쉽다. 나귀 턱뼈가 갖고 있는 상징성을 간과할 수 있기 때문이다. 전통적인 관점에서만 본다면 굳이 나귀 턱뼈가 아니어도 괜찮을 것이다. 하나님의 능력을 나타내는 데에는 말의 턱뼈나 사자

---

2 "삼손이 레히에 이르매 블레셋 사람들이 그에게로 마주 나가며 소리 지를 때 여호와의 영이 삼손에게 갑자기 임하시매 그의 팔 위의 밧줄이 불탄 삼과 같이 그의 결박되었던 손에서 떨어진지라"(삿 15:14).
3 "이르되 나귀의 턱뼈로 한 더미, 두 더미를 쌓았음이여 나귀의 턱뼈로 내가 천 명을 죽였도다 하니라"(삿 15:16).

의 정강이뼈라고 해도 얼마든지 가능하다.

우리의 질문은 "왜 나귀의 턱뼈인가?" 하는 것이다. 나귀의 턱뼈로 블레셋 군대를 물리쳤다는 이야기가 어떠한 상징적 의미를 담고 있느냐 하는 것이다. 그리고 이어지는 샘물의 이야기를 통해 성경이 무엇을 말하려고 하는 것인가 하는 것이 이 글의 관심사이다. 이러한 해석의 방법에는 정답이 있을 수 없다. 단지 나귀의 턱뼈가 갖는 의미에 대해 묵상하고 질문을 할 뿐이다. 나귀의 턱뼈가 갖는 상징적 의미를 통해 성경을 보다 깊이 봄으로써 성경의 본뜻을 헤아리는 한편, 이러한 시도를 통해 오늘을 살아가는 힘을 얻을 수 있기를 바라는 것이다.

III. 나귀 턱뼈는 백성들의 입을 상징한다

결론부터 말하자면, 나귀의 턱뼈는 백성들의 입을 상징하는 것이라고 생각한다. 무엇보다 나귀는 짐을 나르는 동물이기 때문에, 일하는 백성을 상징한다고 할 수 있다. 나귀가 가축화되어 물품을 나르는 데 쓰인 것은 기원전 4천 년경이라고 한다. 나귀는 체질이 강하며 거친 음식에 잘 견디고 냉혹한 지역에도 잘 적응하는 동물이다. 질병에 대한 저항력이 강하고 체격에 비해 힘이 세고 지구력도 센 편인데, 느리고 온순한 성격을 갖고 있다. 나귀의 이러한 성품은 백성의 성품과 매우 유사한 측면이 있다.

턱뼈는 입을 상징하는 것이기 때문에 나귀의 턱뼈로 블레셋 군대를 물리치는 이야기는 백성들이 이야기의 힘으로 칼과 창을 앞세운 막강한 군대를 이긴다는 상징적 의미를 갖고 있다고 볼 수 있다. 백성들의 입으로 전해지고 외치는 이야기는 살아 움직이는 힘이 있어서 어떠한 군대도 당하지 못한다는 것이다. 백성들의 입으로 전해지는 이야기는 힘이 있다. 창과 칼을 갖고 있는 권력자들은 일시적으로 백성들에 대하여 힘의 우위를 갖는다. 권력자들은 자신들의 힘이나 업적을 글이나 그림으로 새겨서 건축물이나 비석에 남겨놓기도 한다.

이에 대해 백성들은 이야기라는 막강한 무기를 가지고 있다. 백성들의 말은 보이지 않는다. 이점은 권력자들이 남겨놓는 글과 다른 점이다. 백성들은 그들의 입으로 권력자들을 끊임없이 비판하고 고발한다. 권력자들은 잠깐의 세월 동안 칼과 창으로 지배한다면, 백성들은 대를 이어서 자신들의 이야기를 후대에 전한다. 그리고 그 이야기를 통해 자신들의 역사를 만들어간다. 많은 권력자들은 백성들의 입을 견디지 못한다. 권력자들의 창과 칼은 백성들의 입에서 부서지고 끝장이 난다.

IV. 백성들의 입에서 죽어나는 권력자들

일본 군국주의에 의하여 전쟁 성노예로 삶과 인격을 유린당한 할머니들의 기도회가 오늘도 끊임없이 계속되고 있다. 피해를 당한 할머니 한 사람 한 사람은 권력 앞에 약한 것이 사실이다. 하지만 할머니들은 이야기를 통해 일본 군국주의의 추악함을 고발하고 또 고발해 왔다. 할머니들이 보여준 이야기의 힘은 대단했다. 일본의 군국주의자들은 할머니들의 입을 이길 수 있을까? 절대로 이기지 못한다. 할머니들은 일본과의 싸움에서 나귀 턱뼈의 무서운 힘을 보여주었다. 한때 화려하고 막강했던 일본의 군대는 할머니들의 입에서 그리고 민중들의 턱에서 두고두고 죽어날 것이 분명하다.

사악한 권력자가 백성들의 입으로 인해 죽는 이야기 중 잘 알려진 것은 나봇의 포도원 이야기이다(왕상 21:1-16). 아합과 이세벨은 거짓 증언자들을 내세워 농부 나봇을 죽이고 포도원을 악한 방법으로 빼앗았지만, 이들은 하나님의 심판을 받아 비참하게 죽는다(왕상 22:29-40,[4] 왕하 9:30-37[5]). 그런데 사악한 아합과 이세벨은 이렇게만 죽는 것이 아니라, 역사적으로 백성들의 입을 통해서도 계속 죽는다. 백성들이 성경을 통해 나봇에 관한 이야기를 입으로 전할 때마다 아합과 이세벨은 계속해서 비참한 죽음을 맞이한다. 마치 나귀가 턱뼈로 단단한 것들을 가루로 만들어 먹어버리듯이 권력자들이 백성들의 입에서 뼈도 못추리게 되는 것이다. 이점이 바로 나귀 턱뼈로 상징되는 이야기의 힘이다. 성경은 이러한 이야기로 가득 차 있다.

---

4 아합의 최후: "이 날에 전쟁이 맹렬하였으므로 왕이 병거 가운데에 붙들려 서서 아람 사람을 막다가 저녁에 이르러 죽었는데 상처의 피가 흘러 병거 바닥에 고였더라 해가 질 녘에 진중에서 외치는 소리가 있어 이르되 각기 성읍으로 또는 각기 본향으로 가라 하더라 왕이 이미 죽으매 그의 시체를 메어 사마리아에 이르러 왕을 사마리아에 장사하니라 그 병거를 사마리아 못에서 씻으매 개들이 그의 피를 핥았으니 여호와께서 하신 말씀과 같이 되었더라 거기는 창기들이 목욕하는 곳이었더라"(왕상 22:35-38).
5 이세벨의 최후: "예후가 얼굴을 들어 창을 향하고 이르되 내 편이 될 자가 누구냐 누구냐 하니 두어 내시가 예후를 내다보는지라 이르되 그를 내려던지라 하니 내려던지매 그의 피가 담과 말에게 튀더라 예후가 그의 시체를 밟으니라 예후가 들어가서 먹고 마시고 이르되 가서 이 저주 받은 여자를 찾아 장사하라 그는 왕의 딸이니라 하매 가서 장사하려 한즉 그 두골과 발과 그의 손 외에는 찾지 못한지라 돌아와서 전하니 예후가 이르되 이는 여호와께서 그 종 디셉 사람 엘리야를 통하여 말씀하신 바라 이르시기를 이스르엘 토지에서 개들이 이세벨의 살을 먹을지라 그 시체가 이스르엘 토지에서 거름같이 밭에 있으리니 이것이 이세벨이라고 가리켜 말하지 못하게 되리라 하셨느니라 하였더라"(왕하 9:32-37).

V. 계속되는 이야기 ─ '턱뼈(레히)의 우묵한 곳'

그런데 사사기는 나귀의 턱뼈 이야기를 전하면서 매우 특별한 사건을 증언한다. '엔학코레'라는 샘물 이야기다. '엔학코레'의 '엔'은 샘이라는 뜻이며, '학코레'는 '부르짖음'이라는 뜻을 나타낸다. 이 샘은 삼손이 블레셋의 군대를 이긴 후에 갑자기 밀려오는 갈증으로 하나님께 부르짖을 때, 하나님께서 그 부르짖음에 대한 응답으로 주신 것이다.

사사기는 이 샘물이 터진 곳이 바로 '레히'라고 전한다. 사사기 15장 14절에 삼손이 '레히'에 도착했다는 말이 있다.[6] 그러므로 '레히'를 지역의 이름으로 보는 데에는 큰 무리가 없다. 하지만 '레히'에는 '턱뼈'라는 뜻도 있기 때문에 우리는 여기에서 해석의 또 다른 가능성을 보게 된다.

사사기에 의하면 하나님께서 삼손의 부르짖음을 듣고 샘물을 터뜨린 곳은 '레히의 우묵한 곳'이다. '우묵한 곳'이란 히브리어 '막테쉬'를 번역한 말이다. '막테쉬'는 구약성경에서 두 번 나오는데(삿 15:19; 잠 27:22),[7] 사사기에서는 '우묵한 곳'으로, 잠언에서는 '절구'로 언급된다. 절구도 곡물을 빻고 부수는 것이라는 점에서 나귀의 턱뼈와 관련이 있다. 나귀가 턱뼈로 곡물이나 식물을 부수어 씹어 먹는다

---

6 "삼손이 레히에 이르매 블레셋 사람들이 그에게로 마주 나가며 소리 지를 때 여호와의 영이 삼손에게 갑자기 임하시매 그의 팔 위의 밧줄이 불탄 삼과 같이 그의 결박되었던 손에서 떨어진지라"(삿 15:14).

7 "하나님이 레히에서 한 우묵한 곳을 터뜨리시니 거기서 물이 솟아나오는지라 삼손이 그것을 마시고 정신이 회복되어 소생하니 그러므로 그 샘 이름을 엔학고레라 불렸으며 그 샘이 오늘까지 레히에 있더라"(삿 15:19); "미련한 자를 곡물과 함께 절구에 넣고 공이로 찧을지라도 그의 미련은 벗겨지지 아니하느니라"(잠언 27:22).

고 할 때, '막테쉬'는 턱뼈의 중심이라고 볼 수 있다.

'레히'를 지명(地名)이라고 보면 더 이상 상상할 여지가 없다. 하지만 문맥상 '레히의 우묵한 곳'을 '나귀 턱뼈의 중심'이라고 볼 때에는 그 의미가 매우 달라진다. 나귀 턱뼈를 백성들의 입이라고 보면 턱뼈의 중심은 백성들의 마음이 된다. 그러므로 턱뼈의 우묵한 곳, 턱뼈의 중심에서 샘물이 솟아나게 하셨다는 것은 백성들의 마음 깊은 곳에 하나님의 임재하심을 드러내는 사건이라고 볼 수 있다.

백성의 마음에서 샘물을 터뜨리는 하나님

삼손은 나귀의 턱뼈로 블레셋 군대와의 싸움에서 이겼지만 심한 갈증을 느낀다(삿 15:18).[8] 이러한 진술은 블레셋과의 싸움에서 승리한 것은 삼손의 능력이 아니라 나귀 턱뼈의 힘에서 비롯되었음을 말하는 것이다. 본문은 삼손이 갈증을 느꼈다고 하지만, 나귀 턱뼈는 망가지거나 부서졌다고 하지 않는다. 블레셋 군대 천명을 물리친 나귀의 턱뼈는 여전히 생생하고 튼튼하다.

그러나 성경은 여기에서 한 걸음 더 나아간다. 하나님께서는 나귀 턱뼈의 우묵한 곳을 "터뜨리셔서"(삿 15:19) 샘물이 터지게 하신다. '터뜨린다'는 뜻의 히브리말 '바카'는 본래 '쪼개다, 부수다'의 뜻을 가지고 있다. 하나님께서는 천 명의 블레셋 군대와의 싸움에서도 상하지 않은 나귀 턱뼈의 중심을 쪼개어 샘물이 나게 하셨다는

---

8 "삼손이 심히 목이 말라 여호와께 부르짖어 이르되 주께서 종의 손을 통하여 이 큰 구원을 베푸셨사오나 내가 이제 목말라 죽어서 할례 받지 못한 자들의 손에 떨어지겠나이다 하니"(삿 15:18).

것이다. 이러한 진술은 나귀 턱뼈의 힘도 결국은 하나님의 능력에서 비롯되었다는 것을 보여주는 것이다. 백성들의 마음 한 복판에 하나님께서 임재하심을 보여주심과 동시에, 백성들의 마음까지도 하나님께서 주관하신다는 것이다. 삼손이 영웅이긴 하지만, 삼손이 영웅이 되게 한 것은 백성들의 힘이고, 백성들의 힘 뒤에는 하나님께서 계시다는 것을 나귀 턱뼈 이야기는 전하고 있다.

VI. 나귀 턱뼈의 무서움과 턱뼈샘의 신비로움

삼손은 '엔학코레'(부르짖음의 샘)에서 물을 마신 후 '정신이 회복되고 소생하게'(삿 15:19) 된다. 정신이 회복되었다는 말을 원문 그대로 해석하면 '영이 돌아왔다'는 말이다. 삼손은 블레셋과의 싸움에서 이긴 것이 자신의 힘에 의한 것이 아니라, 백성들의 힘에 의한 것임을 알게 되었고, 나아가 이 모든 것을 주관하신 분은 하나님이심을 깨닫게 되었다는 것이다.

삼손의 이야기 속에 담긴 나귀 턱뼈 이야기는 매우 상징적이다. 그리고 나귀 턱뼈 이야기는 오늘의 역사 속에서도 계속된다. 나귀 턱뼈를 견딜 수 있는 세상의 권력자는 아무도 없다. 백성들은 자신들의 턱뼈를 통해 사악한 권력자들을 대를 이어 고발하고 계속해서 끝장낼 것이다. 그 나귀 턱뼈의 우묵한 곳을 터뜨려 샘물이 나게 하시는 하나님을 만나고 증언하는 것은 하나님 나라를 세워가는 성도들에게 주어진 사명이다.

신약학

예수의 농경신학과 하나님의 나라*

정병진

(목사, 여수 솔샘교회, 신약학)

I. 들어가며

예수 가르침의 중심 주제는 '하나님 나라'였다. 예수는 하나님 나라의 기쁜 소식을 선포하되 주로 비유를 들어 가르쳤다. 공관복음의 예수 가르침 중에서 비유는 삼분의 일 이상이고[1] 공관복음의 41개 비유 중에 '하나님 나라' 비유는 12개(29.2%)이며 농사를 배경으로 하는 비유는 10개(24.3%)이다. 예수는 농업 중심의 촌락들로

---

* 이 글은 졸저『예수의 비유와 농경신학』(부크크, 2021) 121-136쪽을 조금 수정 보완한 내용으로 2024년 4월 25일 비대면으로 진행된 농신학연구회 제42차 월례세미나에서 발표한 것이다.
1 Robert H. Stein, *An Interoductiion to the parables of Jesus* (Philadelphia: Westminster Press, 1981), 15.

이루어진 갈릴리 지역에 살면서 주로 농사 관련 비유를 들어 하나님 나라를 가르친 것이다. 교회는 오랜 세월 하나님 나라를 사후에 들어갈 초월적 이상세계로 상상하고 가르쳤다. 하지만 예수는 1세기 갈릴리 시골 농경 환경의 익숙하고 평범한 소재로 하는 비유로 하나님 나라를 그려내 선포하였음을 주목해야 한다.[2]

이 글에서는 예수가 가르친 하나님 나라가 은유가 풍부한 시적 비유였음을 밝히고 그 속에는 갈릴리 농경 풍경과 농민의 생활 현실이 담겨 있음을 강조한다. 이어 예수가 그의 주요 청중인 농민의 삶과 거리가 먼 내용이 아니라 그들의 평범하고 비루한 일상에 하나님 나라가 깃들어 있음을 일깨우고 도전하고자 비유를 들어 가르쳤음을 설명한다. 끝으로 예수의 농경 비유에 하나님 나라가 어떠한 양태로 제시되는지를 분류하여 제시한다. 예수는 고단한 일상의 삶에 매여 사는 사람들에게 새 희망을 전하고자 농경 비유를 들어 초월적이고 막연하게 보이던 하나님 나라를 친근하고 접근하기 쉽게 묘사하였다. 그러나 그의 농경 비유는 반전과 심판, 충격적 특성도 보이는데 이는 하나님 나라가 모호하고 다의적인 측면도 지녔음을 드러낸다. 전반적으로 예수의 하나님 나라는 농경 사회 현실의 불의를 개혁하고 삶의 희망을 제공하는 대안 사회의 이미지를 갖고 있다.

II. 하나님 나라의 상징성

마가는 예수의 공생애 일성(一聲)이 하나님 나라 도래가 임박했다

---

2 조태연, 『예수운동』(서울: 대한기독교서회, 1997), 304.

(막 1:15)는 선포였다고 전한다. 마가복음에는 '하나님의 나라'(βασι λεία του Θεου)란 문구가 모두 열네 차례나 나온다. 그중에서 마가가 아리마대 요셉을 설명할 때 언급한 한 번(막 15:43)을 제외하고는 모두 예수의 가르침에 들어 있는 말이다. 마태복음과 누가복음에도 하나님 나라(천국, 아버지 나라, 그 나라)에 해당하는 표현이 각각 44회와 33회 나타나며 그 대부분은 마가복음과 마찬가지로 예수의 가르침에서 발견된다. 공관복음과 달리 요한복음은 하나님 나라를 두 차례(요 3:3, 5)밖에 언급하지 않는다. 요한복음은 하나님 나라 대신 '진리'와 '영생'을 강조하기 때문이다.3 그러나 공관복음의 예수 사역에서 하나님 나라는 가장 핵심적 주제였다.

이 하나님 나라(또는 통치)는 구약성서나 요세푸스, 필론, 쿰란 문헌, 외경들에서 매우 드물게 나온다. 1세기 유대교 일부 문헌에서 몇 번 언급하지만, 이때의 하나님 나라는 공관복음이 말하는 의미와 거의 일치하지 않는다.4 하나님 나라는 그 유래를 찾기 힘든 예수의 창의적인 가르침에 속한 것으로 보인다. 하지만 그는 하나님 나라를 강조해 가르치면서도 그 나라가 무엇을 의미하는지는 자세히 알려주지 않는다. 공관복음에 나오는 예수의 하나님 나라는 가까이 다가서면 어느새 더 멀리 가 있는 신기루처럼 알쏭달쏭하다. 예수 스스로 그의 제자들에게 "너희에게는 하나님 나라 비밀을 맡겨 주셨다. 그러나 저 바깥사람들에게는 모든 것이 수수께끼로 들린다"(막 4:11)고 말한 바 있다. 그의 청중이라고 해서 하나님 나라 의미를 다 알아듣지는 못했음을 알 수 있다.

---

3 R. 불트만 저/허혁 역,『新約聖書神學』(서울: 성광문화사, 1976), 370.
4 샤를르 페로 저/박상래 옮김,『예수와 역사』(파주: 가톨릭출판사, 2012), 348-349.

오랫동안 학자들은 예수의 하나님 나라가 무엇을 의미하는지 밝혀내고자 힘썼다. 그러나 하나님 나라의 정확한 실체를 규명하는 데는 이르지 못하였다. 19-20세기 바이스(J. Weiss), 슈바이처(A. Schweitzer), 불트만(L. Bultmann) 등은 하나님 나라를 묵시 종말적 개념으로 이해하였고, 다드(C. H. Dodd)는 예수가 이미 임한 실현된 종말론을 선포했다고 주장하였다. 그런데 1970년대 중반 이후 윌더(A. Wilder)와 페린(N. Perrin)이 하나님 나라를 개념이 아닌 '언어와 상징'의 관점에서 다루면서 하나님 나라 이해의 새 지평이 열렸다.[5]

윌더는 복음서가 즉흥적이고 역동적인 성격의 오늘날 이야기라는 사실에 주목한다. 그는 복음서 이야기 형식을 크게 '예수에 관한 이야기'와 '예수의 비유'로 나눈다. 나아가 예수의 비유는 '본보기 이야기'와 '연장된 이미지로서 계시적 이야기' 등 두 가지로 분류한다. 본보기 이야기는 그대로 수용할 수 있고 적용으로 끝나는 이야기에 해당한다. 연장된 이미지로서 계시적 이야기는 잃은 양 비유처럼 '그 자체로 설교가 되면서' 청중에게 충격과 상상, 은유를 불러일으키는 비유를 일컫는다.[6] 윌더는 은유와 상징이 단지 어떤 실체를 지시하는 데 그치지 않고 청중을 그것에 참여시킨다는 점에서 표적(sign)보다 더 나아간다고 본다. "예수의 설교는 가르침과 생각이 아니라 강력한 상상, 주문, 신화적 충격, 변화를 특징으로 한다."[7] 따라서 '예수의 믿음'과 '은유의 힘'이야말로 그의 비유에 역동적인 영향력을

---

5 웬델 윌리스 편집/박규태·안재형 옮김,『하나님의 나라』(서울: 솔로몬, 2004), 105-107.
6 Ibid., 110-111.
7 Amos Wilder, *Early Christian Rhetoric: The Language of the Gospel* (Hendrickson Publishers, Inc, 1999), 84.

부여하는 핵심 요인이다.[8] 은유의 힘은 예수의 직접적인 청중을 비롯한 모든 세대의 청중에게까지 새로운 의미를 전달할 수 있다.[9]

페린은 윌더의 이 같은 주장에 크게 영향 받아 하나님 나라를 하나님의 왕권 신화를 떠올리게 하는 상징으로, 예수 비유를 은유로 이해한다.[10] 또한 그는 휠라이트(P. Wheelwright)의 용어를 빌어 상징을 '미미한 상징'(steno symbol)과 '팽팽한 상징'(tensive symbol)으로 구분한다. 여기서 미미한 상징은 일대일 관계를 지닌 상징을, 팽팽한 상징은 한 개의 지시 대상 이상을 가리키는 넓은 상징을 의미한다.[11] 페린이 생각할 때 하나님 나라는 다양한 의미 추출이

---

8 Ibid., 113.

9 Norman Perrin, "The Modern Interpretation of the Parables of Jesus and the Problem of Hermeneutics," *Interpretation* 25 (1971), 139.

10 Ibid., 116. 'symbol'(상징)의 어원은 그리스어 Symballein이다. 이때 Symb-allein은 어떤 물체를 '짜 맞춘다'는 의미가 있다. 이 단어의 파생 명사인 Symbolon은 '표시'라는 의미가 있는데 이는 친구, 채권자-채무자, 순례자, 부모-자녀 등이 오랫동안 서로 떨어져 있다가 동전이나 도자기 혹은 나무 조각을 짜 맞춰 봄으로써 우정, 채무관계, 친자관계 따위를 확인하는 '표시'였다. 즉, 상징은 어떤 추상적 인간관계를 금속, 도자기, 나뭇조각을 사용해 표시하는 데서 비롯된 단어다. J. Chevalier et & A. Gheerbrant, *Dicinonaire des Symboles* (Paris: Ed. Jupiter, 1982), x iii. 김성민, "종교적 상징론 (I)," 「기독교 사상」 9 (1996), 51에서 재인용. 하지만 오늘날 상징(象徵)은 "(사회 집단의 약속으로서) 말로는 설명하기 힘든 추상적 사물, 개념 따위를 구체적인 사물로 나타내는 일, 또 그 대상물, 표상"으로 정의된다. 편집부, 『민중 엣센스 국어사전』(서울: 민중서림, 1996), 1216. 반면 은유(metaphor, 隱喻)는 어떤 유사한 특성을 지닌 사물과 사물을 A=B와 같은 형태로 비유하는 수사법의 일종이다. 가령 "너희는 세상의 소금이다"(마 5:13a)는 예수의 말이 바로 은유적 표현이다. "한 심상과 한 관념을 유사성을 토대로 연결시킨다"는 점에서 상징도 은유의 하나로 볼 수 있지만 '은유는 1:1의 유추적 관계에 의존'하는 데 비해 상징은 그것과 별 상관없으므로 다르다. 이상섭, 『문화비평용어사전』(서울: 민음사, 1978), '상징' 항목 참조. 마광수, "시적 상징의 형이상학성 연구," 「한국시학연구」 14 (2005), 100에서 재인용. 리쾨르(P. Ricoeur)에 따르면 "은유는 로고스가 이미 정화해 놓은 영역과 관련을 맺고 있다. …그러나 상징은 우리들 삶 속에서 생겨나고 있는 이야기들에 우선적으로 기초하고 있다. 상징이란 결국 어떤 힘과 형상이 서로 겹쳐지는 지점에서 생겨나는 것이다." P. Ricoeur, "Parole et Symbole," in *Lesymbole*, 153. 김성민, "종교적 상징론(I)," 「기독교 사상」 9 (1996): 52-53에서 재인용.

가능한 팽팽한 상징이다. 예수의 비유도 '확장된 비유'로서 시처럼 풍부한 은유적 의미를 머금고 있다. "청중은 그 실재에 관해 배울 뿐만 아니라 그것에 참여하며 침입받기도 한다."[12]

페린이 예수의 하나님 나라 비유를 상징과 은유에 초점을 맞춰 해석한 시도는 대체로 방향이 옳았다. 이러한 해석은 하나님 나라가 과연 시간적 개념이냐 공간적 개념이냐를 놓고 그동안 지루하게 이어지던 논쟁을 끝낸다. 하나님 나라 '영토'와 하나님의 '통치'는 상징 속에서 통합되고 그 나라를 묘사한 예수의 비유도 시공간을 초월한 생생한 이야기로 살아난다.[13] 페린은 상징적 하나님 나라가 스스로를 하나님의 백성으로 인식하는 유대인들 안에서 시작된다고 주장한다. 하나님은 신화적 왕으로서 통치와 구속 행위 안에서 이해된다. 하나님의 활동도 현재와 미래라는 시간 개념을 넘어 다양한 상징적 의미를 지닌다.[14] 예수의 묵시 종말적 가르침도 "반드시 시간의 종말이나 우주적 대혼란에 관련되지는 않으며" 묵시적 이해보다는 예언자적 이해를 더 필요로 한다.[15]

예수의 메시지는 청중이 인간 실존으로서 매일 그들 안에 행하는 하나님 활동의 실체와 '세계들의 충돌' 경험을 인식하도록 도전한다.[16] 예수와 그의 청중은 고대 이스라엘과 문화적 연속성을 갖고

11 제임스 던 저/차정식 옮김, 『예수와 기독교의 기원 상권』 (서울: 새물결플러스, 2010), 528.
12 Bruce Chilton ed., *The Kingdom of God in the Teaching of Jesus* (Philadelphia: Fortress Press and SPCK, 1984), 101.
13 서중석, "신약성서의 상징세계,"「신약논단」13 (2006): 261-263.
14 Norman Perrin, *Jesus and the Language of the Kingdom* (Philadelphia: Fortress Press, 1975), 20-21.
15 Norman Perrin, *The Kingdom of God in the Teaching of Jesus* (London: SCM, 1963), 185, 176-178, 190, 198. 박노식, "마가복음의 하나님 나라와 제자도," 283-284 에서 재인용.

있다. 그래서 예수가 '하나님 나라 비유'로 신화적 상징과 은유를 말하면 그들은 하나님이 왕임을 극적으로 경험한 고대 이스라엘의 신화적 맥락에서 그것을 이해한다.[17] 이러한 페린의 주장은 예수의 하나님 나라 비유를 더 풍부한 해석이 가능한 문학적 시각에서 조명하도록 길을 터준다. 하나님 나라가 상징이고 그 나라를 설명하는 비유가 은유로 구성되어 있다면 더 이상 판에 박힌 역사적 해석에 매이지 않아도 된다. 이는 문학작품인 시가 그 속성상 다양한 해석이 가능한 이치와 같다. 하지만 예수의 묵시 종말적 가르침에 과연 그 시간과 완성 방식이 소거되어 있는지, 예수와 그의 청중이 고대 이스라엘과 문화적 연속성이 있었기에 하나님 나라에 대한 신화적 이해를 공유하였는지는 논란의 여지를 남긴다.[18]

한편, 공관복음의 하나님 나라를 개념화하는 대신 상징으로 이해한 윌더와 페린의 시각은 오늘날 널리 지지를 얻고 있다.[19] 예수

---

16 Norman Perrin, *Jesus and the Language of the Kingdom: Symbol and Metaphor in New Testament Interpretation*, 196.

17 Bruce Chilton ed., *The Kingdom of God in the Teaching of Jesus*, 103.

18 가령 박노식은 페린의 '상징으로서의 하나님 나라'에 대해 논평하며 "하나님의 나라 혹은 종말론이라는 용어가 무의미한 단어가 되지 않은 채 얼마나 넓은 의미를 지닐 수 있는가?" 라고 질문한다. 박노식, "마가복음의 하나님 나라와 제자도," 284. 또한 서중석은 "페린의 주장과는 달리 예수의 '하나님 나라'가 당시 청중들에게 어떤 확실한 윤곽을 가진 특정한 신화 속에서 그 신화를 환기하게 하는 상징이라고 할 수 없다"고 말한다. 그가 보기에 "공관복음에 나오는 예수의 하나님 나라에 관한 다양한 비유, 가르침, 치유, 선포 등은 페린이 언급한 신화보다는 좀 더 폭넓은 범위를 갖는다." 서중석, "신약성서의 상징세계," 261. 페린은 "임박한 종말 기대를 말했던 자들은 진정성의 시험대를 통과하는데 실패했다"며 "예수는 종말 시한에 대한 그의 기대를 표현한 적이 없다"고 주장한다. 다만 그는 예수가 큰 잔치의 비유와 불의한 청지기 비유의 사례처럼 '지금'이 결단할 '결정적인 시간'이라 말하였음은 인정한다. Norman Perrin, *Rediscovering the Teaching of Jesus* (New York: Harper & Row, 1967), 203. 하지만 이에 대해 펑크(R. W. Funk)는 "만일 결정적 시간(혹은 '궁극적 결단의 시간')이 지금이라면 어떻게 예수의 기대가 임박한 종말이 아닌 다른 것으로 이해될 수 있느냐?"고 비판한다. Robert W. Funk, *Parables and Presence* (Philadelphia: Fortress Press, 1982), 72.

자신이 하나님 나라를 가르칠 때 논리적 개념어보다 은유 가득한 시적 비유를 즐겨 사용했다는 사실을 생각하면 당연한 귀결로 보인다. 그는 하나님 나라를 주로 가르쳤으나 한 번도 그 개념을 명료하게 정의해 주지 않았다. 당시는 지금 같은 사전적 정의 자체가 크게 중시되지 않았고 예수나 공관복음 저자들도 거기에 별 관심이 없었다. 그러나 예수가 하나님 나라를 무분별하게 아무렇게나 사용했다고 보면 오산이다. '사랑'이라는 추상적 개념을 잘 모르는 사람이라도 사랑은 이런 것이라며 사랑 행위의 여러 사례를 말해주면 통상 무슨 의미인지 어느 정도 이해한다. 이는 '사랑'이란 단어가 있기에 앞서 사랑의 구체적 행위가 먼저 존재하기 때문이다. 예수가 그의 청중에게 하나님 나라를 가르칠 때도 마찬가지였다.

유대 민중은 '묵시적 종말론', '실현된 종말론' 같은 하나님 나라를 설명하는 현대 신학 용어는 알지 못했어도 하나님이 왕이 되어 통치하는 이상세계에 대한 꿈은 막연하게나마 늘 간직하고 있었다. 사실 '하나님 나라'는 예수가 창안한 독창적인 용어는 아니다. 하나님이 다스리는 그 나라에 대한 갈망은 고대 이스라엘에서부터 꾸준히 지속되었다. 하나님의 통치를 노래하는 수많은 시편들이나(시 47, 74, 89, 97, 98, 132, 145) 예언서의 기록들(사 2:2-3; 11:5-9; 미 4:1-5; 습 3:11-20; 단 4:3; 7:27)이 그 좋은 증거이다. 예수는 유대 민중에게 이미 친숙한 용어였지만 다소 모호하고 멀게 생각되던 하나님 나라를 여러 농경 비유로 더욱 실감 나게 그려냈다. 하나님 나라를 추상적 논리어로 개념화해 설명하는 대신 농경의 풍경을 담은 은유적 이미지를 사용해 눈에 보이듯 이야기해 준 것이다. 청중은 예수의 농경

---

19 박노식, "마가복음의 하나님 나라와 제자도," 282.

비유를 듣고 하나님 나라를 한층 더 가깝게 느끼면서도 그 심오한 상징적 의미를 생각지 않을 수 없었다. 하지만 페린은 예수 비유의 상징적 다의성을 강조하다 여러 농경 비유에 역력히 드러나는 갈릴리 농민 생활 현실은 간과한 것으로 보인다.

III. 예수 농경 비유 속의 하나님 나라

1. 농경의 일상에서 얻은 비유

페린에 따르면 뿌려진 씨앗의 비유(막 4:1-8)는 단지 자연에서 얻은 설교 예화처럼 이해되어서는 안 된다. 이 비유는 "매일 발생하는 어떤 실례를 들어 격려하거나 씨앗의 성장에서 진부한 의미를 제공하려는 게 아니다." "그 실제 권위와 힘은 은유의 힘으로 그 자신의 비전을 제자들에게 부여하려는 예수의 상황을 우리가 이해할 때 생겨난다."[20] 예수가 '뿌려진 씨앗의 비유'를 자연에서 얻은 설교 예화처럼 사용하지 않았고 이 비유로 씨앗의 성장에 관한 진부한 의미를 알려주려 한 게 아니라는 지적은 맞다. 그가 비유를 설교 예화로 사용하지 않고 비유 자체로 설교하였음은 잘 알려진 사실이다. 예수의 비유가 진부한 의미를 가르치기보다 흔히 도발과 충격을 안겨준다는 점도 널리 인정된다. 하지만 예수가 뿌려진 씨앗의 비유를 말했을 때 일상 사례를 들어 청중을 격려하려는 뜻이 전혀 없었다고 보기는 힘들다. 제자들에게 자신의 비전을 부여하고자 씨앗의 성장

---

20 박노식, "마가복음의 하나님 나라와 제자도," 102.

과정을 실제와 상관없이 단지 허구적으로 창작해낸 것으로 보이지도 않는다. 예수는 '뿌려진 씨앗의 비유'를 비롯한 그의 농사 관련 비유들로 갈릴리 농민들의 고단한 삶을 격려하려는 뜻이 분명히 있었을 것이다. 매일의 농사 현실과 거리가 먼 허황된 이야기를 하는 대신, 오히려 비루한 일상에 하나님 나라의 신비가 깃들어 있음을 깨우쳐 주려는 의도도 다분하다.

마가복음에 나오는 주요 다섯 비유(막 4:1-9, 26-29, 30-32; 12:1-12; 13:28-37)는 모두 농사와 관련되어 있다. 공관복음서 가운데 마가복음이 가장 먼저 기록되었음을 고려할 때 이는 눈여겨 볼만하다. 다섯 비유 중 4장에 나오는 세 개는 하나님 나라 비유로 주어졌음이 직접 언급된다(막 4:11, 26, 30). 나머지 두 비유도 넓게 보면 모두 하나님 나라 비유에 속한다. 특히 포도원 악한 농부들의 비유(12:1-12)는 하나님 나라의 도래와 심판이 임박했음을 강하게 암시한다.[21] 이로써 예수는 그의 주된 청중인 갈릴리 농민들에게 무엇보다 농경 이미지를 자주 사용해 하나님 나라를 가르쳤음을 알 수 있다.

공관복음의 비유에 나타나는 하나님 나라는 로마나 예루살렘 같은 거대 도시보다는 작은 농어촌을 배경으로 한다. 예수가 묘사한 큰 잔치 즉 하나님 나라 잔치의 장면(눅 14:15-24)도 집안 잔치이거나 기껏해야 '시골 도성'의 '동네잔치' 정도의 규모로 추정된다.[22] 그 나라에는 밭에 씨 뿌리고 추수 때 곡식을 거두는 농부가 있다. 겨자가

---

21 마태의 평행본문(마 21:33-46)을 살펴보면 43절에서 "하나님께서는 너희에게서 하나님의 나라를 빼앗아서, 그 나라의 열매를 맺는 민족에게 주실 것이다"고 말함으로써 이 비유가 하나님 나라에 관련된 비유임을 더욱 분명히 보여준다.
22 노태성, "하나님 나라의 발전," 「신약논단」 13 (2006): 456-465. C. Burchard도 "하나님 나라는 하나의 제국(Imperium)이 아니라 마을(Dorf)이다"라고 말한다. 게르트 타이쎈·아네테 메르츠 저/손성현 옮김, 『역사적 예수』 (서울: 다산글방, 2001), 374에서 재인용.

무성히 자라나고 무화과나무의 연한 잎이 돋아나며 남의 포도원을 소작하는 농부들도 있다. 밭을 일구다 뜻밖에 보물을 발견해 횡재한 농부가 있는가 하면 바다에 그물을 던져 온갖 고기를 잡아 올리는 어부들도 산다. 모두 갈릴리 민중의 실생활과 밀착된 이야기들이다. 예수는 하나님 나라를 그의 청중이 상상하기 힘든 장면으로 그리지 않고 익숙한 일상생활 속에서 이끌어낸 것이다.[23]

예수는 비현실적인 환상이나 우화 형태로 비유를 말하지 않는다.[24] '우화' 형태의 비유는 구약성서에서도 이미 찾아볼 수 있다. 가령 사사시대 여룹바알의 막내아들 요담은 그리심산에 올라가 세겜 성읍 사람들에게 '가시나무 왕 우화'를 들려준다. 어느 날 나무들이 그들의 왕이 될 만한 나무를 물색하다가 올리브 나무, 무화과나무, 포도나무가 차례로 사양하자 가시나무를 왕으로 세웠고 그가 즉시 폭군 행세를 하였다는 이야기다(삿 9:7-15).

요담의 우화는 예수의 비유 못지않게 날카로운 풍자와 흥미를 자아낸다. 하지만 예수의 비유 가운데는 나무나 동물 따위가 사람처럼 행동하는 이런 우화를 찾아볼 수 없다. 예수는 일상생활에서 자신이 경험하거나 관찰한 이야기를 바탕으로 비유를 창작해 가르쳤다. 그의 비유는 누구의 것인지 모르고 읽으면 종교적 작품인지조차 분간하기 힘들 정도 '사실적'이고 '세속적'인 이야기다.[25] 그는 하나님

---

23 다드(C. H. Dodd)에 따르면 예수의 모든 비유는 "자연과 삶에 진실한" "일상에서 나온 실제 장면"이다. 그는 이런 사실주의가 "하나님 나라와 매일의 사건들 사이의 '내적 유사성'"에 대한 예수의 "깊은 확신"에서 비롯되었다고 본다. 즉, 예수는 "자연의 질서와 영적 질서가 유사하다"고 생각하였다는 것이다. William R. Herzog II, *Parables as Subversive Speech*, 53에서 재인용.
24 리렌드 라이켄 지음/곽철호 번역, 『문학으로 성경을 어떻게 읽을 것인가?』, 220.
25 Ibid., 221.

나라라는 언뜻 막연하고 아득해 보이는 세계를 생생한 농경 현실에서 우러난 비유로 그려냄으로써 그 설득력과 접근 가능성을 한층 높였다. 예수는 선물 꾸러미의 포장지를 뜯는 것처럼 하나님 나라가 현실 세계와 매우 가까이 있음을 깨우쳐 주고자 한다. 그의 비유에서는 군더더기를 발견하기 힘들다. 이는 예수가 비유를 운율 있는 시처럼 잘 다듬어 간결하게 들려주는 수고[26]로 청중의 심상에 도장 찍듯 강렬한 인상을 새기고자 하였음을 드러낸다.

2. 농경 비유의 하나님 나라 양태

하나님 나라를 묘사하는 예수의 농경 비유는 하루하루 근근이 살아가던 갈릴리 농민들에게 대개 희망의 메시지를 전한다. 가령 농부가 뿌린 씨앗은 길가, 돌짝밭, 가시덤불에 떨어져 쓰린 실패도 맛보게 하지만 좋은 땅에 떨어진 씨앗은 삼십 배, 육십 배, 백배의 결실을 안겨준다(막 4:1-9). 농부가 크게 신경 쓰지 않아도 일단 밭에 뿌려만 놓으면 '싹이 나고 자라나', '저절로 열매 맺는' 씨앗도 있다(막 4:26-29). 세상에서 가장 작은 씨로 알려진 겨자씨는 공중의 새들이 깃들일 정도로 크게 자라난다(막 4:30-32; 마 13:31-32; 눅 13:18-19). 밭을 일구다가 굉장히 값진 보물을 발견한 농부도 있다(마

---

26 '간결성'은 예수 비유의 주요 특징 가운데 하나이다. 그의 비유들은 구약의 거대 서사에 비해 매우 사소해 보인다. 가령 예수는 '겨자씨 한 알', '잃어버린 은전', '누룩', '무화과나무 한 그루' 따위에 관심하며 그 짤막한 이야기를 들려준다. 하지만 "바로 이 자기 한계(self-limitation)는 자기주장(self-assertion)의 일부이고 새로움과 차이의 전조가 된다." 즉 사소하고 간결한 내용이 어느덧 '하나님 나라'를 가르치는 강력하고 의미심장한 메시지로 변한다. Stephen I. Wright, *The Voice of Jesus: Studies in the Interpretation of Six Gospel Parables* (London: Paternoster Press, 2000), 237.

13:44). 일거리 없어 장터에서 빈둥대던 사람들은 어느 날 마음씨 좋은 포도원 주인의 은덕으로 모두 하루 품삯인 한 데나리온을 번다 (마 20:1-16). 이런 예수의 비유를 들은 청중은 자신들의 현재 삶과 동떨어진 형태의 초월적 하나님 나라 이야기라 여기지 않았을 것이다. 그들은 예수의 비유에서 힘겨운 삶에 대한 위로와 격려, 희망을 얻었으리라. 즉, 예수는 농경 비유를 단지 도구 삼아 가난한 농민들이 이해하기 힘든 복잡 미묘한 철학적 하나님 나라를 가르치려 하지 않았다. 그는 민중의 눈높이에 맞춰 그들에게 삶의 희망을 불어넣고 반복되는 일상의 노동 가운데 하나님 나라의 새 세계로 건너가는 오솔길이 놓여 있음을 알려주었다.

한편, 예수는 하나님 나라가 의외, 반전, 심판의 특성이 있었음을 그의 여러 농경 비유로 알려준다. 좋은 땅에 떨어진 씨앗 한 알이 삼십 배, 육십 배, 백배의 결실을 보았다는 사실은 '놀라운 일'이다. 물론 한 평생 농사를 짓고 사는 농부에게는 이 정도의 결실은 당연한 '평균작'이라 예사로울 수도 있다.[27] 그러나 다른 씨앗들이 모두 실패

---

27 차정식,『묵시의 하늘과 지혜의 땅』(서울: 대한기독교서회, 2001), 79. 스캇은 플리니 (Pliny), 바로(Varro), 헤로도투스(Herodotu) 등이 그들 저서에서 일부 비옥한 지역 (아프리카 비자시움(Byzacium), 이탈리아의 시바리스(Sybaris), 바벨론 등)의 곡물은 한 알에 백배에서 사백 배의 결실을 맺었다고 언급한 기록들을 인용한다. 이것을 근거로 예수가 말한 삼십 배, 육십 배, 백배의 결실은 '좋은 수확'이지만 통상적인 '적당한 성공'이 라 과장되거나 놀랄만한 정도는 아니라는 주장을 펼친다. Bernard Brandon Scott, *Hear Then the Parable*, 357-358. 하지만 스캇은 예수가 말한 수확의 수량에 담긴 상징 적 의미를 간과한 채 지나치게 문자적으로 이해하고 있다. 더욱이 그는 자신의 주장을 뒷 받침하고자 헤로도투스가 바벨론의 비옥함을 설명하고자 언급한 최고 삼백 배에 달하는 '옥수수' 수확의 사례를 드는데 이는 패착으로 보인다. 예수는 비유의 농부가 무슨 씨를 뿌렸는지 일부러 말하지 않았을 것이다. 백보다 더 큰 단위를 몰라서 '백배'의 결실을 맺었 다고 한 것도 아니다. 낟알의 많은 수가 중요하였다면 굳이 옥수수가 아니라도 더 알갱이 작고 수백 수천 배의 결실을 자랑하는 다른 곡물들을 제시하였을 것이다. 창세기 기자는 이삭이 농사지어 거둔 '백배의 수확'을 하나님이 복을 베푸신 결과라며 이삭이 마침내 매우

하였음에도 용케도 씨앗 한 알이 좋은 땅에 떨어져 백배까지 결실하였다면 이는 기특하고 놀라운 일임이 틀림없다. 가장 작은 씨앗에 드는 겨자씨가 나무처럼 크게 자라나 그 가지에 공중의 새들이 깃들일 정도가 된다는 이야기도 그리 평범하게 들리진 않는다. 겨자의 생태를 잘 알던 사람들도 겨자가 작은 씨앗치고 굉장한 성장을 보인다는 점을 예수처럼 눈여겨보진 않았다. 가령『박물지』를 쓴 로마 저술가 플리니(Pliny)는 겨자의 '쏘는 듯한 맛과 얼얼한 효과', '야생성', '땅에 떨어지자마자 싹이 나는' 대단한 번식력 따위에는 관심을 갖고 서술한다.[28] 하지만 겨자가 나무처럼 크게 자라나 공중의 새들이 깃들인다고 말하진 않는다. 이는 예수가 갈릴리 겨자 풀을 관찰해 널리 알려진 흥미로운 사실이다. 좋은 밀 씨를 뿌린 밭에 원수가 가라지를 뿌려 농사를 방해하는 일의 경우도 자주 발생하는 일은 아니다. 물론 당시 로마법에는 다른 사람 밭에 독초 씨를 뿌리면 안 된다는 규정이 있었다.[29] 다만 그런 일은 위법행위였으므로 평소 빈번하진 않았다고 봐야 한다.

포도원 소작인들이 포도원을 차지할 욕심으로 주인이 보낸 종들과 아들까지 폭행하고 살해한 이야기는 사뭇 충격적이다. 갈릴리 지역에서 소작인들의 소요가 종종 일어나곤 했지만, 소작인들과 부재지주가 정면충돌로 내 치닫는 이 비유의 장면은 분명 익숙한 풍경은 아니다. 예수는 주인의 종들과 상속자인 아들까지 죽이고

큰 부자가 되었다고 한다(창 26:12-13). 이는 예수가 말한 '백배의 수확'도 단순히 낟알의 백배를 말하자는 게 아니라 아주 많은 수확을 의미함을 알려준다.
28 Pliny, *Natural History* Ⅴ, *Volume V: Books 17-19*, tr. by H. Rackham, 171-174.
29 C. S. Keener, *Matthew*. IVP New Testament Commentary Series. ed., Gr. Osborne (Downers Grove: Inter-Varsity Press, 1997), 242. 오덕호,『값진 진주를 찾아서』, 180에서 재인용.

기세등등하던 농민들이 결국 머지않아 모조리 주인에게 죽임당할 것이라 암시함으로써 상황을 급반전시킨다. 일거리가 없어 장터에서 빈둥거리는 사람들을 작업 종료 한 시간을 남기고까지 고용해 하루 품삯을 지불한 포도원 주인 이야기는 독특하다. 일거리를 찾지 못해 이른 아침부터 오후 다섯 시가 되도록 장터에서 서성대는 사람들에 대한 예수의 묘사는 사실적이다. 당시 예루살렘 같은 대도시에는 주기적인 실업(失業)으로 극심한 생활고를 겪는 사람들이 적지 않았다.[30] 그러나 그들의 처지를 딱하게 여겨 최대한 일거리를 마련해주고 고작 한 시간 일했어도 하루 품삯을 챙겨주는 자비로운 포도원 주인이 실제 있었는지는 의문이다. 설령 그런 주인이 있다고 해도 극히 드물었을 것이다. 예수는 이 비유에서 실직자들로 바글대는 도심 시장의 평범한 실태를 묘사하면서도 그들 모두를 살리고 포도원도 건실히 운영되기 위한 발상의 전환을 보여준다. 그가 상상한 하나님 나라가 빈곤과 소외를 초래하는 불의한 현실을 개혁할 대안 사회의 성격을 띠고 있었음을 알 수 있다. 예수의 농경 비유들을 그 내용의 성격에 따라 구분하면 다음과 같다.

비유 구분	해당 비유
발견/통찰	밭에 감춰진 보물
희망/위로 (생명력)	뿌려진 씨앗, 겨자씨, 스스로 자라나는 씨,
반전/충격	겨자씨, 악한 포도원 농부, 뿌려진 씨앗, 누룩
심판/보상	알곡과 가라지, 악한 포도원 농부, 열매 없는 무화과 나무, 어리석은 부자, 나무와 열매

---

30 J. 예레미아스 저/허혁 옮김, 『예수의 비유』 (왜관: 분도출판사, 1982), 134.

이처럼 예수의 농경 비유에는 표면상 평범하면서도 실제로는 의외나 반전, 충격적인 요소마저 들어 있다. 또한 알곡과 가라지, 악한 포도원 농부, 열매 없는 무화과나무, 어리석은 부자, 나무와 열매 등 여러 비유가 마지막 심판의 때를 강하게 암시한다. 예수는 하나님 나라를 민중의 평범한 생활 현실에 기초해 상상했음이 분명하다. 하지만 거기에 머물지 않고 어둠침침한 그 틈새로 하나님 나라의 빛이 새어 들어오고 있음을 보여주었다. 갈릴리의 가난한 농민들에게 익숙한 장면을 약간 비틀어 도전과 충격을 안겨주어 희망이 아주 사라지진 않았음을 깨우쳐 준 것이다. 이로써 예수는 이미 껍데기만 남아 무거운 짐이 된 민중의 신앙에 생명력을 불어넣었다.

IV. 나오며

예수의 농경 비유는 농경 사회인 갈릴리 지역의 일상생활에서 예수가 경험하고 관찰한 소재로 창작한 시적 비유로 대부분 구성되어 있다. 자연과 삶에서 얻은 소재로 은유와 상징을 담아 상상하고 그려낸 이야기라 세월이 흘러도 진부해지지 않고 여전히 생생한 자극과 도전을 준다. 오늘날 한국은 무분별한 산업화와 도시화로 환경오염, 삼농 위기, 빈부격차 심화, 실직자 급증 등 수많은 과제가 산적해 있다. 정부는 1970년대 이래 농업을 산업으로 보는 시각을 여전히 유지하며 경쟁력 있는 소수의 대농 혹은 기업농 육성정책을 펴고 있다. 그리하여 영세농의 삶은 날이 갈수록 피폐해 가는 상황이다.

이러한 때에 예수의 농경 비유는 이 시대가 나아갈 방향을 일러

주는 오랜 표지로 눈여겨볼 만하다. 이 비유들은 인간 중심주의적 세계관을 생태주의적 세계관으로 바꾸고 소농과 유기농 중심의 농촌 공동체의 회복을 위해 힘쓰도록 일깨우며, 대안 사회의 비전을 제시하기 때문이다. 예수의 농경 비유에 나타난 하나님 나라는 거창하고 화려하지 않고 소박하지만 의외의 형태로 나타난다. 그 나라는 사람들이 잘 눈여겨보지 않는 하찮고 사소한 데서 시작된다. 예수는 겨자씨나 누룩, 가난한 시골 아낙 같은 존재에 하나님 나라의 신비와 잠재 가능성이 숨어 있음을 꿰뚫어 보았다. 예수의 농경 비유는 비단 갈릴리의 농어민들만을 위한 것이 아니라 제국적 영농과 산업화로 황폐해진 사회 전체를 하나님의 세계로 변혁하기 위한 창의적 시도이자 곡진한 노력이었다.

농(農, No)의 신학
: 신(神) 중심의 신(新)유물론적 기독교*
Theology of No(農):
God Centred New-materialistic Christianity

리민수

(신부, 일본성공회, 사토야마 오이코스 대표, 선교학)

I. 들어가면서

본고에서는 사용하는 '농'(農, No)이라는 단어는 도시의 상대적 개념인 '농촌', 하나의 직업으로서의 '농업'을 포함하는 것은 물론, 이와 동시에 농업을 생업으로 하는 '농민' 그리고 그들의 사회, 정치, 문화적 의미를 포괄적으로 내포하는 '농 문화', 나아가 자연을 구성하

---

* 이 글은 2023년 10월 19일(37차)과 12월 14일(39차) 두 차례에 걸쳐서 비대면으로 진행된 농신학연구회 월례세미나에서 발표한 것이다. 필자인 리민수 신부는 대한성공회 소속으로 일본에 파송을 받아서 활동하다가 현재는 일본성공회에 소속되어 활동하고 있다.

는 일체의 구성물, 특히 흙과 물은 물론, 산과 강 등을 포괄적으로 포함하는 넓은 의미에서의 '농'(No)을 의미한다. 특히 정치, 경제, 문화, 종교 그리고 역사적으로 도시화와 산업화와 구별되는, 특히 차별받고 소외된 지역의 정치/사회/문화적 가치로 저평가되는 '농'에 대한 편견들, 이상과 같은 이유로 약자로 살아야 하는 모든 대상(사람과 자연을 모두 포함), 그럼에도 불구하고 여전히 오랜 역사를 갖고 있고, 그러한 역사적 문화유산을 통해 형성된 풍부한 문화적 자양(토대)을 소유하고 있는 모든 존재(사람과 자연을 모두 포함), 오늘날 생명파괴에 모든 것에 저항하는 저항의 개념 등과 같은 다양한 의미를 포함한다. 특히 '농(No)의 신학'이 '농'을 'No'와 함께 표기하는 의미는, '하느님의 '지속 가능한 생명의 창조'에 반(反)하는 것들에 대한 '거부(외침)와 참여'라는 뜻을 갖는다. 이 '거부(외침)와 참여'(저항)는 인간에 의한 저항만을 의미하는 것이 아니라 자연(동/식물을 포함, 산과 강 그리고 환경을 포함하는)도 저항하고 있다는 의미를 포함한다.

'농(No)의 신학'에서 '농'을 'No'로 표기하게 된 데에는 다음과 같은 두 가지 이유가 있다. 첫째, '농'은 한국어로 'Nong'(농)이라고 발음하지만, 일본어로 발음할 때는 'No'(농)라고 발음한다. 처음 본고를 쓰기 시작한 것이 일본어였기 때문에 'No'(농)로 표기하게 되었다. 둘째, '농'의 일반적인 영어 표기는 agriculture라는 단어로 표기하지만, agriculture는 '밭'을 의미하는 라틴어 'agri'의 소유격인 'agro'와 '땅을 갈고 개척하여 소유한다'는 의미를 갖고 있는 라틴어 'colere'의 과거분사형 'colture'와의 합성어이다. 특히 'colere'는 '식민지'를 의미하는 'colony'의 어원이기도 하다. 동시에 앞서 말한 '식민지'의 어원인 'colere'는 agriculture에서 말하는 culture의 어원이기도 하다.

따라서 '농'을 의미하는 agriculture란 '밭을 갈고 개척하여 소유한다', 즉 '식민지를 개척한다'라는 의미가 포함되어 있다. 따라서 필자는 '농의 신학'에서는 영어 agricultur를 사용하지 않기로 했다. 동시에 보다 다양한 의미를 갖는 아시아적 표현을 통해 '농'이 갖는 새로운 의미, 즉 '식민지의 개척'에 저항하고 '자유와 해방을 지향한다는 의미'로 '농'을 일본어 발음에 따라 'No'로 사용하기로 했다. 이는 '농'을 'No'라고 발음하는 일본어 발음이 가져다주는 비판적(은유적) 가치를 유의미하다고 평가했기 때문이다.

II. '농(農)의 신학'에 대한 단상[1]

1. 두 가지의 지적과 하나의 요청

1) 두 가지의 지적

'농의 신학'에 대한 구상을 처음으로 발표했을 때, '두 가지의 지적'과 '하나의 요청'이 있었다. 두 가지의 지적은 다음과 같다.

① '신학'이라는 말을 듣는 순간, 거의 모든 사람은 관심을 갖지 않는다. 그런데 왜 굳이 '신학'이라는 용어를 사용해야 하는가?[2]

---

1 본고는 제1차 '農の神学研究会(인터넷미팅 2022.11. 1. 19:00-21:00)에서 발표한 내용을 수정·보완한 것임.
2 이 질문은 일본 사회에 기독교를 선교한다는 것이 이전보다 더욱 어려워졌다고 하는 사회적 배경을 기반으로 하는 질문이다. 동시에 이 질문에는 "학문보다 실천이 더 중요한 것이 아닐까"

② 일본에는 전래의 여러 종교가 있다. 그러한 종교와 함께 생각해야 하지 않을까? 그리고 지금 필요로 하는 것은 신학 단독으로 문제를 생각하는 것이 아니라, 종교 이외의 다양한 분야와의 관계 속에서 함께 생각해야 하는 것이 아닐까?

이상의 두 가지 지적에는 다음과 같은 세 가지의 의미가 포함되어 있다.

① 좀처럼 기독교가 전파되지 않는 일본의 사정과 전 세계적으로도 신학에 대한 관심이 이전과 달리 크게 저하 되었다는 점.
② 우리가 직면한 문제들이 대단히 많은 문제가 서로 얽혀있는 복합적인 문제이며 이는 어떤 한 분야만의 연구로는 더 이상 그들 문제가 갖고 있는 본질을 파악하는 것은 물론 그에 대한 대안(해결책, 해답) 역시 제시할 수 없다는 점.
③ 이상의 이유로 오늘날 우리가 사는 이 세상의 문제를 파악하고 해답에 접근하기 위해서는 '학제 간의 대화'는 물론 '다종교간의 대화와 협력'을 필요로 한다는 점.3

필자는 이상에서 소개한 두 질문과 그 질문에 포함된 세 가지 의미가 지적하고 있는 점들에 대해 공감한다. 특히 필자는 2016년부

라고 하는 의문이 포함되어 있다는 점도 이해할 필요가 있다. '학문'보다 '실천'이라고 하는 관점에 대해서는 '농(No)의 신학'은 '실천'을 전제로 한 '학문'을 논하고 있다는 점에 주목해 주었으면 한다.
3 단, 이 글에서 '다종교 간의 대화와 협력'에 대해서는 다루지 않을 것이다. '다종교 간의 대화와 협력'은 후에 별도의 장에서 다루도록 하겠다.

터, 지금 우리가 살고 있는 '제3/4차 산업혁명의 시대'를 '선진국형 종교 이후의 시대'라고 주장해 왔다. 우리가 살고 있는 이러한 '비종교적 풍토'는 앞으로 지구의 모든 지역으로 더욱더 확산되어 갈 것이다. 이 새로운 시대는 지금까지 기독교가 경험한 어떠한 선교적 어려움보다 더 많은 어려움을 경험하게 할 것이다. 이 새로운 시대적 변화는 우리에게 지금 그리고 앞으로 우리가 경험하게 될 선교적 위기에 적응하고 응답하며, 그 대안이 될 새로운 신학적 발상과 도전을 요구하고 있다. 우리가 시도하는 새로운 신학적 발상과 도전이 당장 성과를 가져다주지 않는다 하더라도, "교회는 개혁되었다. 따라서 개혁되어야 한다"는 개혁교회의 표어와 같이, 적어도 우리는 또 한 번의 새로운 신학적 발상과 도전이 요구되는 시대를 살고 있다는 사실을 자각할 필요가 있다. 그리고 필자는 새로운 신학적 발상과 도전의 대안신학으로서 '농(農)의 신학'을 제안하고자 하는 것이다.

2) 하나의 요청

이 글을 쓰기 시작한 제일 첫 부분에 '농의 신학'에 대한 '하나의 요청'이 있었다고 언급하였다. 그 요청은 "'농의 신학'이 오늘날의 교회(선교)를 위한 신학이라고 하는 점을 보다 분명히 해 주었으면 한다"는 것이었다. 이에 대해 필자는 "학문이란 '의심의 방법론'을 통해 체계적으로 논의/논쟁하는 비판적 검증작업이고, 신학도 마찬가지이다. 그리고 교회는 이를 필요로 한다"고 답하였다. 필자는 지금도 총체적(거시적)으로 보면 이러한 신학적 논쟁이 교회(선교)에 도움이 된다고 믿고 있고, 지금은 그 논쟁을 필요로 하는 시기라고 생각한다.

앞으로 '농의 신학'은 이미 그리고 앞으로 세계를 뒤흔든 그리고 흔들게 될 몇 가지의 지각변동에 직면하게 될 것이다. 이미 경험하고 있는 지각변동이라면, 제3/4차 산업혁명, 인공지능(AI), 우주과학, 진화유전학(분자유전학), 이 외에도 지금까지 종교(교회)가 본적도 생각한 적도 없는 과학기술의 진보는 놀랄만한 혁명적 시대변동을 야기하고 있고 앞으로도 야기할 것이다. 문제는 작금의 과학기술적 진보가 우리 사회를 어디까지 변화시킬지 가늠할 수조차 없다는 점이다. 과연 종교(교회)는 이러한 과학기술의 발전과 공존할 수 있을까? 또한 이러한 시대에 있어서 종교란 어떤 의미를 갖는 것일까? 필자는 이러한 시대적 변화와 도전에 직면한 우리의 신학이 충분히 답하고 있다고 생각하지 않는다.

또 하나의 측면에서 도시화와 산업의 발전으로 농촌과 같이 소외되고 주변화된 지방 역시 그 혜택을 받고 있지만, 그 대가로 지방은 지역이 갖고 있는 본래적 의미가 파괴되었고, 결국 산업도시를 지향하는 시대적 흐름에 편승한 교회는 '농'(農)에 대한 선교체제의 해체(파괴), '농'의 선교에 대한 필요성조차 느끼지 못하게 되었다(어쩌면 이미 잃어버렸을지도 모른다). 지금은 '농'의 선교에 대한 신학적 논의는 말할 것도 없고, '농의 신학'을 중심 주제로 해서 진지하게 신학을 하는 신학자는 극히 소수에 불과한 시대가 되어버렸다. 일본의 경우는 이이누마 지로(飯沼二郎)[4]와 호시노 마사오끼(星野正興)[5]를 마지막으로 그들을 잇는 '농(No)신학자'는 더 이상 찾아볼 수

---

4 飯沼二郎『日本農村伝道史研究』東京:日本基督教団出版局' 1988°
5 星野正興『日本の農村社会とキリスト教』東京:日本キリスト教団出版局' 2005°

없게 되었다.

그렇다면 도시에 사는 사람들은 행복한 것일까? 이 질문에 대해서 반드시 그렇다고 말할 수 없다는 것이 한국의 서울, 일본의 교또, 오사카, 도쿄, 영국의 버밍엄 등 몇몇 국가의 대도시에서 살아온 필자의 솔직한 느낌이다. 이에 반해 5년 전부터 살고 있는 집(히로시마시에서 기차로 2시간 정도 떨어진), 논과 집이 3미터 거리로 3면을 감싸고, 또 한 면은 은어가 산란을 위해 돌아오는 하천이 흐르고, 20여 가구의 작고 한적한 농촌마을에서 필자는 자신의 인생에 있어서 가장 쾌적하고 만족한 삶을 살고 있다. 산업/도시중심이라는 시대적 흐름에 편승한 교회의 도시중심주의 선교를 '농'의 지점(地点, 視点이 아니라 '地点')[6] 에서 비판적으로 검증(다시읽기)하는 것은 이 시대에 요구되는 '농의 신학'이 다루게 될 많은 중심 주제 가운데 하나가 될 것이다.

2. '농의 신학'을 생각하기 시작한 세 가지 이유

1) '농의 신학'의 부재

2022년 필자는 일본기독교의 에큐메니칼 잡지인 『복음과세계』

---

6 여기서 말하는 '지'(地)는 다른 말로 '흙'(땅)을 의미한다. 동시에 '시점'(視点)이 '흙'(땅)보다 높은 위치, 즉 인간의 눈높이(관점)에서 사물을 바라보는 것이라고 한다면, '지점'(地点)이란 인간의 시점(높은 위치)으로부터 '흙'(땅)까지 몸을 낮추어 사물을 바라보고 생각한다는 의미이다. 즉, 사물을 바라보고 인식할 때 인간의 '시점'으로부터가 아니라 '흙'의 '지점'에서 하고자 하는 필자의 의지를 강하게 반영한 용어이다. '흙'이란 인간이 태어나고 돌아가는 곳일 뿐만 아니라, 물과 함께 다른 많은 생명이 출발하고 돌아가는 곳이기도 하다. 특히 '흙'이란 인간이 갈 수 있는 그리고 가야만 하는 가장 낮은 곳, 다시 말해 인간의 본성으로 되돌아가자고 하는 의미를 갖는다. '흙'이 '농(No)의 신학'의 출발점이자 종착점이다. '흙'이야말로 신을 만나고, 깨닫고, 느끼는 곳이라는 말이다.

(福音と世界)7의 창간호(1952)로부터 2022년까지 '농의 신학', '농의 전도/선교' 등, 제목에 '농'이라는 용어가 있는 모든 논문과 기사를 읽고 검토하였다. 결론적으로 일본의 '농의 전도/선교'는 실패했다는 것이 필자의 결론이었다. 그 이유를 정리하면 다음과 같이 세 가지로 정리할 수 있다:

① 거의 모든 논문과 기사들의 내용이 전도/선교의 방법론(전략)에 집중되어 있고 '농의 신학'이 논의되지 않고 있다는 점.8 즉, 방법론(전략)에 집중하면, 왜 전도/선교를 해야 하는가 하는 기독교의 본질을 논의하기보다, 전도/선교를 통해 달성해야 목표 그리고 얻고자 하는 생산적 결과(교인의 증가와 같은)에 집착하게 된다. 바로 그러한 현상이 다음에 말하는 '교회의 자본주의적 시장경제의 체질화'와 연결되어 나타나게 된다.

② 일본의 기독교인(교회를 포함해서) 속에 내재화된 '자본주의적 시장경제의 체질화'이다. 2차 대전 후 일본은 농업국가에서 산업국가로 체질개선을 추구하게 된다. 이를 위해 일본은 적극적으로 자본주의적 시장경제의 활성화를 도모하였다. 이러한 흐름은 일본교회에도 영향을 미치게 된다. 교회가 전도/선교를 할 때 인력과 시간 그리고 자금을 어디에 사용하는 것이 보다

---

7 『복음과세계』(『福音と世界』)는 신교출판사(新教出版社; 일본에서 기독교서적을 출판하는 대표적인 출판사 가운데 하나)가 1952년 창간한 기독교에큐메니칼 저널로 한국의 「기독교사상」과 비슷한 성격을 갖는다. 이 저널은, 일본 기독교가 지속적으로 변하는 시대의 변화 속에서 어떤 주제에 관심을 갖고 또 어떻게 논의했는지 그 흐름을 이해함에 있어서 대단히 중요한 참고자료이다.

8 필자는 이 점에 대해서 일곱 차례 나누어 소개하였다. 다음의 자료(일본어)를 참고할 것: 李民洙, "『福音と世界』の『農』参考文献エッセー"(1-7), 『Beyond Boundaries』, No. 1-8, 1-10, 1-11, 1-12, 2-1, 2-2, 2-5, 2022年8月-2023年5月.

효과적인가, 즉 생산성(전도)이 좋은가 하는 투자대비 생산성을 추구하게 된다. 예를 들면 산업화로 나타나는 도시화, 즉 도시로 인구가 집중되는 과정 속에서 교회는 농촌보다 도시에 전도/선교적 역량을 집중(투자)하는 것이 보다 더 효과적인 생산성(기독교인의 증가)을 얻을 수 있다고 판단한다. 그 결과, 교회는 농촌에 대한 전도/선교를 중지하고 그 대신 도시와 산업화현장의 선교에 전도/선교적 역량을 집중하게 되었던 것이다. 이러한 교회의 판단과 결정은 일본기독교가 '자본주의적 시장경제의 체질화'를 고착화시키는 데 중요한 계기가 되었다고 할 수 있다.

③ 자연/환경(생태를 포함해서)이라는 시대적 주제와 '농의 전도/선교'가 총체적이고 유기적인 관계로 발전하지 못했다는 점이다. 왜냐하면 1990년대 초기, 자연/환경(생태)이라는 주제가 언급되기 시작했을 때는 이미 '농의 전도/선교'가 추진력을 잃어버린 상태가 되었기 때문이다. 또한 이 당시의 '농의 전도/선교'는 자연/환경의 문제를 자연/환경의 문제를 총체적으로 다루기보다 '유기농법'과 이에 관련된 주제에 집중하는 지극히 제한된 논의를 하고 있었다. 즉, 자연/환경 등의 문제와 '농의 전도/선교'가 총체적이면서도 유기적으로 논의되기보다 서로 각각 분리된 상태에서 다루어지고 있었다는 말이다.

2) '도(都)[9]의 신학'('都'에서 시작하고 논의되는 과정을 통해 발
　전한 신학)에 대한 한계

　필자는 지금까지 배운 신학에 한계를 느끼고 있다. 오늘날 우리가
경험하는 인위적인 여러 문제(특히 지구적인 차원의)은 주로 '도(都)'
에서 발생하고 있다. 특히 대량생산/대량소비로 인한 지구환경의
파괴, 지역의 빈부격차 등은 이미 심각하다. '도의 신학(주로 도시에
위치한 대학의 연구실과 강의실, 세미나와 학술모임 그리고 출판
등을 통해 논의되고 발전한 신학)은 결과적으로 우리가 직면하고
있는 문제들에 대해서 효과적이고 본질적인 설명과 책임 그리고
해결방안을 제시하지 못하고 있다. 왜냐하면 '도의 신학'을 논하는
사람들이 서 있는 신학의 출발점이, 바로 문제를 야기하고 있는
도시이고 또한 문제를 야기하는 인간이기 때문이다. 인간은 자기변명
과 책임 회피라는 한계로부터 결코 자유롭지 않다. 이러한 특성이
'도의 신학'에 반영되어 있기 때문이다. 그렇다고 해서, 필자는 '도의
신학'이 무의미하다고 말하는 것은 아니다. '도의 신학'은 중요하고
인간이 도시에 사는 한 앞으로도 계속되어야 한다. 다만 필자는
'도의 신학'에 한계를 느끼고 있다는 점만은 분명히 해두고 싶다.
그 이유는, '도의 신학'은 여러 문제를 나열하고, 문제에 대한 자발적
책임을 제한적으로 고백할 수는 있어도 그리고 부분적인 약간의
개선은 도모할 수 있다 하더라도, '도의 신학'이 갖고 있는 체질적

---

9 여기서 말하는 '도(都)'는 일반적으로 말하는 도시라는 말이 함유하는 모든 것을 의미한다.
　즉, '서울', '뉴욕', '동경' 등 도시의 지역적 특징, '도시', '도시화', '도시문화', '도시생활', '뉴타운'
　(도시의 확장), '개발', '도시의 정치/경제/사회/문화/교육', '지방도시', '위성도시' 그리고 '도
　시민' 등 '도시'라는 말과 연계되는 다양한 의미를 포함하는 의미로 이해해야 할 것이다.

한계로 인해 문제의 본질에 접근해서 근본적으로 해결할 능력이 없기 때문이다. 그리하여 '도의 신학'이 갖고 있는 이러한 한계를 보완·격려하며, 보다 본질적인 문제를 강력하고 효과적으로 논의하기 위한 대안을 찾기 시작하였다. 필자는 '도의 신학'에 대한 논쟁적(자기비판적) 대안으로 신학의 출발점을 시점(視点, 인간, 그리스도)으로부터 '지점'(地点, 자연, 하느님)[10]으로 바꾼 '농의 신학'을 생각하게 되었다.

3) 제3/4차 산업혁명시대에 필요한 새로운 비판적 가능성의 모색

뉴턴의 근대물리학에 근간을 둔 2차 산업혁명 이후, 놀랄 만큼 발전한 현대과학기술의 발전에 대해서 신학은 충분한 대안(답)을 제시하지 못하는 것처럼 보인다. 뉴턴 이후의 현대물리학과 최근의 유전/분자진화론, 우주에 대한 학문적 성과, 인공지능시대의 도래 등등 다루기 까다로운 오늘날의 과학/문명을 종교(신학)는 어떻게 받아들여야 할까. 이러한 주제는 '도의 신학'에서 조차 만족할 만한 설명과 대안(답)을 제시하는 데 실패하고 있는 듯하다. 그렇다면, '농의 신학'은 이러한 문제를 다룰 수 있는 것일까? "그렇다, 그래야 한다"가 필자의 답이다.

'도'(都)의 관점에서 보면, 현대의 과학기술이 가져다주는 편리성을 쉽게 비판하며 거부할 수 없을 것이라 생각한다. 아니 최대한 긍정적으로 말해서, '도'의 관점에서 충분히 현대과학기술의 문제점

---

10 여기서 말하는 '지점'(자연, 하느님)은 '범신론'을 의미하지 않는다. 자연(피조물)을 통해 만물을 창조하신 하느님의 뜻을 찾는다는 것을 의미한다.

을 정확하게 지적하고 비판할 수는 있을 것이다. 그러나 문제는, 문제의 본질을 지적하는 것과 지적한 문제를 근본적으로 개혁하는 것은 전혀 다른 문제라는 점이다. 지금까지의 경험으로는 '도' 또는 '도의 신학'이 문제의 본질을 지적했음에도 불구하고, 그래서 실제로 개선할 수 있었는가라는 점에 있어서 안타깝게도 실패해 왔다고 생각한다. 이러한 고민 속에서 필자는 '도의 신학의 한계를 재검토하는 새로운 대응신학이 요청되고 있다고 느끼게 되었다. 만일, 오늘날의 과학/기술의 발전과 '도의 신학'을 '농의 신학', 즉 '지점'(地点, 자연, 하느님)으로부터 본다면 어떻게 보일까!

물론 이미 '도'에 편입되어버린 '농' 그리고 '도의 신학'에 편입된 우리들이 아무리 '농의 신학'을 이야기한다 해도 쉽게 어떤 새로운 결론을 도출하거나 문제들을 본질적으로 개선할 수 없을지도 모른다. 그러나 그렇다고 해서 시작도 하기 전에 새로운 신학적 도전과 논쟁이 필요 없다고 할 수는 없지 않을까? 이상 소개한 세 가지 이유로 '농의 신학'을 생각하게 되었다.

III. 서론: 신학의 새로운 출발점 찾기[11]

논의를 시작하기에 앞서 필자의 한계를 언급하고 독자의 양해를 구하고자 한다. 우선 필자 역시 사람에 불과하다는 점, 즉 사람인

---

11 본고는 제4차 農の神学研究会(인터넷미팅, 2023年 3月 12日 19:00-21:00)와 제6차 農の神学研究会(인터넷미팅, 2023年 6月 25日 19:00-21:00)에서 발표한 내용을 수정·보완한 것임.

이상 인간중심이라는 범위로부터 자유로울 수 없다는 한계를 갖고 있다. 그렇기 때문에 자신의 생각을 언급할 때 문자라는 도구에 의지할 수밖에 없다. 그러나 이러한 한계 속에 있다고 하더라도, 필자는 인간중심적 신학으로부터 자유롭게 되고 싶다는 강한 의지를 갖고 있다. 왜냐하면 이미 몇 차례 언급한 바와 같이, 인간중심적인 신학에 한계를 느끼고 있기 때문이다. 따라서 신학을 함에 있어서, 문자로 표현할 수밖에 없다는 현실과 문자로 표현할 수 없는 세계와의 아슬아슬한 접점을 찾으려 노력하고 있다.

지금까지의 모든 신학의 전승은 문자에 의해 이어져 왔고 앞으로도 그러할 것이다. 동시에 문자는 인간만의 특징을 가장 잘 표현하는 대표적인 상징이다. 그렇기 때문에 문자를 사용하는 모든 신학은 '인간중심적인 신학'이 될 수밖에 없다. 그러나 사실은 어떠한가, 인간의 문자로 세상의 모든 것을 표현할 수 없다는 점, 때로는 세상을 설명함에 있어서 문자 이외의 다른 방법으로 표현하는 것이 보다 정확하고 유용할 수 있다는 점 또한 분명하다. 특히 어찌 문자만으로 하느님의 모든 것을 표현할 수 있겠는가. 어쩌면 인간의 이성을 기록하는 문자의 표현보다 감성이 훨씬 강렬한 하느님의 경험을 담아낼 수 있는 수단일 수도 있다. 그럼에도 불구하고 필자 역시 한 인간으로서 '농의 신학'을 '감성의 신학'이라 하면서도 문자로 표현할 수밖에 없다는 한계를 갖는다. '농의 신학'은 이러한 고민을 갖고 출발하는 신학적 사고의 일단임을 이해해 주었으면 한다.

'농의 신학'을 시작함에 있어서 이제부터 신학의 중요한 요소는 '이성'이 아니라 '감성'이다. 그렇다고 '이성'에 의한 분석과 이론적 탐구를 그만두자고 하는 것은 아니다. 만일 누군가가 "이성적 분석과 이론적 탐구는 이제 그만두자"고 한다고 해서 그만둘 수도 없을 것이다. 그럼에도 불구하고 '농의 신학'은 우리가 잊고 살아온 인간의 '감성'을 신학의 새로운 도구로 삼아 시작하려고 한다. 왜냐하면 근/현대 이후, 인간의 이성을 도구 삼아 논의해 온 '도의 신학'이 더 이상 오늘날 우리가 직면한 여러 문제에 대해 충분한 설명과 대안(답)을 제시하지 못할 것이라는 사실을 알고 있기 때문이다. 따라서 '농의 신학'이 시도하는 '새로운 신학의 출발점 찾기'의 핵심 단어를 '감성', 즉 '느낌과 느낄 수 있는 힘'에 두고자 한다.

또한 신학의 새로운 출발점을 찾고자 하는가 하는 이유와 목적 그리고 여기서 다루게 될 시기에 대해서 짧게 언급해 두고자 한다.

① 신학의 출발점이 어딘가에 따라 신학적 성격과 결론이 달라진다. 이에 대해서는 별도의 설명이 필요 없을 것이다.

② 여기서는 주로 근/현대신학의 출발점에 주목할 것이다. 그러나 필요에 따라 부분적으로 근/현대를 벗어난 시대의 신학에 대해서 언급하는 경우도 있다.

③ 신학의 새로운 출발점을 찾는 이유와 목적은, 시대의 변화와 그에 따를 신학적 과제를 보다 분명히 하고자 하기 위함이다. 동시에 변화하는 시대에 필요한 신학적 질문을 찾고, 신학을 통해 얻을 수 있는 새로운 가능성을 찾기 위함이다.

1. 근/현대 신학의 출발점

영어로 'modern period'를 한국어로 번역하면 '근/현대'라고 번역하지만, 도대체 언제부터 근/현대가 시작되었는가를 특정하는 것은 간단하지 않다. 다양한 의견이 있을 수 있지만, 그 출발점을 간단히 정리하면, 문화사에 있어서는 '르네상스'라 불리는 14세기부터라고 할 수 있고, 종교사에 있어서는 16세기의 종교개혁(1517)으로부터, 철학사에 있어서는 16세기의 데카르트의 시기로부터, 과학사에 있어서는 17세기 뉴턴의 시대로부터, 정치사에 있어서는 17세기의 영국 시민혁명으로부터라고 말할 수 있을 것이다. 근/현대의 시대적 시발점을 토대로 해서, 근/현대가 갖는 특징들을 좋고 나쁨을 떠나 몇 단어로 정리해 보면 다음과 같다. '이성', '과학(의 비약적 발전)', '산업화', '자본주의 시장경제체제', '공산/사회주의 경제체제', '국가와 민족주의', '식민주의와 제국주의', '의회민주주의', '공산/사회주의 경제체제' 등이다. 최근에 새로 언급되기 시작한 단어로는 '인권', '자유', '자연과 환경' 등을 들 수 있을 것이다.

신학에 있어서는 중세시대의 신학을 거부한 종교개혁으로부터 근/현대신학이 시작되었다. 특히 마르틴 루터가 주장한 '오직 말씀으로'(Sola Scriptura)라는 말은 기독교의 역사에 있어서 근/현대의 가장 큰 변화를 가져다주었다고 할 수 있다. 종교개혁 전후로부터 성서가 각국의 언어로 번역되기 시작되었다. 그리고 계몽주의의 영향아래 쉴라이에르마하로부터 시작된 자유주의신학, 성서의 비신화화를 시도한 불트만의 등장은 신학의 근/현대화에 걸맞는 중요한 이정표가 되었다고 말 할 수 있을 것이다. 여기서는 이 이상 근/현대신학사에 대하여 자세하게 논할 생각은 없지만, 방금 언급한 내용을 토대 삼아 개략적으로 근/현대의 신학적 출발점을 생각해 볼 생각이다. 만일 근/현대신학의 가장 큰 특징을 한마디로 말한다면, '문자로 기록된 거룩한 기록의 이성적 발견'이라고 할 수 있을 것이다.

1) 성스러운 기록으로부터의 신학

성스러운 기록으로부터의 신학이 갖고 있는 특징은 성서로부터 시작하여 성서로 끝난다라고 하는 점이다. 신학을 공부하는 사람들 가운데 이러한 신학적 패턴을 완전히 부정할 수 있는 사람은 없을 것이다. 이런 점에서 오늘날의 모든 신학은 '문자의 신학'이라 말할 수 있다. 신학이란, 신을 알고, 신의 뜻을 탐구하는 학문이다. 그러나 오늘날 신학을 함에 있어서 ① 신이 인간에게 자기 자신을 어떻게 드러내고 있는지, ② 어떤 메시지를 전하려고 하는지를 오직 문자에만 의존해서 이해하려고 하는 것은 과연 타당하다고 할 수 있을까? 성스러운 기록에 의하면, 처음 신과의 만남이 있고, 그 만남의 장에서 고지(告知)된 무언가가 있었다. 그것을 우리가 말하는 단어로 표현하면 '체험'이다. 이 '체험'이 먼저 있고, 그리고 나서 문자로 기록되는 것이다. 즉, 기록에 앞서 '체험'이 있었다는 말이다. 이와 같이 거룩한 기록이란 간접적인 것이다.

문자로 기록한다는 것은, 인간만이 할 수 있는 인간 고유의 특성과 습관을 나타내는 가장 특징적인 행위이다. 분명한 것은 문자는 몇천 년의 시간을 거슬러 올라가는 기억을 남기고, 문명은 문자에 의해 형성되었다는 것도 사실이다. 그렇다고 해서 인간은 문자만으로 살 수 있는 것이 아니라는 것 역시 분명하다. 인간은 감각을 통해 몸으로 체험하고 기억할 수도 있다. 바로 여기서 궁금해지는 것은 과연 인간만이 '신 체험'을 하는 것일까 하는 것이다. 만일 우리가 창세기의 천지창조를 믿는다고 한다면, 신에 의해 창조된 인간 이외의 모든 것도 창조의 순간 이미 '신 체험'을 했다고 할 수 있다. 왜냐하면 그들도 신에 의해서 창조되었기 때문이다.

이 질문을 한 걸음 더 진전시켜 이렇게 물어보자. 인간에 의해 남겨진 성스러운 기록은 '성경'이라 불리고, 오늘날의 모든 신학은 기록된 문자로부터 출발하지만, 과연 신에 의해 창조된 인간 이외의 모든 사물(동/식물을 포함)의 경험도 성스러운 기록으로 남겨져 있을까? 필자는 남겨져 있다고 생각한다. 단, 문자가 아니라는 점은 분명하다. 이처럼, 오늘날의 모든 신학이 문자로부터 시작해서 문자로 끝난다고 하는 것이 얼마나 '인간중심적인 신학'인지를 알 수 있게 한다. 이러한 신학은 신의 모든 활동을 인간의 사고 영역에 제한시키고 있다고 할 수 있을 것이다. 필자는 거룩한 기록으로부터의 신학을 '인간중심적 문자의 신학'이라고 정의하고 있다. '인간중심적 문자의 신학'을 특징짓는 두 가지의 키워드(keyword)는 '이성'과 '문자'이다. 동시에 이러한 키워드는, 인간이 갖고 있는 필연적인 한계를 분명히 하는 것이기도 하다. 이 문제는 나중에 소개할 '자연신학'의 부분에서 좀 더 생각해 보기로 하자.

2) 사회현장(context)으로부터의 신학

또 하나의 신학은 '사회현장'(Context), 즉 우리가 사는 생활의 현장으로부터 출발하는 신학이다. 지금까지의 신학은, 성스러운 기록으로서의 '텍스트'(Text)가 우리가 살고 있는 인간사회(현장)에 무엇을 말하고 있는가를 신학(탐구)하는 신학이었다. 그런데 한국의

'민중신학', '제3세계신학', '해방신학' 그리고 '여성신학', '흑인신학' 과 같이 신학에서는, 지금까지 컨텍스트라고 인식했던 우리의 삶의 현장을 텍스트로 인식하기 시작했다. 이처럼 '사회현장(Context)으 로부터의 신학'은 텍스트화(Textualization) 된 컨텍스트(사회현장) 로부터 신의 뜻을 읽는다. 사회현장의 텍스트화[12]는 성서를 읽는 방법에 있어서는 물론 신학이 향하고 바라보는 방향에 있어서도 큰 변화를 가져왔다. 이와 같은 성서읽기를 통해 얻을 수 있었던 것들은, 성스러운 기록으로서의 성서가 '사회현장'(Context) 속에서 고통받고 소외된 자들의 아픔과 고통을 위로하고, 억압과 착취에 저항하는 해방의 소식이 되었고, 부정의에 저항하는 민중의 자유의 원동력이 되었다.

문제의 핵심은 '누가 텍스트의 주인인가'이다. 텍스트는 '힘'이고, 텍스트의 주인이 힘 있는 자가 되기 때문이다. '텍스트'와 '컨텍스트'가 역전되었다는 것은 힘의 관계에 변화(역전현상)가 생겼다는 말이다. 억압받고 착취당하는 민중이 거주하는 사회현장(Context)이 텍스트

---

12 텍스트화(Textualization)란 첫째, 텍스트를 중심으로 그 주변, 주변의 상황, 주변에 있는 존재 등 일반적으로 '사회현장'(Context)이라고 불리는 것들이 텍스트(성스러운 기록, 성경)와 분리되는 것이 아니라 '일치'(Identify) 된다는 것을 의미한다. 둘째, 이는 '사회현장'이 직접적으로 성경 그 자체 또는 성경과 동등한 지위(위치)를 갖는 것을 의미하는 것은 아니다. 말씀이 구현되는 현장에 그리스도가 함께 한다는 것을 의미한다. 셋째, "하느님께서 인간이 되셨다"(성육신, incarnation)는 신학적 이해는 텍스트화를 이해함에 있어서 중요하다. 즉, 말씀이 민중의 삶 한가운데서 직접 관여하시고 행동하시고 그러한 환경 그 자체화(Identify)되었다라는 의미를 갖는다. 넷째, 텍스트화란, '민중의 삶' 또는 '사회현장'이 직접 문자화 되는 것을 의미하는 것은 아니다. 그러나 다음과 같은 가능성을 갖는다: ① '사회현장'은 그리스도 안에서 문자와 동등한 중요성을 갖는다. ② 앞으로 문자로 기록될 수 있을 것이다. 한국의 민중신학자 서남동의 신학방법론 가운데 텍스트화를 이해하는 데 구체적으로 참고가 될 논문들은 다음과 같다: "한(恨)의 형상화와 그 신학적 성찰", "소리의 내력", "민담에 관한 탈신학적 고찰", "민담의 신학—반신학", 서남동 저, 『민중신학의 탐구』(서울: 한길사, 1990).

가 되었다(Textualization)는 것은, 신학의 방향이 바뀌었다는 것을 의미하는 것이고, 나아가 민중이 사는 생활현장(사회현장: Context), 다른 말로 역사의 방향이 바뀌기 시작했다는 것을 의미한다. 이 변화는 사회/정치/경제/문화 등 삶의 모든 영역에 이른다. 하지만 이러한 신학과 역사의 방향에 변화를 가져온 '사회현장(Context)으로부터의 신학' 역시 '인간에 의한, 인간을 위한' 신학, 즉 '인간중심적인 신학'이라는 범주(한계)를 벗어나지 못했다고 생각한다. 따라서 '사회현장으로부터의 신학' 역시 '인간중심적 신학'의 하나이고, 필자는 이를 '인간중심적 윤리(또는 상화)의 신학'이라고 부른다.

그럼에도 불구하고 '사회현장으로부터의 신학'이 사회현장(Context)를 텍스트화(Textualize)했다는 점, 사회현장에서 고통받고 소외된 자, 억압받고 착취당하는 민중들의 삶을 텍스트화했다는 점 그리고 그러한 '사회현장'(Context)을 신학의 출발점으로 삼고 있다는 점 등은 '농의 신학'을 함에 있어서 큰 격려가 되었다.

3) 자연으로부터의 신학: '영성신학'과 '자연(과학)신학'

'자연신학'은, 자연으로부터 출발하는 신학이다. '자연신학'은 다음과 같이 크게 둘로 나누어 생각할 수 있다. '영성'으로부터 시작하는 신학과 '자연(과학)'으로부터 시작하는 신학이다.

(1) '영성'으로부터 시작하는 신학

성스러운 기록이 기록되기 이전부터 역사적으로 가장 오래된 전통을 갖고 있는 신학(종교학)의 출발점은 인간의 '영성'(혼, 정신)으로부터의 신학이었다. 주로 깊은 명상(영혼/정신의 여행/순례)을 통해 신을 영적으로 체험하고자 하는 종교적 욕구는 다른 말로 '신비주의'라고도 한다. 요한계시록과 다니엘서로 대표되는 '신비주의 신학'은 분명히 하나의 신학적 체계를 형성하고 있다. 그러나 '신비주의 신학'이 하나의 신학적 체계를 형성하고 있다고 하더라도, 환상을 보거나 신의 음성을 듣는 것은 개인적인 체험인 경우가 많은 만큼 문자로 남겨진 기록의 신빙성을 객관적으로 판단하기 어렵다는 문제는 여전히 남아 있다. 이처럼 '신비주의 신학'은 여전히 그 신빙성에 대한 과제를 갖고 있지만, 필자가 주목하는 것은 성서에 기록된 신비적 신 체험의 기록이 문자화되기 이전의 체험을 근거로 하고 있다는 점이다. 즉, 체험이 기록에 선행한다.

여기서 다시 한번 앞에서 언급한 창조설화에 대해 생각해 보자. 필자는 '신(神) 체험'은 인간만의 경험이라고 할 수 있을까 하는 질문을 했고, 창세기에 언급된 인간 이외의 모든 창조물 역시 '신 체험'을 했다고 볼 수 있다고 했다. 단지 인간 이외의 존재는 문자가 아닌 다른 형태로 그들의 '신 체험'을 기록하고 있다는 것도 이미 언급 한 바 있다. 이처럼 '영성으로부터 시작하는 신학'은 문자로부터 출발하는 신학이 아니라, '신 체험'으로부터 출발하는 신학이란 점 그리고 '신 체험'은 인간만이 아니라 신이 창조한 모든 것에게도 가능하다는 점, 비록 인간 이외의 존재가 체험한 '신 체험'의 경험은 문자가 아닌 다른 형태로 남겨진다는 점, 이러한 이유로부터 '영성으로부터 시작하는 신학'은 '인간중심적 신학'을 넘어설 수 있는 가능성이 있다고 생각한다. '영성으로부터 시작하는 신학'의 이러한 가능성은 앞으로 '농의 신학'에서 논의하게 될 신학의 새로운 출발점 찾기에서 좀 더 심도 있는 논의를 하게 될 것이다.

(2) 자연(과학)으로부터의 신학

여기서 말하는 '자연'이란, 산이나 강 등 우리들이 일반적으로 말하는 자연이라는 의미가 아니라, '자연'을 의미하는 라틴어 'nascor'('태어남')와 '-tura'(갖고 있는 '것'), 다시 말해 '태어날 때부터 갖고 있는 것'(태생적인 원리/속성)을 의미한다. 그 안에 우리가 일반적으로 자연이라 말하는 산이나 강이 포함되는 것이다. 이러한 의미에서 '자연신학'은 '태어날 때부터 갖고 있는 것'을 통해 나타나는 신의 뜻을 탐구하는 신학이라 이해해야 할 것이다.

종교개혁 이후 오늘날까지 처음 종교개혁 당시 내세운 표어인 '오직 믿음으로'(Sola Fide), '오직 은총으로'(Sola Gratia), '오직 말씀으로'(Sola Scriptura)는 인간이 이성으로 신의 뜻을 이해할 수 있다는 '과학과 철학의 힘', 즉 '이성적 신 인식'을 부정하는 의미로 이해되어 왔다. 당연히 논쟁이 있었다. 특히 제1차 세계대전과 제2차 세계대전 이후 '신학과 철학' 그리고 '신의 은총과 자연(과학)' 사이에서 벌어진 논쟁은 여전히 진행되고 있다. 그중에서 칼 바르트와 에밀 부룬너와의 논쟁은 잘 알려져 있다. 양자 간의 논쟁을 간략하게 소개하면, 부룬너는 "나는 안다. 고로 나는 믿는다"라는 입장에 가깝다고 한다면 바르트는 "나는 모른다. 고로 나는 믿는다"라는 입장에 가깝다고 할 수 있다. 신 인식의 문제에 있어서 부룬너는 인간은 태어나면서 신을 아는(인식할 수 있는) 능력이 부여되었다는 입장이라면, 바르트는 인간에게 주어진 그러한 능력은 죄로 인해 소멸되었다. 따라서 인간이 신을 알기 위해서는 신의 은총을 필요로 한다는 입장이다. 이러한 형이상학적 신학논쟁은 여전히 진행되고 있으며, 근/현대신학의 저변에서 변증법적 신학으로 지속되고 있다.

자연신학이 근/현대신학을 통해서 시도(도전)하는 또 하나의 특징은 다양화된 세계를 새로운 가치관 아래에서 하나가 되도록 하는 것이었다. 종교개혁이 일어나기 이전까지의 서양의 거의 모든 나라는 가톨릭신학에 의해서 사상적으로 신학적으로 통일된 질서(이해)를 갖고 있었다. 그러나 종교개혁과 함께 교회는 분열되고, 개개인의 신앙고백이 인정되면서 지금까지 유지되었던 사상적/신학적 통일성이 사라지게 되었다. 그리하여 이처럼 분열되고 파편화(다양화)된 세계를 다시 하나로 만들 수 있는 새로운 가치관, 세계를 움직이는 원리를 추구하게 되었다.

17세기 이후 사람들은 사회와 시대가 바뀌어도 변화하지 않는 가치관과 원리는 물리학과 같은 과학에 있다고 생각하게 되었고, 과학적 원리가 다시 세계를 하나로 만들 수 있다고 생각했다. 과학이 변화하지 않는 새로운 신의 섭리(원리와 가치관)를 설명하는 도구가 된 것이다. 17세기 뉴턴으로부터 시작된 근/현대 물리학은 시간과 함께 이전과는 비교할 수 없을 정도로 발전하였다. 동시에 많은 과학자의 등장과 함께 급속하게 근/현대의 정치, 사회, 경제, 문화 그리고 종교에 이르기까지 모든 것을 아우르는 중심적 역할을 담당하게 되었다.

오늘날 우리는 신의 도움 없이도 세계의 모든 존재와 현상을 물리학적으로 설명할 수 있다고 하는 시대를 살고 있다.[13] 그러나 중요한 것은 세계의 모든 존재와 현상을 이해하고 설명할 수 있다는 말을 신을 부정하는 말로 생각할 필요는 없다고 하는 것이다. 또한 가지, 이해한다는 것과 설명할 수 있다고 하는 것은 그것들을 관리한다고 하는 것과 같은 것이 아니라고 하는 점이다. 즉, 신을 인식하는 것(안다고 하는 것)과 신을 체험하는 것(경험한다고 하는 것)은 전혀 다른 것인 것처럼, 물리학적으로 세상을 이해하고 설명하는 것과 이 세상을 관리하고 운용한다는 것은 전혀 다른 것이다. 예를 들어 우리가 오늘날의 지구환경을 볼 때, 물리학과 과학적으로 지구환경의 상황을 이해하고 그 문제점을 논하는 것이 실제로 지구환경을 관리하고 운용하는 것을 의미하는 것은 아니라고 하는 것처럼, 안다는 것과 실제로 운용한다는 것은 차원이 다른 문제이다.

'자연신학'이 갖고 있는 본질적인 문제는 인간을 포함해서 모든 것을 인간중심적 시점에서 관찰하고 분석한다는 것이다. 즉, 모든 사물을 상대화시킨다는 점이다. 순수과학이라 불리는 부분을 제외하고, 아니 결과적으로는 순수과학의 성과조차도, 우리가 산업화를 선택했을 때, 근/현대과학은 경제적 생산성을 위해 기여한 가장 큰 공로자이다. 이상과 같은 이유로, 필자는 '자연(과학)으로부터의 신학'을 '인간중심적 과학/자본주의 신학'이라고 부른다. 그럼에도 불구하고 자연과학의 학문적 방법론이 사물을 객관적으로 관찰해서 그 사물이 갖고 있는 객관적인 속성과 원리를 찾는다는 점은 '농의 신학'의 방법론에서 배울 점이 있다고 생각한다. 이 점에 대해서도

---

13 스티븐 호킹 · 레오나르드 플로디노프 저/전대호 역. 『위대한 설계』 (서울: 까치글방. c2010, 2020). Stephen Hawking · Leonard Mlodino, *The Grand Design* (London: Bantam, c2010).

앞으로 좀 더 구체적으로 다루게 될 것이다.

IV. 확장되어 가는 성스러운 기록: '신(新)유물론적 기독교'(New-materialistic Christianity)[14]를 제안하며

신학이란 무엇인가? 이 질문에 대한 필자의 대답은 간단하다. 기본적으로 학문이란 무언가에 대해서 논리적으로 체계를 세우는 일이다. 신학도 다르지 않다. 신의 존재와 신의 뜻 그리고 신과 관계되는 모든 것을 논리적으로 체계를 세우는 일이다. 중요한 질문은, '왜'(Why)이다. 필자가 신학을 하는 이유는 다음과 같다. 첫째, 기독교인으로 살아온 자신의 삶을 총체적으로 정리해 보고 싶어서다. 나의 삶에 있어서 신앙이란 어떤 의미가 있는 것인가, 내가 믿고 있는 것은 무엇이고, 그 믿음에 스스로 납득할 수 있는지를 검증해 보는 것이다. 중요한 것은 누가 뭐라고 하는가가 아니라, 자신의 신앙에 스스로 솔직할 수 있는가이다. 적어도 자신의 믿음에 납득하는 가운데 생의 마치고 싶다. 둘째, 필자의 주변에 있는 신앙의 동료들과 신학적 대화를 나누며, 그들로부터 배우고 또 필자의 생각을 전하기 위함이다. 셋째, 신앙의 동반자가 아닌 사람들과의 교류를 시작하기 위함이다. 이상과 같이 필자가 신학을 하는 이유는 한 마디로 서로의

---

14 여기서 말하는 '신유물론적 기독교'(New-materialistic Christianity)는 '범신론'(Pantheism)을 의미하지 않는다. 오히려 거부한다. 동시에 '신유물론'은 마르크스의 '유물론'과는 전혀 다른 개념임을 밝혀둔다.

마음을 나눌 수 있는 신앙(신학)의 동료를 찾기 위함이다.

최근 우주과학, 인류문화학, 유전(분자)진화론, 인공지능 등 몇 권의 과학자료를 읽으면서 오늘날 우리가 직면한 종교의 위기를 느끼게 되었다. 문제는 오늘날 종교(신학)만으로는 더 이상 설명할 수 없는 다양한 과제가 여러 방면에 넓게 분포되어 있다고 하는 사실이다. 과학의 목적은 모든 물질과 현상을 분석해서 얻어진 결과와 그 메커니즘(원리)을 설명하는 것이고, 종교의 목적은 그 존재가 갖는 의미, 즉 왜 그런 일이 일어나고 일어났는가, 그것이 의미하는 신의 뜻은 무엇인가에 대하여 파악하고 이해하는 것이라고 말해 왔다. 따라서 종교와 과학은 서로 대립하는 관계가 아니라 각각의 역할 속에서 협조(대화)하는 관계라고 이해되어 왔다.

그러나 오늘날의 과학은 지금까지 종교의 영역이라 여겨졌던 삶(생명)과 죽음에 대한 설명은 물론, 그 의미까지 말하기 시작했다. 과학의 발전은, 한 걸음 더 나아가, 이미 인간의 인지능력과 지식의 범위를 넘어선 다른 차원의 세계를 언급한다. 이는 인간이 아무리 사물의 본질에 다가가려 해도 과학의 힘을 빌리지 않고서는 더 이상 사물의 본질에 접근할 수 없게 되었다는 것을 의미한다. 그럼에도 불구하고 우리가 이러한 인간의 한계를 받아들인다면, 인간중심적 신학의 시대는 끝났다고 하는 사실을 인정한다면 새로운 신학의 가능성을 발견하기 시작하게 될 것이다. 우리는 이 점을 논의하게 될 것이다.

새로운 신학의 출발점을 찾기 위해서 우리가 우선적으로 해야 할 일은 '탈인간중심주의'라는 '지점'(地点)에서 생각하는 것이다. 만일 우리가 지구환경이나 생명을 살리고자 한다면, 사물을 보는 관점이 '인간중심'의 '시점'(視点)에서 '탈 인간중심'의 '지점'(地点)으로 바뀌었을 때, 비로소 그 가능성이 보이기 시작할 것이다. 다시 말해 우리가 지구환경과 생명을 살리는 것이 아니라, 거꾸로 지구환경이 우리를 살릴 것이라는 말이다. 이는, 인간이 인간의 생명을 지키기 위해 지구환경을 보호해야 한다고 하는 말과는 다르다. 인간이 인간의 생명을 지키기 위해 지구환경을 보호해야 한다고 하는 말은 이미 '인간중심'적인 '시점'(視点)으로부터의 생각이다. 우리가 '지점'이라는 말을 쓸 때 전제되는 것은, 인간은 자연(지구)에 종속된 존재임을 선언한다는 좀 더 과격한(급진적인) 의미를 갖는다. 다시 말해 '탈(脫) 인간중심'적인 '지점'이란, 자연(지구)이 인간을 위한 하나의 수단이라고 생각하는 모든 것을 거부하는 것이다. 또한 '지점'은, 인간이 주도하는 모든 자연(지구)과의 화해를 거부한다. 왜냐하면 지금까지의 역사를 통해 확인할 수 있듯이, 말은 '화해'이지만 결과는 '화해'라는 말로 포장된 '자연(지구)의 지배/착취/파괴'이었기 때문이다. 새로운 신학, 즉 '농(No)의 신학'은 바로 이 '지점'으로부터 출발하는 신학임과 동시에 자연(지구)과의 '화해'를 거부하는 신학이다.

1. 발상의 전환: '지점'(자연)으로부터의 출발

지금까지 우리가 자연을 말할 때, 대체로 "(인간에게 있어서) 자연이란 무엇일까?" 또는 "(인간에게 있어서) 자연은 어떤 의미를 갖는가?"라는 질문을 통해서 생각했다. 예를 들어 우리가 "토종종자를 지키자"고 할 때, 이는 우리의 토종자원을 잘 보존해야 한다는 의미이지만, 이 말 속에는 "지금 당장은 아니더라도 언젠가 가치있는 보물(가능성)이 될 수 있다"라는 또 다른 의미가 포함되어 있다. 다시 말해 토종종자(자연)를 '우리(인간)의 소유물', 즉 생산적 가치로 본다는 것을 의미한다. 바로 이러한 표현이 자연을 인간중심적 가치 (소유의 시점)에서 바라보는 대표적인 표현의 하나라고 생각한다.

한편 필자는 에베레스트를 오르는 산악인들처럼 "산은 정복하는 것이 아니다"라고 생각하는 사람들과 자연(지구)은 인간이 소유할 수 있는 것이 아니라고 생각하는 자연친화적인 사람들 그리고 인간은 자연의 일부에 지나지 않는다고 생각하는 다수의 신학자(신앙인)들 이 있다는 사실도 알고 있다. 그들은 종종 '인간과 자연의 공생(공존)', '인간과 자연의 화해'를 말한다. 그러나 아쉬운 점은 그들, 특히 신학자 (신앙인)들의 거의 모두가 인간은 자연에 종속된 존재라고 하는 '신학적 선언'을 함에 있어서는 주저한다는 점이다.

그러나 필자는 본고를 통해서 인간이 주도하는 '자연과의 공생(공 존)', '자연과의 화해'를 거부하고 "인간은 자연에 종속된 존재다"라고 하는 사실을 증명하려고 노력할 것이다. 왜냐하면 앞에서 언급한 바와 같이 '자연과의 공생(공존)', '자연과의 화해'라는 말은 '자연에 대한 지배/착취/파괴'라는 의미의 또 다른 표현에 불과하기 때문이다. 이러한 표현은 무자비한 인간의 자연파괴에 대한 경각심을 일깨우기 위해 사용되기 시작했지만, 이러한 윤리적 표현이 갖는 한계는 ① 여전히 인간과 자연의 분리를 전제하고 있다는 점, ② '자연과의 공존/화해'는 인간에 의한 일방적 선언이라고 하는 점, ③ '자연과의 공존/화해'라는 언어적 공식은 결과적으로 '자연에 대한 지배/착취/ 파괴'라는 의미의 또 다른 표현으로 변질(이용)되기 쉽기 때문이다. '자연과의 공생(공존)', '자연과의 화해'라는 말은, 여전히 자연을 관리할 능력과 권한이 인간에게 있다는 것을 전제한다. 그러나 자연은 인간과의 공생(공존)/화해에 대해서 아무런 관심도 없는 것처럼 보인다. 다시 말해 지구에서 인간이 사라진다 해도, 자연은 별로 영향받지 않을 것이라는 말이다. 만일 우리가 여전히 '자연과의 공존'을 말하고자 한다면, 신이 인간에게 자연을 관리/감독할 수 있는 권한을 주었다는 생각(신학)을 포기하고, '인간은 자연에 종속된 존재'라고 하는 선행적 선언(신학적)이 필요하다.

지금이야말로 발상의 전환이 필요하다. 세상의 모든 것이 인간을 중심으로(인간을 위해) 존재한다는 '인간중심주의'적 발상은, 오늘날의 천동설(Geocentrism)과 같은 것이다. 중세의 교회는 우주가 지구를 중심으로 돌고 있다는 천동설을 믿었다. 반면 갈릴레오 갈릴레이는 지구가 다른 행성과 함께 태양을 중심으로 돌고 있다는 지동설(Heliocentrism)을 주장한다. 그러나 교회는 갈릴레오 갈릴레이를 종교재판에 회부하였다. 오늘날 교회의 생각이 틀렸고 갈릴레오 갈릴레이가 맞았다고 하는 사실은 더 이상의 설명할 필요가 없다. 만일 우리가 "자연은 인간을 위해 존재(봉사)하고, 인간은 자연을 관리/지배할 수 있다"고 한다면, 이는 현대판 천동설을 주장하는 것과 같다. 오늘날 천동설이 잘못되었다고 해서 우리의 신앙(신학)이 무너지지 않는 것처럼, 우리가 "인간은 자연과 동등한 그리고 자연에 종속된 하나의 피조물에 불과하다"는 신학적 선언을 한다고 해서 우리의 신앙(신학)이 무너지지는 일은 일어나지 않을 것이다. 다시 말해 모든 것을 인간중심으로 생각하는 '인간중심적 신학'을 포기하는 것이 기독교의 종말을 의미하지 않는다는 말이다.

실제로 달은 지구를 중심으로 돌고 있고, 지구는 태양을 중심으로

돈다. 그리고 태양계는 우리가 속한 은하의 중심을 축으로 해서 돌고 있는 것과 마찬가지로, 자연은 결코 인간을 위해 그리고 인간을 중심으로 순환하는 존재가 아니다. 오히려 인간이 자연의 순환 속에서 자연과 함께 그리고 자연으로 존재할 뿐이다. 필자는 자연(유기물과 무기물 그리고 인간)과의 관계 속에서 신을 이해하고자 하는 신학을 '신(新)유물론적 기독교'(New-materialistic Christianity), '농(No)의 신학'이라고 부르고 있다. 이에 대해서는 본고의 뒷부분에서 간략하게 언급할 것이다.

따라서 '농(No)의 신학', 즉 '신 유물론적 기독교'에서 다루는 질문은 "인간에게 있어서 자연이란 무엇인가?", "인간에게 있어서 자연은 어떤 의미를 갖는가?"라는 질문은 하지 않는다. 대신 "자연에게 있어서 인간은 무엇인가?", "자연에게 있어서 인간은 어떤 의미를 갖는가?" 그리고 "자연에 종속된 피조물 인간은 다른 피조물과 어떤 관계인가?"를 묻는다. 만일 우리가 자연과의 공존, 자연과의 화해가 여전히 유효하다고 말하고 싶다면, 방금 언급한 '농(No)의 신학', 즉 '신(新) 유물론적 기독교'의 질문들에 대한 검증을 거친 후에 생각해야 할 것이다. 그래야 비로소 새로운 신학의 희망이 보이기 시작할 것이기 때문이다.

여기서는 위에서 언급한 바와 같이 '탈(脫)인간중심적 신학'에 입각한 '자연에 대한 새로운 신학적 선언'과 그로부터 얻어진 '새로운 신학적 희망'을 돕기 위해, 세 가지의 보조적인 주제들, '코스모스'(우주), '호모'(Homo: 인류), '이기적 유전자'에 대해서 논의하게 될 것이다. 이러한 질문들이 '농(No)의 신학'의 주제와 어울리지 않는 것처럼 보일지 모르지만, 이러한 주제들은 '제3/4차 산업혁명시대'라 불리는 오늘날의 과학/기술시대의 '농(No)의 신학'에서 피할 수 없는 중요한 주제이다. 오히려 과학(기술)의 발전은 '농(No)의 신학'을 촉진시키는 측면도 있다.

우리가 여기서 논쟁할 가장 중요한 질문은, 우리가 '탈(脫)인간중심적 신학'이라는 말을 할 때, 과연 '탈 인간 중심적 신학'은 가능한가 하는 질문이다. 이 질문은 '인간중심적 신학'의 대두를 근/현대기로 볼 때, 근/현대기의 '인간중심적 신학'을 형성한 가장 중요한 방법론이 이성과 문자를 도구로 한 인식론과 해석학이라고 하는 점에서, 문자가 기록되기 이전의 신 체험을 지금(오늘 자신이 존재하는 현장에서)도 할 수 있는가에 대하여 논쟁한다. 만일 우리가 성스러운 기록이 기록되기 이전, 신앙의 선조들이 경험한 신 체험을 몇 천 년이 지난 오늘 우리가 경험할 수 있다면, 그래서 몇 천 년의 시간을 거슬러 올라갈 수 있다면, 문자의 도움 없이도 몇 천 년 전의 신 체험과 같은 경험을 할 수 있다면, '인간 중심적인 신학'으로부터 자유로운 새로운 신학('농(No)의 신학')의 가능성이 열린다고 생각한다. 위에서 언급한 세 가지의 보조적인 주제들, '코스모스'(우주), '호모'(Homo: 인류), '이기적 유전자'에 대한 논쟁은 문자 이전의 신 체험을 증명하기 위한 보조적 주제로 우리에게 중요한 힌트를 제공할 것이다.

1) 보조적 질문 ①: 코스모스 (우주)[15]

우주과학이 발전했다고 하더라도, 과학기술의 발전에는 아직 많

---

15 우리에게 잘 알려진 우주과학에 대한 교양서: Carl SAGAN, *COSMOS* (New York: Druyan-Sagan Associates Inc, c1980).

은 한계가 있다. 그럼에도 불구하고 우주과학의 발전으로 우리는 태양계 행성의 풍경을 자신의 방에 앉아서 볼 수 있게 되었다. 지금까지 인류가 쏘아 올린 모든 인공위성의 발사 연도와 이름을 말할 필요는 없지만, 그 수는 우리가 상상하는 것보다 많다. 그 위성들은 태양계의 거의 모든 행성에 착륙했고, 착륙하지 못 한 행성은 근접해서 사진을 촬영했다. 우리는 그 행성의 사진과 행성에서 녹음한 소리 자료를 언제든지 보고 들을 수 있다. 단, 앞으로 어떻게 될지 모르지만, 현재까지 모든 행성으로부터 '생명'의 흔적을 발견하지는 못했다. 다시 말해 우리가 보는 행성은 '생명'이 태어나기 이전의 모습을 직접 보고(경험하고) 있는 것이다. 특히 화성의 풍경은 마치 지구라고 착각할 정도이다. 태양계는 약 47억 년 전에 형성되었다고 말하고 있다. 아마 우리가 사는 지구도 화성을 비롯한 다른 행성과 비슷한 과정을 거쳐서 만들어졌을 것이다. 지금, 인간이 쏘아 올린 인공위성 가운데는 태양계를 벗어나 다른 별들의 세계를 향해 계속 여행하고 있는 것도 있다[16]. 그럼에도 불구하고 인간의 발길이 직접 다다른 공간을 스페이스(Space)라고 정의할 때, 그 영역을 넘어선 곳에 우주(코스모스)가 있다는 사실을 분명히 알고 있지만 우리는 오직 감성을 통해서 경험할 수 있을 뿐이다.

2021년 12월에 쏘아 올린 '제임스웹 우주 망원경'(James Webb Space Telescope, JWST)[17]은 1990년 쏘아 올린 '허블 우주 망원경' (Hubble Space Telescope)[18]이 2016년 촬영에 성공한 134억 년

---

16 NASA의 공식 홈페이지, https://www.nasa.gov/
17 NASA의 제임스웹 우주망원경에 대한 공식 홈페이지, https://webb.nasa.gov/. 그 외의 우주망원경에 대한 웹사이트, https://webbtelescope.org/
18 NASA의 허블 우주망원경에 대한 공식 인터넷 사이트, https://hubblesite.org/

전의 'GN-Z11은하'[19]를 보다 선명한 화질로 촬영하는 데 성공했다. 천문학이 말하는 우주역사 138억 년 가운데 'GN-Z11은하'는 우주가 시작된 시점으로부터 불과 4억 년밖에 지나지 않은 최초의 우주 모습(빛)인 것이다. 또한 2017년 4월에는 세계의 6개소에 설치된 8대의 전파망원경과 13개국 200명 이상의 연구자가 공동으로 작업을 해서 5,500만 광년 떨어진 '타원은하' 중심에 있는 'M87'이라는 블랙홀(블랙홀의 그늘)의 촬영과 소리를 녹음하는데 성공하였다[20]. 134억 년 전, 5,500만 광년의 거리란 상상할 수도, 생각해 본 적도 없는 세계(시간/거리)에 대한 이야기이다.

필자가 우주과학의 업적에 대해서 말하는 이유는, 인류의 우주개발 과정과 과학기술의 발전 정도를 설명하기 위한 것이 아니다. 필자의 주된 관심은 우주(행성을 포함)의 사진과 녹음에 있다. 왜냐하면 행성의 사진과 녹음이 아직 생물학에서 말하는 '생명'이 존재하기 이전의 세계, 즉 물리학에서 말하는 전자의 파동(wave)과 입자(particle), 다른 말로 '빛'(어둠을 포함하는 '색')과 '소리'이기 때문이다. 이 '빛'(색)과 '소리'는 세계에 생명이 존재하기 이전부터 오늘까지, 태양이 빛을 발하기 시작한 47억 년 전부터 지금까지, 그 질량과 성분에 변함이 없다. 다시 말해 우리가 이 '빛'(색)과 '소리'를 경험한다는 것은, 생명이 존재하기 이전의 세계를 경험하는 것이고, 이는

---

19 이 외에도, 'HD1은하'(135억 년 전의 은하로 추정), 'Glass-Z13은하'(135억 년 전의 은하로 추정), 'CEERS-93316은하'(135-136억 년 전의 은하로 추정) 등의 은하군(학문적으로 은하의 연대 등 좀 더 확인해야 할 필요가 있는 은하군)이 발견되었다. 전명원, 「차세대 천문학 특별강연 시리즈 — 우주 최초의 별과 은하」, https://www.youtube.com/watch?v=s6DbsiQfVEs.
20 블랙홀 'M87'을 촬영하기까지의 과정을 기록한 다큐멘터리 영화, 〈Black Holes: The Edge of All We Know〉, Documentary, 2020.

당연히 인간이 문자를 사용하기 이전의 세계를 경험하는 것과 같다. 2,000년 전, 들판의 양치기들이 예수의 탄생을 알리는 밝은 별을 본 것과 똑같은 질량과 성분의 빛을 볼 수 있다는 말이다.

'농(No)의 신학'이 '빛'(색)'과 '소리'에 관심을 갖는 이유는, '빛'(색)과 '소리'를 통해 인간이 존재하기 이전의 원초적인 신 체험(천지창조의 과정)을 가능하게 하기 때문이다. 이런 의미에서, '빛'(색)과 '소리'는 '지점'에서 출발하는 '농(No)의 신학'의 또 다른 새로운 신학의 출발점이 될 것이다. '빛'과 '색' 그리고 '소리'에 대해서는 다른 장에서 보다 심도 있게 다루게 될 것이다. 성스러운 기록인 구약성서의 시작은 '빛'에 대한 언급으로부터 시작하고 있다.

> 1 한 처음에 하느님께서 하늘과 땅을 지어내셨다. 2 땅은 아직 모양을 갖추지 않고 아무것도 생기지 않았는데, 어둠이 깊은 물 위에 뒤덮여 있었고 그 물 위에 하느님의 기운이 휘돌고 있었다. 3 하느님께서 '빛이 생겨라'![21] 하시자 빛이 생겨났다. 4 그 빛이 하느님 보시기에 좋았다. 하느님께서는 빛과 어둠을 나누시고 5 빛을 낮이라 어둠을 밤이라 부르셨다. 이렇게 첫날이 밤, 낮 하루가 지났다(창 1:1-5).

> 14 하느님께서 하늘 창공에 빛나는 것들이 생겨 밤과 낮을 갈라놓고 절기와 나날과 해를 나타내는 표가 되어라! 15 또 하늘 창공에서 땅을 환히 비추어라! 하시자 그대로 되었다. 16 하느님께서는 이렇게 만드신 두 큰 빛 가운데서 더 큰 빛은 낮을 다스리게 하시고 작은 빛은 밤을 다스리게 하셨다. 또

---

21 '빛이 생겨라': "יְהִי אוֹר(yehi or)'(yehi)는 3인칭 남성단수로서 '존재하다', "אוֹר"(or)은 '빛'을 의미한다.

별들도 만드셨다. [17] 하느님께서는 이 빛나는 것들을 하늘 창공에 걸어 놓고 땅을 비추게 하셨다. [18] 이리하여 밝음과 어둠을 갈라 놓으시고 낮과 밤을 다스리게 하셨다. 하느님께서 보시니 참 좋았다. [19] 이렇게 나흗날도 밤낮 하루가 지났다(창 1:14 -19).

2) 보조적 질문 ②: 호모(Homo, 인류)[22]

인류문화학과 생물학의 놀랄만한 진전은, 지금까지 우리가 생각하지 못했던 세계를 보게 한다. 여기서는 두 가지의 사례를 통해 신이 인간을 창조했다는 '창조설화'의 의미를 다시 생각해 보고자 한다. 아래의 두 가지 질문으로부터 시작하는 본고는, 인간이 자연과 동떨어진 각별한 존재가 아니라 자연에 종속된 존재에 불과하다는 사실, 그리도 문자 이전의 고인류가 체험한 신 체험을 우리도 경험하고 있다는 사실을 증명하게 될 것이다.

첫째, 우선 '인류문화학'과 '진화유전학'을 간단히 소개하도록 하겠다. 단 오해를 피하기 위해 분명히 해두고자 하는 점은, '진화유전학'을 소개하는 목적이 '창조론'과 '진화론' 사이에서 벌어지고 있는 '창조과학'을 논쟁하기 위한 것이 아니라는 점이다. 주된 목적은

---

22 최근 우리에게 잘 알려진 인류역사에 관한 자료로 Yuval Noah HARARI, *Sapiens: A Brief History of Humankind* (Harpercollins, 2015); ユヴァル・ノア・ハラリ著・柴田裕之訳, 『サピエンス全史(上´下): 文明の構造と人類の幸福』(東京: 河出書房新社, 2016). 이 외에 인류학, 진화유전학에 대한 자료로서 Svande Pääbo, *Neanderthal Man: In Search of Lost Genomes* (New York: Basic Books, c2014, 2015); スヴァンテ・ペーボ著, 野中香方子訳, 『ネアンデルタール人は私たちと交配した』(文芸春秋社, 2015); 이상희, "고인류학 연구의 최근 동향을 중심으로 본 인류의 진화"(*Hominid Evolution New Research Trends in Paleoanthropology*), 「韓国考古学報」第64輯 (韓国考古学会, 2007. 9): 122-171.

우리가 신이 인간을 창조했다고 할 때 "신이 창조한 인간은 도대체 누구인가?"를 묻는 것이다.

기독교인은 일반적으로, 신이 인간(아담과 하와)를 창조했다고 할 때, 그 인간(아담과 하와)은 현생인류(Homo sapiens sapiens), 알기 쉽게 말해서 이 시대를 살고 있는 우리라고 생각한다. 그 이유는 얼마 전까지 학교에서 배운 '인류진화의 단계론'(The Stages of Human Evolution)에 기인한다. 이 모델은 인간이 침팬지로부터 계단식 단계를 거쳐 지금의 '현생인류'로 진화했다고 하는 것이다(아래의 그림 참조). 그러나 최신의 '진화유전학' (분자유전학)이 밝히고 있는 사실은, 인류는 '현생인류'만이 아니라 다양한 인류(Homo 속)가 지구상에서 동시대에 공존하고 있었다는 사실이다. 즉, 얼마 전까지 학교에서 배운 '인류진화의 단계론'은 잘못이라는 것이다. 그렇다면 "신이 창조한 인간이란 도대체 어떤 인류를 말하는 것일까?" 이 질문은 앞으로 '탈인간중심적 신학'을 생각함에 있어서 중요한 전거를 제공하게 될 것이다.

둘째, 본고의 목적 가운데 하나는, 문자가 존재하기 이전 인류가 체험한 신(神) 체험은 지금을 사는 우리에게도 가능한 것인가를

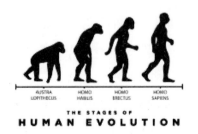

THE STAGES OF
HUMAN EVOLUTION

AUSTRA   HOMO   HOMO   HOMO
LOPITHECUS HABILUS ERECTUS SAPIENS

묻는 것이다. 따라서 필자는 여기서 과연 가능한가를 묻고, 만일 가능하다면 어떻게 가능한가 검증하게 될 것이다.

인류는 언제부터 말을 하기 시작했을까? 최신의 '진화유전학'(분자유전학)의 연구 결과에 의하면, 인류가 언어를 구사하기 시작한 시기를 약 50만 년 전부터라고 추정한다. 인류는 언제부터 문자를 사용하기 시작했을까? 최신 연구에 의하면, 인류는 문자를 사용하기 훨씬 이전부터 '픽토그래피'(상형기호)를 사용하고 있었고, 문자가 등장한 시기는 약 5,000년 전으로 추정한다. 그렇다면 문자를 사용하기 이전, 초보적인 말(primitive language)을 하기 시작한 인류(Homo 속)는 신 체험을 어떻게 했을까? 그리고 그들이 체험한 신 체험의 방법은 여전히 우리에게도 유용한 것일까? 이것이 두 번째 질문이다.

물론 이 두 질문에 대한 명쾌한 답이 있는 것은 아니다. 그러나 우리는 논의 과정 속에서 몇 가지 중요한 가능성을 찾을 수 있을 것이다. 이러한 몇 가지 가능성은 '농(No)의 신학'에서 추구하는 신학의 새로운 출발점 찾기에 충분한 자극과 상상력을 제공할 것이다.

(1) 신이 창조한 인류(Homo)는 누구인가(아담과 이브는 누구인가)?

최근에 접한 인류학과 고고학 그리고 조금은 생소한 진화유전학(분자유전학)을 통해 지금까지 배워온 신학에 대한 몇 가지 의문을 갖게 되었다.

1829년, 일명 '네안데르탈인'(Homo neanderthalensis)이라고 알려진 고인류가 발견된 이후 1864년까지 발굴이 진행되었다. 네안데르탈인은 약 35만 년 전부터 비교적 최근이라 할 수 있는 약 3만 년 전까지 유럽과 서아시아 지역에 존재했다. 네안데르탈인의 발견 이후에도 세계의 각지에서 다수의 고인류가 발견되었고, 학문적으로 이름이 붙여진 고인류만 20종이 넘는다. 그중에서 가장 최근에 발견된 '고인류'의 뼈를 몇 가지 소개하면 다음과 같다. 2013년 남아프리카에서 발견 된 '호모 날레디'(Homo naledi),[23] 2019년 필리핀 루손섬에서 발견된 '호모 루조네시스'(Homo luzonensis), 2021년 이스라엘과 중국에서 지금까지 알려지지 않은 유골(2점)이 발견되었다.

하지만 최근에 발견된 '고인류' 뼈의 분석은 아직 완전히 끝나지 않은 상태이다. 그럼에도 불구하고 현재까지의 연구 결과를 통해 확실히 말할 수 있는 것은 1829년 학명 '호모 네안데르타르시스' (Homo neanderthalensis)의 발견으로부터 2021년까지, 192년이라는 짧은 기간 동안 세계의 각지로부터 상당히 다양한 종(같은 Homo 속이면서도 서로 다른 인류)의 '고인류' 화석과 뼈가 발견되었고, 이들이 증명하는 것은 지구상에 다양한 인류가 동시적으로 공존했다는 사실이다. 그리고 얼마 전까지 우리가 학교에서 배웠던 '인류진화의 단계론'에 의한 진화가 아니라 나뭇가지 형태의 진화 과정을 밟아 왔다는 사실이다. 그 가운데 이미 학문적 분석을 통해 학계에서 인정받은 고인류와 현생인류를 표로 소개하면 다음과 같다;

이상과 같이 지금까지 발견된 고인류의 화석과 뼈 그리고 남아 있는 다양한 흔적들은 인류(Homo 속)의 역사가 최소한 약 160만 년(혹자는 190만 년이라고도 말하는)이라고 말하고 있다. 호모 에렉

---

23 '호모 날레디'(Homo Naledi)가 남아프리카에서 발견된 후 발굴하는 과정을 다룬 다큐멘터리, Mark Mannucci 감독, 〈Unknown: Cave of Bones〉, Documentary, 2023.

호모(Homo, 인간 屬)

리민수 정리

학명	종류	추정시기 단위. 만년전	지역	발굴시기	언어능력	문자사용여부
Homo erectus	Archaic hominin	160 - 14	Africa, Eurasia	1891-1892		
Homo heidelbergensis	Archaic hominin	50 - 30	Europe, Africa	1907-1908	언어 능력을 갖기 시작했다고 추정	
Homo rhodesiensis	Archaic hominin	30	Africa, Zambia	1921	초보적인 언어 능력을 갖고있었을 것으로 추정	
Homo neanderthalensis	Archaic hominin	35 - 3	Europe, South Asia	1829-1864	언어 능력이 있었 다고 판단 됨	
Homo sapiens idaltu	Homo sapiens	16 - 15	Ethiopia	1997-2003	언어 능력 있음	
Homo sapiens sapiens	Homo sapiens sapiens	35 - 현재	전세계		언어 능력 있음	지금 까지 발견 된 가장 오래 된 문자 기록은 , 기원전 약 3,500 년 전의 수메르의 설형문자 (cuneiform)로 알려져 있다.

투스(Homo erectus)의 때로부터(이 표에 소개하지 않은 다른 호모속의 다른 고인류로부터 계산한다면 160만 년보다 훨씬 더 거슬러 올라가는) '호모 사피엔스 사피엔스'(현생인류)에 이르기까지, 학문적으로 이름이 부여된 인류만 20종이 넘는다는 것은 이미 앞에서 말 한 바와 같다.

필자가 주목하는 것은 이들 가운데 그들이 살던 시기와 장소가 서로 겹친다는 것이다. 오늘날 침팬지, 오랑우탄, 고릴라 등 여러 종의 영장류가 전 세계에 널리 퍼져있고, 그들은 각기 자신들의 영역을 지키며 (때로는 서로의 영역을 침범하지만) 병존하고 있다. 최근의 인류문화학(인류진화론)과 진화유전학(분자유전학)의 연구 결과에 의하면, 영장류와 똑같다고 할 수는 없다 하더라도, 경우에 따라 서로 다른 인종들이 인접한 같은 지역(아마도 각각의 영역을 지켜가면서)에 함께 살면서 교류하고 있었다고 하는 사실이 밝혀졌다.

최근 스웨덴의 진화유전학자 스반테 페보(Svante Erik Pääbo, 1955년 4월 20일생)는 "멸절한 사람과 동물의 게놈 그리고 인류의 진화에 관한 발견"(for his discoveries concerning the genomes of extinct hominins and human evolution)이라는 논문의 학문적 공적이 인정되어 2022년 노벨 생리/의학상(Nobel Prize in Physiology or Medicine)을 수상했다. 페보는 독일에 있는 '막스 플랑크 연구소'(Max Planck Institute: MPI)의 동료들 그리고 세계의 학문적 협조자들과 함께 호모 네안데르탈인과 러시아에 있는 '데니소와 동굴'에서 발견된 '데니소반인'(Denisovan) 등 여러 '고인류'의 DNA (mtDNA을 포함해서)와 현생인류의 DNA(mtDNA을 포함해서)를 분석해서 다양한 '고인류'간의 유전적 관계와 현생인류와의 유전적 관계에 대한 연구 결과를 발표했다. 이러한 그의 연구를 통해 '호모 네안데르탈인'과 러시아의 '데니소반인'과의 사이에서 아이들이 태어났다고 하는 사실과 '호모 네안데르탈인'과 '현생인류' 사이에 있어서도 상당한 유전적 관계가 있다고 하는 사실이 밝혀졌다.

페보와 그의 동료들에 의해 확립된 진화유전학(분자유전학)은 지금까지의 고인류학 연구에 대한 방법론을 완전히 바꾸었다. 지금까지는 화석의 모양을 비교 분석하는 형태였다면, 1990년대 이후 유전자 분석의 급격한 발전과 함께 진화유전학(분자유전학)이라 불리는 방법론은 아직 완전히 화석화되지 않은 뼈로부터 DNA(mtDNA을 포함해서)를 추출하여 분석한다. 그리고 그 결과로 얻어진 각 '고인류'의 유전자를 서로 비교 분석한다. 오랜 세월 방치되어 있던 오염된 뼈로부터 순도 높은 DNA(mtDNA)를 추출해내는 어려움은 물론, 여러 가지의 곤란 가운데 얻어 낸 연구 결과는 놀랄만한 정밀(정확)성을 보여 준다.

다시 한번 강조하지만, 필자가 이상과 같이 '인류학', 페보의 진화 유전학(분자유전학)에 대해서 길게 설명하는 이유는 진화론을 논증 하거나 창조과학과 같은 논쟁을 하기 위함이 아니다. 필자가 이상의 설명을 통해 말하고자 하는 것 그리고 주목하는 것은 이상과 같은 새로운 방법론에 의한 학문적 결과들이 증명하는 다음과 같은 점이다. 첫째, 대략 160만 년(혹은 190만 년) 전에 등장한 호모(Homo)라 불리는 인류는 한 종류의 호모가 존재한 것이 아니다. 둘째, 그들은 몇십 년 전에 우리가 학교에서 배웠던 것처럼, 하나의 종으로부터 다음의 종으로 단순 진화하는 '인류진화 단계론'의 과정에 의한 것이 아니라, 지구상에 다양한 인류가 동시적으로 공존하고 있었다. 그리 고 이들 간의 차이는 지금 우리가 말하는 인종(흑인과 백인, 아시아인 과 유럽인 등)적 차이보다 훨씬 더 큰 종간(유전적)의 차이가 있었 다.[24] 셋째, 그럼에도 불구하고 그들 간에는 서로 아이를 낳는 등 교류가 있었고, 그렇기 때문에 그들을 호모(Homo속, 인간)라고 부른 다. 넷째, 그러나 다양한 호모 가운데 다른 모든 호모는 멸절되고 현재 남아있는 호모는 현생인류(Homo sapiens sapiens)라 불리는 우리뿐이다.

다종(多種)의 인류가 멸절했고, 생존한 인류가 현생인류 단 하나 의 종이라고 한다면, 신이 창조한 인류(아담과 하와)는 어떤 종의 인류일까? 만일 창세기에 기록된 천지창조의 이야기를 믿고, 특히

---

24 현재 지구상에는 같은 영장류 가운데도 꼬리 없는 영장류로 오랑우탄, 침팬지, 고릴라 등 이 존재한다. 이처럼 고인류에도 같은 인류이면서도 서로 다른 다양한 인류의 종이 있었다 는 것.

신의 형상을 담아 만들어진 인류가 이미 멸종되어 사라진 것이라면, 처음 신이 천지창조 당시 만든 인간의 창조는 실패한 것일까? 아니면 신은 처음부터 다양한 종의 인류를 만든 것일까? 이러한 질문에 대한 어떤 답을 한다 하더라도, 분명한 것은 현재 현생인류만이 존재 한다는 것이다. 그렇다 하더라도 현생인류가 영원히 지속된다는 보장은 어디에도 없다. 다른 인류와 마찬가지로 언젠가 완전히 절멸되어 사라진다 해도 별로 이상한 일이 아니기 때문이다. 그렇다면 신의 인류의 창조를 어떻게 이해해야 하는 것일까?

필자는 과거는 물론 지금도 신의 창조는 계속되고 있다고 생각하고 있다. 그리고 지속되는 신의 창조가 '하느님의 선교'(Missio Dei)인 것이다. 신은 흙으로 인간을 만들었고, 자연(다른 피조물과의 관계)의 질서 가운데, 다양한 생명이 사라지고 새로운 종으로 다시 태어남을 반복하듯이, 인류도 자연과의 관계 속에서 사라졌다 새로운 인류로 다시 태어나는 과정을 거치고 있을 뿐이다. 따라서 현생인류 역시 언젠가는 이 땅에서 사라질 것이다. 그리고 다시 새로운 종의 인류가 나타날 수 있다는 것을 부정할 수 없다고 생각한다. 필자는 이렇게 지속되는 신의 창조적 역사를 '하느님의 선교'(Missio Dei)라고 생각하고 있다. 창세기 6장에서 9장에 기록된 '노아의 홍수'의 이야기 가운데 다음과 같은 구절이 있다.

> 5 야훼께서 세상이 사람의 죄악으로 가득 차고 사람마다 못된 생각만 하는 것을 보시고 6 왜 사람을 만들었던가 싶으시어 마음이 아프셨다. 7 야훼께서 는 '내가 지어 낸 사람이지만, 땅 위에서 쓸어버리리라. 공연히 사람을 만들었구나. 사람뿐 아니라 짐승과 땅 위를 기는 것과 공중의 새까지 모조리

없애 버리리라. 공연히 만들었구나' 하고 탄식하셨다.···[17] 내가 이제 땅위에 폭우를 쏟으리라. 홍수를 내어 하늘아래 숨 쉬는 동물은 다 쓸어버리리라. 땅 위에 사는 것은 하나도 살아남지 못할 것이다(창 6:5-17).

위에서 인용한 성서의 구절은, 인류의 멸종(단종)과 새로운 인류의 탄생을 분명히 설명하는 것은 아니지만, 최근의 진화유전학(분자유전학)이 증명하는 다종의 인류가 서로 중첩하고 멸종(단절)하는 그리고 새로운 인류가 탄생하는 사실을 상상하기에는 충분하다. 창세기에 등장하는 노아의 홍수는 많은 비에 의한 홍수를 통해 인류를 포함한 모든 생명이 사라지는 과정을 서술하고 있다. 이는 인간 역시 자연과의 관계로부터 결코 자유로운 존재가 아니라는 사실을 증명한다. 다른 말로, 인간의 죄(잘못)로 인해 다른 생명이 사라지게 될 때, 인간 역시 사라진다는 것을 의미한다. 즉, 인간은 자연을 관리하는 존재가 아니라 자연의 질서 속에 종속된 존재라는 것이다. 만일 인간이 자연에 대한 특별한 생각을 갖고 있다고 한다면, 그것은 신으로부터 부여 된 의무 또는 권리 때문이 아니라, 단지 신에 의해 창조된 자연을 소중하게 생각해야 한다는 책임감(인간의 독특한 도덕과 윤리적 감정)에 불과 할 뿐이다.

이상에서 언급한 바와 같이 우리(현생인류)는 먼 과거인 '고인류'의 시대로부터 오늘에 이르기까지 다종의 인류가 태어나고 멸절하는 역사를 통해 경험한 신의 지속적인 창조역사를 지금 바로 이 시대의 여기서 경험하고 있는 것이다. 이 경험은 성스러운 문자로 기록되기 이전에 첫 인류가 경험한 것과 질적 양적으로 같은 경험일 뿐만 아니라, 앞으로도 반복될 것이다. 이처럼 우리는 우리의 몸을 통해 문자가 등장하기 이전의 신 체험(Missio Dei)을 경험하고 있는 것이다.

(2) '우주 캘린더'[25] : 12월 31일 23시 59분 59초, 근/현대가 시작되다

　　『코스모스』의 저자로 잘 알려진 칼 세이건은 그의 동료들과 함께 우주에 대한 관심을 독려하기 위해 '우주 캘린더'(Cosmic Calendar)를 만든다. 이 캘린더는 138억 년이라는 우주역사를 1년으로 환산하여, 각 시대적 특징을 흥미롭게 표기하고 있다. 우주 캘린더의 1년은 다음과 같다. 1년은 138억 년, 1개월은 11억 5천만 년, 1일은 3,780만 년, 1시간은 157만 년, 1분은 2만 6,166년, 1초는 437년이다.

우주 캘린더

---

25 Carl Sagan, "Cosmic Calendar," http://www.CarlSaganVideos.com., https://www.youtube.com/watch?v=qlJWZfqznXs.

'우주 캘린더'에 표기된 역사들 가운데 몇 가지를 소개하면,

1월 1일 0시	우주의 시작, 약 138억 년 전 우주과학에서 말하는 '빅뱅'
9월 2일	태양과 태양계가 탄생함, 약 45억 7000만 년 전
9월 하순부터	지구상에 생명이 태어나기 시작함, 약 38억 년 전
12월 31일	인류의 등장, 약 1500만 년 전
12월 31일 22시 24분	인류, Homo.속의 등장 석기시대, 약 250만 년 전
12월 31일 23시 44분	인류, Homo.속 불을 사용하기 시작, 약 40만 년 전
12월 31일 23시 52분	현생인류, Homo σαπιενσ σαπιενσ.의 등장, 약 20만 년 전
12월 31일 23시 58분	벽화를 남김, 약 3만 5000년 전
12월 31일 23시 59분 32초	농업이 시작됨, 약 1만 2000년 전
12월 31일 23시 59분 47초	청동기시대가 시작됨, 문자의 등장, 약 5500년 전
12월 31일 23시 59분 53초	철기시대가 시작됨, 약 3000년 전
12월 31일 23시 59분 59초	종교개혁 근현대가 시작됨, 약 500년 전

이 캘린더의 성격상 과학적 검증을 바탕으로 한 정확한 사실의 기록은 아니다. 따라서 위에서 언급한 이름이 붙여진 다종의 인류에 대한 언급도 없다. 그러나 필자가 이 캘린더에서 주목하는 것은, 인류가 등장한 시각이 12월 31일 22시 24분, 처음으로 문자를 사용(증거가 남아 있는)했다고 하는 시각이 12월 31일 23시 59분 47초로 표기되어 있다는 점 그리고 우리가 근/현대로 지칭하는 시대의 시작이 12월 31일 23시 59분 59초로 표기 되어 있다는 점이다. 우리가 빛나는 발전을 이뤘다고 생각하는 근/현대문명이란, '우주 캘린더'로 볼 때 1초(약 500년)라는 시간에 불과하다. '현생인류'가 아무리 '호모 사피엔스 사피엔스'로 뛰어난 사고력(사피엔스)을 갖고 있다 할지라도 1초의 시간을 통해 우주의 31,535,999초에 숨어있는 질서(비밀)와 역사를 이해하고 관리할 수 있다고는 할 수 없을 것이다. 오히려 인간은 단지 '우주 캘린더'에 숨어있는 질서(종교/신학적 용어로

말하자면 신이 창조한 세계의 질서)에 종속된 존재에 불과하다고 해야 할 것이다. 인간은 단지 신이 창조한 시공간의 일부분으로써, 신의 창조역사에 포함될 뿐이다.

3) 보조적 질문 ③: 이기적 유전자[26]

진화생물학자로서 잘 알려진 도킨스(Clinton Richard Dawkins, 1941)는 그의 책『이기적 유전자』(1976)에서 진화는 '자연선택'을 통해 생존성을 높이는 유전자의 역할(이기적)에 의한 것이라고 말하고 있다. 유전적 변화(돌연변이)는 일시적인 변화가 아닌 지속가능성을 갖는 유전적 변화가 일어났을 때에 한해서 의미있는 진화로 연결된다고 한다. 여기서 말하는 '이기적'이라는 말의 의미는 자기중심적 이기심을 의식적으로 지향한다는 의미가 아니라, 단순히 결과적으로 생존성을 높여 준 유전자만이 살아남는다는 것을 의미한다.[27] 따라서 모든 생물의 변화는 인위적인 의도에 의해서 변화하는 것이 아니라, 자연의 환경과 다른 사물과의 관계 속에서 결정되는 '자연선택'의 결과인 것이다. 물론 '자연선택'은 다른 모든 생물과 함께 인간에게도 적용된다. 다시 말해 현생인류가 지구에서 번성하고 번영할 수 있었던 것은 현생인류가 특별한 존재이기 때문이 아니라 단순히 '자연선택'의 결과일 뿐이다. 인간은 자신의 의지에 의해 변화할 수 있는 존재가 아니라, 다른 생물과 똑같이 신으로부터 주어진 자연의 질서

---

26 Richard Dawkins, *The Selfish Gene* (c1976), 40th anniversary edition (2016).
27 도킨스가 말하는 '이기적'(利己的)이라는 말의 의미는 생존과 번식에 유리한 강한 유전적 변이가 '자연선택'에 의해 선택된다는 것을 의미한다. '이기적 유전자'는 유전자 스스로가 이기적인 자기선택을 한다는 뜻이 아니다.

속에서 변할 수 있을 뿐이다.

2. 신(新)유물론적 기독교의 제안

1) 신(新)유물론

오해를 피하기 위해, 여기서 간단히 '신유물론'(New-materialism)에 대해서 소개하도록 하자.[28] 여기서 말하는 '신유물론'은 칼 맑스와 그의 동료들이 말하는 '유물론'(Materialism)과는 관계가 없다. '신유물론'은 멕시코계 미국인인 마누엘 데란다(Manuel DeLanda, 1952-)와 이탈리아에서 태어나 호주의 이민자로 성장하고 유럽에서 활동하는 페미니스트 로시 브라이도티(Rosi Braidotti, 1954-) 등이 처음으로 사용하기 시작했다. 데란다와 브라이도티가 '신유물론'을 전개하기까지 다음과 같은 사람들로부터 영향을 받은 것으로 보인다.[29] 가스통 바슐라르(Gaston L. P. Bachelard, 1884-1962), 루이 알튀세르(Louis Pierre Althusser, 1918-1990), 질 들뢰즈(Gilles Deleuze, 1925- 1995), 미셸 푸코(Paul Michel Foucault, 1926-1984), 도나 해러웨이(Donna Haraway, 1944-), 브뤼노 라투르(Bruno Latour, 1947-2022) 등.

물론 위에서 소개한 사람들이 모두 '신유물론'이라는 용어를 사용한 것은 아니다. '신유물론'이라는 용어는 1990년대에 영화, 컴퓨터

---

28 '신유물론'에 대한 논의에 대해서는 다음의 자료를 참고할 것. 엘렌 데이비스 저/정희원·정희영 역, 『성서 문화 농업: 현대 농본주의와 성서의 대화』 (대구: 도서출판 코헨, 2012); Ellen F. Davis, *Scripture, Culture, and Agriculture: An Agrarian Reading of the Bible*.
29 김동훈, "재앙 너머 미래를 찾아서(30)," 「서양고전학자 김동훈의 물질인문학」 (2020. 3. 16), https://m.khan.co.kr/culture/culture-general/article/202003162151055.

프로그램, 건축, 철학, 등의 분야에서 사용되기 시작했다. 이 용어를 사용하기 시작한 데란다와 브라이도티가 태어난 것이 1950년대인 만큼 비교적 최근에 사용되기 시작했다고 할 수 있다. 이 두 사람은 활동장소와 분야가 서로 달랐지만, 그럼에도 불구하고 기본적으로 '인간중심주의'로부터 생물과 무생물을 포함한 '물질중심주의'로 인식의 중심을 이동시켰다는 점에서 공통점을 갖는다. '신유물주의'는 맑스의 '유물론'과 직접적인 관계는 없지만, '물질중심주의'라는 면에서 맑스와 그의 동료들이 사용한 '유물론'(Materialism)이라는 용어에 '신'(New)이라는 단어를 붙여 '신유물론'(New-materialism)이라는 새로운 용어를 만들어 냈다. 맑스의 '유물론'이 '물질중심주의'를 말하고 있지만, 맑스의 주된 관심이 '인간'에 있었다는 점에 있어서 맑스의 '유물론'은 여전히 '인간중심적'이라고 할 수 있다. 이에 반해, '신유물론'은 인간중심주의로부터의 탈피를 추구한다. 이처럼, '유물론'을 논의하는 패러다임에 있어서 '신유물론'은 맑스의 '유물론'의 범주를 넘어선다고 할 수 있다.

2) 신(新)유물론적 기독교

만일 지금까지 기독교에서 생각했던 인간에 대한 인식을 부정하고, 인간도 신이 창조한 다른 것들과 똑같은 존재일 뿐이라고 주장한다면, 그것은 기독교의 가르침을 거스르는 것일까? 필자는 그렇게 생각하지 않는다. 인간도 다른 피조물과 똑같이 자연의 질서에 속한 존재라고 선언할 때, 비로소 인간도 다른 피조물과 함께 생존할 수 있는 가능성이 열릴 것이라고 생각하기 때문이다. 인간 이외의 다른 피조물이 파괴되는 상황 속에서 인간만이 살아남을 수 있는 가능성은 '0'이기 때문이다.

최근 몇십 년 사이에 자연과 환경에 대한 인식이 크게 변화했다. '동물의 권리'[30]나 '산림/식물의 권리'[31]와 같은 용어도 자주 듣는다. 또한 다양한 시민그룹과 생물과 동식물의 연구자, 환경에 관심있는 사람들로부터 "자연과 환경을 생각해야만 한다"는 목소리도 커지고 있다. 이러한 시대적 변화는 신학에 있어서도 '동물권리의 신학', '환경신학', '생태신학'과 같은 신학의 등장으로 이어지고 있다. 기독교 환경윤리라는 관점에서, 늦게나마 인간이 동식물의 권리를 인식하고 보장하기 시작했다는 점은 진전이라고 생각할 수 있지만, 이러한 용어를 정의하고 가치를 판단하고 그들의 권리를 인정하는 것은 인간이다. 실은 동식물의 권리나 자연이 갖고 있는 존재의 가치와

---

30 동물의 권리와 신학에 대한 많은 자료 가운데 몇 가지를 소개하면 다음과 같다. Andrew Linzey, *Animal Theology* (SCM Press Ltd., c1994); A・リンゼイ著, 宇都宮秀和訳, 『神は何のために動物を造ったのか:動物の権利の神学』(東京: 教文館 2001). 生田武志, 『いのちへの礼儀:国家・資本・家族の変容と動物たち』(東京: 筑摩書房, c2019). 土井かおる, "環境思想とキリスト教2—動物の権利," 連載, 「福音と世界」, 第59巻 5号 (2004年 5月): 6-9; David DeGrazia, *Animal Rights: A Very Short Introduction* (Oxford Univ. Press, 2002); デヴィット・ドゥグラツィア著, 戸田清訳, 『動物の権利』(東京: 岩波書店, 2003); Peter Singer, *Animal Liberation: A New Ethics for Our Treatment of Animals* (Harper Collins, c1975); ピータ・シンガー著, 戸田清訳, 『動物の解放』(人文書院, 2011), 改訂版.
31 산림과 식물의 권리, 신학에 대한 많은 자료 가운데 몇 가지를 소개하면 다음과 같다. 森林と植物の権利, また神学に関連する資料の中でいくつかを紹介すると次の通りである: 土井かおる, "環境思想とキリスト教3—森林・植物の権利," 連載, 「福音と世界」, 第59巻 6号 (2004年 6月): 6-9, 69; Aldo Leopold, *A Sand County Almanac* (New York: Oxford, 1949); アルド・レオポルド著 新島義昭訳, 『野性のうたが聞こえる』(東京: 講談社学術文庫, 1997); Christopher D. Stone, "Should Trees Have Standing? — Toward Legal Rights for Natural Objects," *Southern California Law Review*, Vol. 45 (1972): 450-501; クリストファー・ストーン, "樹木の当事者適格—自然物の法的権利について," 「現代思想」 (1990年 11月): 217-228.

권리는 인간이 규정하지 않더라도 이미 신이 그들을 창조한 그 순간 이미 그들에게 부여 된 것인데 말이다.

그럼에도 우리가 군이 동식물의 권리와 해방 그리고 보호와 같은 말을 해야 하는 이유는 여전히 인간이 그들의 권리를 인정하지 않고 있고, 여전히 그들을 착취하고 억압하고 파괴하고 있기 때문이다. 우리가 이러한 용어를 사용하면 사용할수록 그리고 강조하면 강조할수록, 역설적으로 여전히 동식물과 자연/환경이 인간에 의해 파괴되고 착취당하고 있다는 것을 증명한다고 봐야 할 것이다. '농(No)의 신학'이 지향하는 최종목표는, 이러한 용어를 더 이상 사용하지 않아도 되는 지구가 되도록 하는 것이다. 어떻게 하면 신의 창조에 의해 만들어진 피조물이 인간의 파괴와 착취로부터 해방되고 자유로운 존재가 될 수 있을까!

일본의 도이 가오루는 신학자 맥페이그[32]의 자연에 대한 이해를 다음과 같이 소개한다. "맥페이그는 자연에 대한 기존의 태도를 '권리의 윤리'라 규정하고, 이미 '권리의 윤리'로는 환경 파괴를 멈출 수 없다고 지적"[33]했다는 점을 소개한 후, 계속해서 "자연을 객체로서

---

32 McFague TeSelle, S., *Speaking in Parables: A Study in Metaphor and Theology* (Philadelphia: Fortress 21 Press, 1975); *Metaphorical Theology: Models of God in Religious Language* (Philadelphia: Fortress Press, 1982), *Models of God: Theology for an Ecological, Nuclear Age* (Philadelphia: Fortress Press, 1987); *The body of God: An Ecological Theology* (Minneapolis: Fortress Press, 1993); *Super, Natural Christians: How We Should Love Nature* (Minneapolis: Fortress Press, 1997); *Life Abundant: Rethinking Theology and Economy for a Planet in Peril* (Minneapolis: Fortress Press, 2001); 宮平望, "第4章 エコロジー神学:S. マクフェイグ,"『現代アメリカ神学思想: 平和・人権・環境の理念』(東京: 新教出版社, 2004), 137-189.

33 土井かおる, "環境思想とキリスト教3ー森林・植物の権利," 連載,「福音と世界」, 第59巻6号 (2004年 6月), 8; 宮平望,『現代アメリカ神学思想:平和・人権・環境の理念』, 160-163.

관리하면서 그들의 권리를 넓혀가는 주체-객체 모델이 아니라, 자연을 주체로써 존중하고, 가장 약하고 상처받기 쉬운 존재를 감싸는 것과 같이 그 자연과의 관계를 맺어가려 하는 주체-주체의 모델이야말로 기독교인이 지향해야 할 방향이다"[34]라고 맥페이그의 입장을 언급하고 있다.

자연에 대한 맥페이그의 주장은 흥미롭다. 그러나 필자는 맥페이그의 주장에 만족할 수 없다. 맥페이그가 인간과 자연과의 관계를 '주체와 주체'로 주장한다고 하는 것은 인간이 자연과 대칭되는 또 하나의 주체라고 이해한다는 것을 전제한다. 이에 반해 필자의 입장은 인간을 신의 질서(자연의 질서)에 속한 자연물의 하나로 이해하고 있다. 즉, 인간을 자연과 대칭적 관계에 있는 분리된 또 다른 하나의 존재, 즉 자연의 상대적 존재가 아니라는 말이다. 인간은 자연에 속하는 존재들 가운데 하나일 뿐만 아니라, 굳이 관계를 말하고자 한다면, 인간과 자연의 관계가 아니라, 자연에 있는 다양한 피조물과 그 다양한 피조물 가운데 하나인 인간이라는 하나의 피조물이라는 관계로 언급해야 한다는 말이다. 즉, 인간과 자연과의 관계는, 사용자(인간)와 피사용자(자연)가 서로 노사(勞使) 간의 협상을 할 때 주장하는 '주체와 주체'의 관계라고 하기보다, 자연물에 속한 피조물(자연)과 피조물(인간)과의 관계로써 '주체와 주체'의 관계로 인식해야 한다는 것이다.

그러나 우리가 '주체와 주체'를 말하려고 할 때는 첫째, 그 말이

---

34 McFague Selle, S., *Super, Natural Christians: How We Should Love Nature* (Minneapolis: Fortress 23 Press, 1997), 1f; 土井かおる' (2004年 6月): 8-9; 宮平望, 『現代アメリカ神学思想:平和 · 人権 · 環境の理念』, 165f.

공존과 협력을 위해서만 사용되어서는 안 된다. 즉, 갈등과 대립이라는 관계를 위해서도 사용될 수 있다고 할 때 그 말이 갖는 의미가 분명해질 수 있다. 둘째, '주체와 주체'라는 말 속에는 서로 상관하지 않는다는 의미도 포함되어야 한다. 즉, 한편으로 공존과 협력, 또 한편으론 갈등과 대립의 관계가 보장되어야 한다는 것이다. 이 말은 인간과의 공존과 화해에 대한 논의 그 자체를 거부할 수도 있어야 함을 전제해야 한다는 것을 의미한다. 왜냐하면 말은 서로 공존과 협력 그리고 화해라고 말하지만, 실제로는 늘 인간(자본)의 일방적인 자연 침탈/착취/파괴라는 행위가 뒤따르기 때문이다.

기독교인에게 부과된 본래적 사명(선교)이, 신이 창조한 이 세계를 지속가능한 세계가 되게 하는 것이고, 모든 생명을 존중하고 유지하는 것이라면, 우리에게 필요한 우선적인 과제는, 인간이 다른 피조물보다 우월한 존재라는 생각으로부터 자유로워지는(해방되는) 것이다. 인간이 다른 모든 피조물과 동등하다는 근거는 어디에 있는가? 세상의 모든 것은 물론 세밀한 구성상의 다름은 있지만, 화학원소 주기율표(The Periodic Table)에 표시된 118개의 원소에 의해서 구성되어 있다.[35] 인간은 물론, 침팬지, 미생물, 식물, 태양, 수소, 금성, 지구와 달, 화성, 흙과 물, 공기 등도 마찬가지다.

뿐만 아니라 세상의 모든 것이 원자에 의해서 구성되어 있다고 하는 점도 그렇다. 이처럼 신은 같은 원소를 사용해서 모든 것을

---

35 화학원소주기율표는 1869년 러시아의 화학자 드미트리 아바노비치 멘델레프(Dmitriy Ivanovich Mendeleev, 1834-1907)가 처음으로 만든 '표'이다. 1869년 당시에는 56 개의 원소만이 세상에 알려졌으나, 오늘날의 "화학원소주기율표"에는 현재까지 세상에 알려진 118개의 원소가 기록되어 있다. 이 118개의 원소 가운데, 제95번 원소에서 제118번 까지의 원소는 자연계에 존재하는 것이 아니라 인간이 인위적으로 만들었거나 발견한 원소이다.

만들었고, 이러한 원소들은 서로 영향을 주고받는 관계 속에서 각각의 형태를 만들고 움직인다. 평등은 형태와 성질은 다르지만, 같은 원소(재료)로부터 만들어졌다고 하는 사실로부터 오는 것이다. '신유물론'은 이와 같이 같은 원소 간의 상관관계를 통해서 형성된 세계를 말한다. 신이 만든 이 세계(자연: 모든 피조물)가 지속가능한 것은 바로 원소 간의 관계에 의해서 유지되기 때문이다. '신유물론적 기독교'는 신의 뜻(세계)을 거부하는 것이 아니라, 신이 만든 세계를 자연 간의 상호 관계성이라는 '지점'(地点)으로부터 보려고 하는 기독교이다. 같은 논거로 '농(No)의 신학'은 바로 사물 간의 관계성에 의해 형성된 세계를 통해 신의 뜻(세계)을 이해하고자 하는 신학이다. '신유물론적 기독교'가 어떤 사람들에게는 기존의 기독교에 도전하는 것처럼 보일지도 모르지만, 필자는 과거와 현재 그리고 앞으로 진행될 지속적인 '하느님의 선교'(창조)를 위해 지금 우리에게 필요한 기독교의 이해라고 생각하고 있다.

V. 본고에서 논의한 점들에 대한 평가

이상에서 살펴본 바와 같이 본고는 크게 두 가지 점에 대해서 주목하고 있다. 첫째는 신학의 출발점으로부터 기존의 신학이 인간중심적 신학이라고 하는 점이고, 둘째는 인간중심적 신학을 '도(都)의 신학'이라 규정하고, '도의 신학'의 한계로 인해 더 이상 오늘날 우리가 직면한 여러 과제에 대한 답을 제시하지 못하고 있다는 점을 지적하고자 하였다. 본고에서는 '도의 신학'에 대한 논쟁적(자기비판적) 대안

신학으로 '농(農, No)의 신학: 신(神) 중심의 신(新)유물론적 기독교'를 제시하였다. '도(都)의 신학'의 출발점이 '시점'(視点)이라고 한다면, '농(農, No)의 신학'의 출발점은 '지점'(地点)이다. 본고에서는 '지점'(地点)으로부터 시작하는 새로운 신학이 어떤 의미를 갖는지 세 가지의 보조적 질문을 중심으로 논쟁하고 있다. 단, '신 중심'에 대한 구체적인 문제는 다음 장에서 다루게 될 것이다.

1. 신학의 출발점으로부터 기존의 신학이 인간중심적 신학이라고 하는 점에 대하여

우리가 알고 배운 거의 모든 신학은 '인간중심적 신학'이라는 점을 확인할 수 있었다. 앞에서 "신학이란, 신을 알고, 신의 뜻을 탐구하는 학문이다"라고 정의한 것처럼, 신학은 신에 대해서 논하는 것인데, 우리의 신학은 왜 '인간중심적인 신학'이 되었을까! 필자가 생각하기로는, 우리가 하는 신학이 문자를 중심으로 하고 있기 때문이라고 생각한다. 문자는 인간만이 갖고 있는 특화된 도구이다. 그 도구를 사용하는 한, 우리의 모든 생각과 논리는 인간중심적이 될 수밖에 없기 때문이다. 이런 이유에서 '농의 신학'은 문자가 아닌 새로운 신학의 출발점을 찾고 있는 것이다.

지구를 위한다고 하면서도, 인간의 모든 생각과 결정은 '어떻게 하면 나에게 피해가 없도록 할까', '어떻게 하면 내가 손해 보지 않을까', '우리 회사에 피해가 없다면, 우리나라만 괜찮을 수 있다면 지구환경의 개선을 위한 어떤 결정도 받아들일 수 있어'라는 정치/경제적 기준 속에서 결정된다. 이러한 결정은 결국 자기만 괜찮다면,

그 외의 것들은 제2/제3의 문제로 삼게 되고 그 사회 속에 있는 인간의 동의와 지지를 얻게 된다. 가장 최근에 있었던 한 가지 사례를 소개하도록 하자. 이 사례는 신학과 직접적인 관계는 없지만, 신학이 일반 사회의 정치적 그리고 경제적 정책과 민감하게 관계되어 영향을 받는다는 점에서 전혀 관계가 없다고만 할 수는 없을 것이다.

2023년 9월 20일, 리시 수낙 영국수상은 "보다 밝은 미래를 위한 장기적 결정"(Long-term decisions for a brighter future)이라는 정책을 밝혔다.[36] 중심 내용은 지구환경을 위해 결정한 '탄소중립정책'('Net 0 정책', 탄소를 배출하는 양과 배출된 탄소를 흡수하는 양이 같아 ± 0가 되도록 하는 정책)에 제동을 거는 것이었다. 탄소중립의 시기(석유보일러의 판매를 2026년부터 금지, 휘발유와 디젤엔진을 부착한 신차의 판매는 2030년부터 금지)를 2035년으로 연기한다는 것이다. '탄소중립 정책'을 완전히 폐기한 것도 아니고, 기껏해야 몇 년(9년과 5년) 연기했을 뿐이라고 생각할 수도 있다. 그러나 긴급한 지구환경을 생각할 때, 몇 년이라는 기간(지난번에 한 차례 연기한 것을 생각하면 2035년 또다시 연기하지 않으리라는 보장도 없는)은 심각한 의미를 갖는다.

당연히 영국과 세계의 언론은 영국의 이번 결정을 기사로 다루었다. 그중 영국의 진보적인 신문 가디언(Guardian)은 2023년 9월 26일 자 신문에 "리시의 장기계획은 누가에게 이익(혜택)이 되는가. 지구는 물론, 지구의 북쪽(또는 유럽을 포함한 선진제국), … (그리고) 리시를 위한 것도 아니다"라는 비판적인 기사를 실었다.[37] 반면 중도/

---

36 리시 수낙 영국 수상의 정책 발표. Rishi Sunak, *Long term decisions for a brighter future*, 2023년 9월 20일, https://www.youtube.com/watch?v=n7r2GsT_d8E.
37 Marina Hyde, *Who gains from Rishi's 'long-term' thinking? Not the planet, not the*

보수 매체는 비평 없이 영국의 '탄소중립정책'의 내용과 그 정치적 배경을 설명하는 기사를 실었다. 한국의 매일경제(인터넷기사)는 이 문제에 대해 다음과 같은 제목의 기사를 내보냈다: "'국민 파산시키면서 지구 구하지 않겠다'… 이 나라 변심 일리있네"(2023년 9월 21일).[38] 아마 '탄소중립정책'이 아직 준비되지 않은 자국의 산업/경제에 끼치게 될 파장(부담)을 우려하는 한편, 지구환경 문제도 무시할 수 없다는 두 가지 갈등 속에서 보수적인 선택을 하고 있는 것일 것이다.

그러나 필자가 주목하는 바는 방금 소개한 한국의 매일경제가 제목에 사용한 "'국민 파산시키면서 지구 구하지 않겠다'… 이 나라 변심 일리 있네"가 함의하고 있는 의미이다. 우선 "국민 파산시키면서 지구 구하지 않겠다"는 말은 리시 수상이 '탄소중립정책'의 변경을 밝힌 같은 날, 영국의 내무장관 수엘라 브라버만의 말에서 따온 제목이다. 수엘라 브라버만은 "우리는 지구를 구하기 위해 영국 국민을 파산시키지는 않을 것이다"[39]라고 말했다. 이 말은 아무리 인류가 지구환경의 위협에 직면했다 하더라도 자국(민)의 정치, 경제

---

north not even him, https://www.theguardian.com/commentisfree/2023/sep/26/rishi-sunaktlong-term-thinking-suella- braverman).

38 권한울 기자, 신윤재, "'국민 파산시키면서 지구 구하지 않겠다'… 이 나라 변심 일리 있네," 「매일경제」(インターネット), 2023년 9월 21일 22:30, https://v.daum.net/v/ 2023 0921223000772.

39 "We are not going to save the planet by bankrupting the British people," Suella Braverman, the Home Secretary and moving spirit behind the government's inhumane new policies toward refugees, said on Wednesday morning (Sam Knight, 「Rishi Sunak's Self-Serving Climate Retreat: The British Prime Minister has rolled back the country's policies on reducing emissions. To what end?」, (September 21, 2023), *The New Yorker*. https://www.newyorker.com/news/letter-from-the-uk/rishi-sunaks-self-serving-climate-retreat)

적 이익을 우선으로 한다는 점을 분명히 한다. 다시 말해 어떤 결정이든, 그것이 해야 하는 일이고 정당하고 바르다 하더라도, 자국, 자국민, 자회사 그리고 나의 이익을 우선하는 인간의 '이기적 가치관(선택)'을 드러내고 있는 것이다. 그리고 이러한 인간의 '이기적 선택'은 궁극적으로 국민의 지지를 받는다. 이러한 사고방식이 매일경제 기사 제목의 뒷부분 "… 이 나라 변심 일리있네"에 반영되어 있다.

앞으로 세계의 어떤 나라가 영국과 같은 결정을 내린다 해도 더 이상 비난하지 못할 것이다. 오늘 지구가 멸망한다 해도 내 재산을 지킬 수만 있다면 그다지 큰 문제가 되지 않는다. 이런 사회기준은 이미 보수화된 우리(교회) 가운데도 뿌리 깊게 정착되어 있다. 우리가 '인간중심적 신학'을 하는 한, 우리의 신학이 아무리 바른 이론에 입각한 논리를 전개한다 하더라도, 현실은 정치적 이익과 자본주의 시장경제가 추구하는 논리를 따르게 될 것이다(좀 더 강하게 말하면, 굴종하는 노예가 될 것이다). 다시 말해 '인간중심적 신학'도 이 사회에 뿌리내린 인간의 이기적 태도로부터 자유롭지 않다는 것이다. 바로 이 점이 필자가 '인간중심적 신학'에 한계를 느끼는 가장 큰 이유이다. 그러나 지금까지의 신학이 비록 인간중심적 신학이라 할지라도 '농(No)의 신학'에서 참고할 만한 몇 가지 중요한 점들을 내포하고 있다는 사실을 간과해서는 안 된다.

첫째, 우리가 인간인 이상 '성스러운 기록으로부터의 신학'과같이 문자로부터 완전히 자유로워질 수는 없다. 그럼에도 불구하고 '사회 현장(context 또는 현상)으로부터의 신학'은 신학의 중심을 문자로부터 '사회현장', 즉 사회로부터 억압받고 착취당하고 소외된 약자들의 사회현장으로 이동시켰다. 이는 우리가 신을 만날 수 있는 공간적 가능성을 보다 넓게 확장시켰음을 의미한다. 우리가 그리스도와 만날 수 있는 공간을 ① '성스러운 기록'으로부터 '사회현장'으로, ② 그리고 그것은 사회현장 속에 있는 그리스도와 사회현장의 일체화 (identify), 즉 '성육신'(incanation)의 사회현장화다. 그리스도가 그 시대의 가장 약한 존재와 함께하고 있다는 사실은, 오늘날 어떤 누군가로부터 억압받고 착취당하는 모든 존재들(인간은 물론, 자연에 이르기까지)을 다시 기억할 수 있게 한다.

둘째, '자연으로부터의 신학', 특히 '영성신학'은 '신(神) 체험'은 인간만의 경험이 아니라 신으로부터 창조된 모든 사물(피조물)에게도 동등하게 경험된 것이고, 그들은 문자가 아닌 다른 형태로 '신 체험'을 기록하고 있을 수 있다는 가능성을 확인시켜 준다. 한편 '자연(과학)으로부터의 신학'은 과학의 방법론, 즉 인간은 물론, 그 외의 모든 자연을 관찰의 대상으로 보고 당사자의 입장에서 객관적으로 본질(원리)을 찾고 있다는 점, 심지어 그 본성이 인간에게 적대적인 것이라 하더라도 거부하거나 피하려 하지 않는다는 점을 확인시켜 준다.

셋째, 이상의 내용을 정리하면 다음과 같다. ① '농(No)의 신학'은 어느 누군가로부터 억압받고 착취당하는 세상의 모든 존재(인간은 물론, 자연에 이르기까지)를 신학의 중심으로 삼고자 한다는 점, ② 그 경우 신학의 도구로 '이성'보다 '감성'을 사용하고자 한다는 점, ③ '성스러운 기록'이란 성경을 의미하지만, '농(No)의 신학'은 문자 이외의 다른 형태로 기록된 것들도 또 다른 형태의 '성스러운 기록'으로 인정하고자 한다는 점, ④ '농(No)의 신학'은 인간에게 유익한 것인가 아닌가에 가치를 두지 않고 하느님의 권위를 중심으로

하는 '지점'에서 '농(No)'을 객관적 신학의 대상으로 삼고자 한다는
점이다.

'농(No)의 신학'은 위에서 언급한 방법론을 사용하게 될 것이다.
따라서 '농(No)의 신학'은 앞으로 문자와 이성 이외의 다른 형식과
매체, 즉 '감성'을 통해 신을 인식하고 체험할 수 있는지, 그 가능성을
묻고 찾게 될 것이다.

2. 새로운 신학이 필요하다고 하는 점과 그 가능성에 대하여

'농(No)의 신학'의 새로운 신학의 출발점 찾기는 다음과 같은
두 가지의 질문을 중심으로 논쟁한다. 첫째, 성스러운 기록이 기록되
기 이전의 시간과 공간에서 인류가 체험했던 신(神) 체험을 우리의
시간과 공간에서도 경험할 수 있는가? 문자 이전의 신 체험을 찾는
이유는, 기록된 문자로부터 출발하는 신학은 '인간중심적 신학'이
될 수밖에 없기 때문이다. 둘째, 문자 이전의 신 체험과 우리의 시간과
공간에서 체험하는 신 체험은 서로 같은 것인가? 만일 같다고 한다면
어떻게 가능한가를 묻는다. 이와 같은 질문과 논쟁은 '농(No)의 신학'
이 새로운 신학의 출발점 찾고자 하는 데 중요한 점들을 제시해
줄 뿐만 아니라, 그 결론은 성스러운 기록(성서)과 '도(都)의 신학'을
다시 읽는(재해석)데 풍부한(창조적인) 상상력을 제시한다.

본고를 통해 제시하고자 하는 새로운 신학의 출발점은 다음과
같이 정리할 수 있다.

첫째, 인간은 자연의 그 어떤 동식물과 비교할 수 없을 정도로
뛰어난 능력을 갖고 있다. 그러나 '우주캘린더'에서 보듯이 1초(500

년)라는 근/현대(이성의 시대)는 찰나에 불과하다는 점, 다종(多種)의 인류(Homo 屬)의 등장과 멸절, '이기적 유전자'가 말하는 '자연선택'과 같은 큰 자연의 질서에서 볼 때, 인간은 다른 동식물과 똑같이 자연에 종속되어 있는 하나의 피조물에 불과하다는 것을 알 수 있다. 따라서 '농(No)의 신학'은 '인간은 다른 모든 피조물과 똑같이 자연에 종속된 존재이며, 인간이라는 피조물은 자연의 다른 피조물과 함께 '주체와 주체'라는 관계에 있다'라는 신학적 선언으로부터 출발한다.

둘째, 지금까지 인간중심적 신학은 자연의 동식물과 물질보다 인간의 이성과 정신을 상위에 놓고, 인간보다 하등 한 자연과 물질을 지배, 관리하는 힘의 근원으로 생각해 왔다. 이처럼 인간과 자연을 상하관계로 보는 것은 일면 타당해 보이지만, 자연의 큰 질서라는 '지점'(地点)에서 보면 인간은 자연과 병렬적 관계에 있다는 사실을 알 수 있다. '신유물론'은 인간을 포함한 모든 사물은 서로 상호관계 속에서 시공(時空)을 구성한다고 말한다. 필자는 '신유물론'에서 설명하는 시공간의 인식(관계성)은 문자에 앞선 경험과 느낌이 선행하는 것으로, 선행적 경험과 느낌이 사물을 움직이는 힘(문자)의 원천이다. 또한 이러한 선험적인 경험은 시공을 넘어서는 매체를 통해 신 체험을 경험하게 한다. 예를 들어 본고에서 언급한 바와 같이 '코스모스'(우주), '빛', '색', '소리', '흙(地) 등 이러한 매체를 통해 경험하는 인간의 신 체험은, 인간이 문자를 기록하기 이전부터 '고인류'가 경험한 선험적인 경험과 질적, 양적으로 동일한 경험이라는 말이다.

'농(No)의 신학'에서는 이러한 선험적인 매체를 통해 경험하는 신 체험을 '감성'으로 느끼고자 한다. 이성과 문자를 중심으로 논의해 온 근/현대 신학에서는 이러한 매체에 대한 충분한 논의를 하지 못했다. '농(No)의 신학'(감성의 신학)의 새로운 또 하나의 출발점은 이상에서 언급한 선험적인 매체들('코스모스', '빛', '색', '소리', '흙' (地) 등)이 될 것이다. 그러나 이러한 선험적인 매체들은 순수하고 객관적인 성질을 유지하고 있을까? 적어도 우리가 보고 경험하는 자연의 세계가 아무리 순수하고 객관적인 실체라 하더라도, 인간의 관점(시점)에서 보는 자연은 더 이상 순수하지 않을 뿐 아니라 객관적 인 중립성을 잃어버린 존재가 되었다. 왜냐하면 인간에 의해, 좀 더 구체적으로 말하면 자본에 의해 자연이 너무나도 많이 왜곡되어 버렸기 때문이다. 따라서 자연을 매개로 해서 체험하는 신에 대한 원체험조차도 보정(補正)하는 과정이 필요할지도 모른다. 이러한 문제는 매우 다루기 어려운 주제이지만, 앞으로 '농(No)의 신학'(감성 의 신학)이 다루어야 할 과제이다. 이 점에 대해서는 장을 달리해서 좀 더 구체적으로 다루게 될 것이다.

VI. 결론

중세시대까지 자연은 두려움의 대상이었다. 그러나 근/현대가 되면서 급격하게 인간은 자연을 지배의 대상으로 생각하기 시작한다. 이 시기, '인문주의'의 발전은 인간에 대한 탐구와 '인문학'의 발전으로 연결된다. 인문학이 인문학 되기 위한 인간탐구의 가장 효과적인 방법은 인간을 다른 존재(동/식물)들과 비교분석 함으로 서로의 다른 점(차별성)을 분명히 하는 것이었다. 이는 당연히 인간의 우수함 을 증명하는 차별의 강조로 진행되었고, 동시에 자연에 대한 차별적 지배의식으로 발전하게 되었다. 따라서 자연에 대한 인간의 인식변화에는 근/현대의 시대적 특징이 반영되어 있다.

근/현대의 특징이란 첫째, 이성과 문자를 토대로 한 인식과 해석이라고 하는 점과 둘째, 신이 창조한 모든 피조물에 대한 관리 감독의 권한이 인간에게 주어졌다고 해석하는 기독교의 자연이해(신학)라고 할 수 있다. '농(No)의 신학'은 자연에 대한 인간의 차별적 지배의식으로부터의 단절을 위해서, 인간을 다른 존재와 비교해서 그 차이점을 찾는 근/현대의 방법론을 거부하고, 인간과 자연이 어떤 부분에서 같은가에 라고 하는 점에 우선적인 관심을 둔다. 숲에 들어가서 어떤 나무가 가장 크고 훌륭한지 비교하는 것이 아니라, 숲에서 한 걸음 떨어져 숲 전체의 구성을 보려고 한다는 말이다. 숲 전체를 보면, 큰 나무 작은 나무 각종 동물과 심지어 인간에 이르기까지 모두가 숲을 구성하는 하나의 요소에 불과하다. 그 요소들이 서로 어떤 관계를 맺고 있는지를 '감성'이라는 도구와 '지점'(地点)이라는 방법론(신학의 새로운 출발점)을 통해 살펴보고자 하는 것이 '농(No)의 신학'이다.

선교신학

에큐메니칼 협력 선교로서의
생명농업선교에 대하여*

안재학

(목사. 완주 석천교회, 아시아농촌선교회 총무, 선교학)

I. 서론

이 소논문은 에큐메니칼 협력선교의 방식에서 농업과 농민의
삶에 집중에 집중하여 새로운 농업선교의 장을 제안하려는 데 그
목적이 있다. 지금까지의 선교는 식민주의 시대의 제국주의 선교의
방식으로 주로 북반구의 서양국가가 남반구의 3세계 가난한 나라들
에게 복음주의적 선교방식으로 행해졌다. 식민주의 시대는 피식민주
의 국가의 자연자원과 식량자원 등을 착취, 수탈하는 시대였고, 거기
에는 기독교 선교사들의 역할 또한 적다 할 수 없을 것이다. 오늘날

---

* 이 글은 연세대학교 선교학 박사과정에 있는 필자가 작성한 것이다.

식민주의 시대는 막을 내렸으나 여전히 남반구의 가난한 국가들의 삶은 나아진 것 같지 않다. 기존의 식민주의와 기독교선교의 폭력적 방식이 기업화된 자본의 옷을 입고 발단된 기술력을 바탕으로 달콤한 유혹으로 다가왔다. 자연과 토지, 환경, 농촌, 농업은 그러한 자본의 영향을 받을 수밖에 없었다. 예전의 수탈과 착취가 강제 노동을 비롯하여 눈에 보이는 육체적, 경제적, 정치적인 폭력이었다면, 현대의 신자유주의 경제세계화 시대에는 자신들이 착취당하고 폭력적 상황에 놓여 있다는 것조차 모른 채, 스스로 조작된 이미지와 욕망을 위해 자기착취가 이루어진다. 이러한 문제의식을 바탕으로 기존의 농업선교와 생명농업선교간의 교류의 장이 필요함을 절실히 느끼게 되었다. 이제 그 가능성에 대해서 생각해 보고자 한다.

II. 에큐메니칼 생명농업선교

1. 에큐메니칼 협력선교

지구 남반구의 제3세계 국가들은 농업과 농촌 그리고 농촌인구가 중요한 비중을 차지하고 있다. 남반구 국가들의 주요 도시를 제외하면 대부분 농업이 생업이며 농촌지역의 인구가 높은 비율을 차지한다. 일찍이 한국이 경험했던 이농현상은 현재 동남아시아 지역과 아프리카, 남미 지역에서도 일어나고 있다. 그 결과 농촌공동체의 해체, 자연환경의 파괴, 전통적 농업과 토착지식의 상실 등이 일어나고 있다. 농촌교회도 마찬가지이다. 대부분의 교인들이 농민들이고 그들의 삶은 빈곤과 착취의 구조 속에 무방비적으로 노출되어 있다. 에큐메니칼 농업선교의 가능성이 대두되는 이유이다.

기존의 복음주의 선교는 교파 중심으로 진행되었으며, 비기독인들에게 복음을 증거하고 개종시키는데 주 목적이 있었다. 이에 비해 에큐메니칼 선교운동의 방식은 현지 교회와의 협의회적 의사결정과정 수립을 통해, 선교사 중심의 양적 선교에서 질적 영향력을 중시하는 협력선교이다. 중국에서 한국 최초의 선교사 파송이 이루어졌던 1913년에는 한국의 장로교회, 미국북장로교회의 한국선교부, 중국선교부 그리고 중국교회가 함께 긴밀한 협조와 지원이 있었는데 에큐메니칼 선교의 좋은 예라고 할 수 있다.[1]

달라진 오늘의 상황에서는 지구적 차원의 지역 상호 간 선교협력을 위해 지역 에큐메니즘이 강화되어야 한다. 지역 에큐메니즘을 구현하고 이를 통해 지역순환경제체제에 바탕한 '생명공동체' 즉 '치유되고 화해된 마을공동체' 만들기에 기여하는 세계선교정책이 필요하다.[2] 이렇게 지역교회들의 협의회적 친교와 일치, 공동의 증언과 봉사의 과정은 몇 가지 원칙 속에서 진행되어야 한다. 즉, 다양성 속의 일치, 공동의 증언을 위해 선교에 있어서 상호 나눔의 원칙, 다중적 협력을 통한 긍정적 관계 확산의 원칙, 이미 진행 중인 기존교회들의 선교에 대한 존중의 원칙, 문화적 배경이 서로 다른 교회들을

---

1 황홍렬 편저,『에큐메니칼 협력선교: 정책, 사례, 선교신학』(꿈꾸는 터, 부산장신대학교 세계선교연구소, 2015), 25.
2 위의 책, 8. 이 책의 서두에 이홍정 목사(당시 예장총회 사무총장)는 추천사를 썼다. 그의 추천사는 "하나님의 선교의 생명망짜기"라는 제목으로 3쪽의 길지 않은 글이다. 그러나 그 속에 담고 있는 이야기는 많은 함의들을 갖고 있다. 농업선교, 생명선교, 농민선교, 농촌선교 등 다양하게 부를 수 있는 선교 방식들의 지표가될 수 있는 귀중한 글이다. 아마도 그의 이력, 아시아기독교협의회(CCA)의 국장 역임, 필리핀 아태신학교 창립 및 초대학장 역임 등의 다양한 경험이 바탕이 되었을 것이다.

열린 자세로 수용하는 개방성의 원칙 등이 지켜져야 하는 것이다. 이는 결국 지구적 차원에서 지역 상호 간 생명망짜기를 통해 '에큐메니칼하게 지속 가능한 지역교회성장'(Ecumenically Sustainable Local Church Growth)을 이루고, 지역사회의 생명자본을 증진하는 데 기여하게 될 것이라고 이홍정 목사(한국교회협 직전 총무)는 말한다. 이를 위해서는 첫째, 일치와 증언과 봉사로 주제영역을 선택적으로 집중하고, 둘째, 선교현장의 지역교회지도자들과 지역선교에 대한 공동의 이해와 비전을 공유하며, 셋째, 지속가능하고 평가 가능한 과정중심의 공동의 선교사업을 개발하는 것이 에큐메니칼 협력선교의 가장 중요한 지점이라고 할 수 있다.[3] 이러한 협력선교의 모델은 에큐메니칼 자원을 공유하고 인적 자원을 공동개발하며, 경쟁적 교파주의와 기구중심주의의 한계를 극복하고 상호성에 기초하여 세계교회와의 유기적 관계와 지역의 선교적 주체성을 동시에 강화시키는 것이다.[4] 그래서 에큐메니칼 선교는 가르치는 선교가 아니라 배우는 선교, 인간적 전략이 아니라 성령의 역사에 맡기는 선교, 교파의 분열이 아니라 교회의 일치를 지향하는 선교, 개종 강요의 선교가 아니라 공동의 증거로서의 선교, 기부와 의존의 방식을 극복하는 동역 선교, 하나님의 통치, 하나님의 나라를 추구하는 선교이다.[5]

2. 농업선교와 에큐메니칼 선교의 협력모색

제3세계로 지칭되는 남반구의 여러 나라들은 산업화에 따라 도시

---

3 위의 책, 9.
4 위의 책, 9.
5 위의 책, 12.

로 인구가 대거 이동하는 현상이 일어나고 있다. 북반구의 많은 부유한 나라들도 대부분은 이런 이농현상을 겪으면서 농촌의 공동화 현상을 경험했다. 그러나 남반구는 북반구와는 다른 양상으로 진행되고 있다. 북반구의 농촌 이농현상과 공동화현상은 근대 산업화에 따른 당연한 결과라고 말할 수 있을 것이다. 그것은 식민주체들 안에서의 인구이동이다. 남반구의 경우는 식민주의 시대를 거치면서 낙후된 환경과 착취의 구조 속에 노출되어 있었고, 식민주의자들이 모국으로 돌아간 후에는 토착 부르주아들이 탄생하여 식민주의자들이 가져갔던 이익들을 자신들이 점유하였다. 민중들은 눈에 보이는 폭력과 착취에서는 벗어난 듯 보였으나 그들의 삶의 자리는 여전히 고난과 생존의 현장이었던 것이다.

그러한 사회적, 경제적, 정치적인 삶의 자리에서 생명농업선교는 농촌공동체 해체의 원인을 파악하고 면밀히 분석하여 생명농업이 가진 역동성을 통해 농촌공동체의 가치를 재발견하는 데에서 출발해야 한다. 생명농업의 재생의 힘은 문화적 다양성을 풍부하게 하고 생물적 다양성이 그들의 전통과 토착적 지혜의 원천임을 재인식하게 해준다. 생명농업선교는 농촌의 자급자족적이고 자립적인 문화를 복원해 냄으로써 건강한 농민의 삶과 지속가능한 공동체적 삶을 지향하는 것이다. 그 가운데 농촌교회들이 존재하며 에큐메니칼 선교의 역할이 놓여 있다고 볼 수 있다.

지금까지 에큐메니칼 선교운동은 정의, 평화, 창조질서의 보전(JPIC)이라는 큰 아젠다(agenda)를 목표로 설정하였다. 빈곤퇴치와 평화운동, 생태적 이슈들에 집중했고, 다양한 대화들과 활동, 즉 선교적 실천을 통해서 새로운 선교의 패러다임을 만들어 왔다. 그러나 농업의 현장에서 겪고 있는 농민들의 삶의 고난에 대해서는 다소 미약한 인식을 가지고 있었다고 생각된다.

농업은 1960년대 녹색혁명 이후 많은 변화를 겪어 왔다. 전통적이고 토착적인 농업의 지혜들은 무시되었고, 화학비료와 농자재, 기계농 중심으로 변화하면서 종자회사와 농산기업(agribusiness)들에게 크게 의지하게 되었으며, 생산과 소비는 오로지 시장의 가격에 종속되었다. 곡물위주의 생산이 주를 이루던 전통적인 자립자급의 농업은 환금작물의 재배와 기업이 제공하는 유전자 조작 종자(GMO)나 하이브리드(hybrid) 종자를 이용한 대규모 단작과 플랜테이션 농업으로 바뀌어 생산에 투입되는 비용은 증가하는 반면 생산물의 가격은 그리 높은 이윤을 보장 받지 못하였고, 악천후를 만난 때는 빚을 질 수밖에 없었다. 이러한 현상은 대부분의 아시아, 아프리카, 남아메리카 농촌지역에서 벌어지고 있다.

생명농업선교는 농촌공동체와 농민의 삶을 재건하는 일이며, 농업을 통해 그들의 귀중한 전통과 문화의 다양성을 보존하는 일이고, 그것이 궁극적으로 창조질서의 보전과 직결되도록 하는 선교의 방식이다. 단지 기술을 가르치고, 생산성을 높여서 이윤을 창출하는 데 머무르지 않고, 농업의 지속가능한 방식으로 시장의 영향을 최소화하고, 소규모 복합영농을 통해서 생명을 근본 가치를 일구어가는 삶의 방식으로의 변혁을 지향하는 것이다.

땅이여 두려워하지 말고 기뻐하며 즐거워할지어다. 여호와께서 큰일을 행하셨음이로다. 들짐승들아 두려워하지 말지어다. 들의 풀이 싹이 나며 나무가 열매를 맺으며 무화과나무와 포도나무가 다 힘을 내는도다. 시온의 자녀들아 그가 너희를 위하여 이른 비를 내리시되 이른 비를 너희에게 적당하게 주시리니 이른 비와 늦은 비가 예전과 같을 것이라(요엘 2: 21-23).

내가 내 영을 만민에게 부어 주리니 너희 자녀들이 장래 일을 말할 것이며 너희 늙은이는 꿈을 꾸며 너희 젊은이는 이상을 볼 것이며(요엘 2:28).

위와 같은 성서의 말씀은 하나님의 백성이 철저하게 회개하고 여호와 하나님께 돌아왔을 때 하나님께서 주시는 약속의 말씀이다. 신명기 30장 19절에서도 "하늘과 땅을 증인으로 세우고 생명과 사망, 축복과 저주를 우리 앞에 내어놓으니, 우리와 우리의 자손이 살려거든 생명을 선택하라"고 말씀하고 있다. 철저하게 돌이키고 회개하는 영성만이 생명에 이르는 것이다. 그래서 농업선교는 인간과 인간, 인간과 자연, 인간과 하나님의 뒤틀린 관계성을 회복하는 운동이며 저항이고 임시방편이 아니라 근원적인 접근이라고 볼 수 있다. 복음주의 선교와 에큐메니칼 선교의 접점을 찾아서 농촌과 마을공동체를 지속가능한 방식으로 재건하고 복원해야 하는 선교적 사명이 있는 것이다.

에큐메니칼 생명농업협력선교는 이미 시작되었다. 소수의 에큐메니칼 농업선교사들에 의해서 혹은 개별 교단적 차원의 지원과 협력, 혹은 기독교농업단체들을 통해서 이미 진행되고 있는 선교의 패러다임이다. 한국의 경우, 주요교단들은 기독교농업교육기관들을 가지고 있다. 대한예수교장로회(예장 통합)에는 산하에 농촌선교센터가 있으며, 각 권역별로도 지회를 설립하여 농촌마을을 가꾸고

농촌목회의 현장을 생명농업의 현장과 다양한 마을 사업들과 목회자 교육들을 실시하고 있다. 한국기독교장로회(기장)교단에는 기독교 농촌개발원이 있어 1980년대 이후부터 농민사상교육과 목회자교육, 유기농교육 등을 꾸준히 해왔다. 대한기독교감리회(기감)에는 농촌 선교훈련원이 있어서 지역순환사회운동을 주도하며 귀농자 교육에 ス;속적인 노력을 경주하고 있다.

이 외에도 각 교단별 농촌목회자조직들은 지난 30여 년 동안 쉬지 않고 농촌과 농업, 농촌목회의 비전을 구현하기 위해 고군분투 해 왔다. 그러한 농촌목회자들의 역량이 모아져서 아시아교회 농민교 인들을 초청해서 짧게는 일주일, 길게는 석 달 동안 생명농업에 대한 이론과 영농교육 그리고 현장실습을 해왔다. 일례로 예장통합 교단은 농촌선교부를 중심으로 2013년부터 매년 인도네시아 목회자 들과 농민들을 초청하여 연수를 실시하고 있다. 연수의 내용은 ① 농촌선교사례연구(4회) ─ 옥방교회, ② 생활협동조합운영 ─ 경북 북부한살림, 물류센터, 도농직거래현장), ③ 생명농업(유기농업 및 탄소순환농법) 강의 및 현장체험, ④ 지역 NGO 체험(울진자활센터 등), ⑤ 지역 교회 활동 체험(영주노회), ⑥ 경안신학대학원대학교 방문, ⑦ 총회 및 유관기관, 생명농업현장 방문, ⑧ 마을목회 ─ 마을목회연구소 방문(충남 홍성, 오필승 목사) 등이다.

또한 에큐메니칼 농업선교 단체인 아시아농촌선교회(한국기독 교생명농업포럼의 후신)는 3년마다 아시아기독교생명농업포럼을 개최하며 격년으로 양국 간 포럼을 개최해오고 있다. 이를 통해 각 아시아 국가의 기독교교회협의회(NCC)와 긴밀한 협조를 통해서 농촌교회 목회자들과 농민들에게 생명농업의 필요성과 농촌공동체 만들기(Rural Community Building)에 대한 선교적 과제들을 함께 나누며 지역적으로 대안들을 찾아 만들어 갈 수 있도록 역량을 길러가고 이다. 또한 매년 1주일간 국내 생명농업 현장 방문의 기회를 제공함으로써 연대활동을 지속하고 있다. 앞으로 교단과 교회협의회 등과 함께 더 조직적이고 체계적인 에큐메니칼 농업협력선교의 모델을 만들어 나가는 것이 과제일 것이다.

III. 생명농업선교의 모델들과 과제

1. 생명농업훈련센터의 장기적 구상

한국기독교장로회(이하 기장)는 1957년에 설립된 기독교농촌개발원을 운영하고 있다. 전북 완주군 이서면에 위치해 있으며, 5만여 평(농장 37,000평, 숙소와 기타 부지 13,000평) 부지를 보유하고 있다. 사업으로는 영성수련회, 농민 및 평신도를 위한 농업기술 및 신앙교육, 양계사업, 농촌교회 선교지원, 목회자교육 및 선교정책개발 등의 일들을 진행하고 있다.

이 기관의 설립목적은 기독교봉사정신으로 한국의 농업과 마을 개발을 담당할 농촌청년들을 교육하고 훈련하며 지역사회 주민들의 정신적, 물질적인 생활 향상을 도모하는 것이다. 이를 위해 실천해온 일들은 시기별로 다음과 같이 요약할 수 있다.

제1기: 기독교농촌개발원(약칭 기농원)은 1957년 캐나다연합교회 세계선교회가 선교사 네 분을 통해 이리시(현 익산시) 마동에 높은뫼농장을 세우면서 시작됐다. 이분들은 마을 주민들의 협동에 의한 경제운동과 신용협동운동을 추진함으로써 농촌경제의 부흥과 발전을 꾀했으며, 한국농업의 문제를 사회구조적 차원에서 해결하려는 시도를 했다. 당시 이리농장에서 추진했던 사업들은 마을사업(신용협동조합), 농장사업(양돈, 사료공급), 보건사업 등이었는데, 전체적으로 보면 농촌계몽운동의 성격을 지닌 사업이라고 할 수 있다.

제2기: 이리시 마동에 있던 기농원이 현재의 자리인 완주군 이서 면으로 옮겨온 것은 1978년이다. 이후 1980년대 초부터 1990년대 초까지 농촌의 중간지도자에 대한 교육과정을 실시하여 한국농민운동의 산실 역할을 감당했다. 이 때는 목회자, 평신도, 신학생, 농민, 농촌여성들을 위한 교육 프로그램을 통해 농촌의 사회구조적 변혁을 추구하던 시기였다.

제3기: 기농원은 우리 사회의 전문화 추세에 따라 제3기를 맞이하고 있다. 기농원은 설립 초기부터 이어져 내려 온 '신앙, 농업, 교육'이라는 세 이념을 통전적으로 추구하기 위한 계획을 세우고 있으며, 이를 실천하기 위한 중요한 방법으로 '기도'와 '노동'을 택하고 있다. 기도와 노동을 통한 농촌생명공동체 구현이라는 과제를 위해 기농원에서는 '일과 기도의 영성수련회'를 실시하고 있으며, 농촌교회 평신도를 위한 생명농업기술 및 신앙교육, 농촌교회의 선교를 돕기 위한 각종 정책개발, 실태조사 및 자료 제공 등의 사업을 기획, 추진하고 있다.

그러나 안타깝게도 현재 기농원은 양계사업 이외에 뚜렷한 교육사업이나 훈련 및 정책연구사업들을 진행하지 못하고 있다. 이제 원장의 교체와 더불어 새로운 계획과 비전을 통해 교육관과 예배실 등 새롭게 건축을 준비하며 제4기를 시작하고 있다. 이제는 한국의 농촌과 농민, 농촌교회뿐만 아니라 아시아 농촌을 위한 국제적인 농업전문교육기관으로 발돋움해야 할 것이다.

또 하나의 예로는 삼애농장과 삼애재단을 들 수 있다. 삼애(하나님 사랑, 이웃 사랑, 농촌 사랑)는 배민수 목사의 호이다. 그는 일제 강점기에 복음의 씨앗이 농업을 바탕으로 한 농민의 삶 속에 있음을 교육하기 위해 삼애농장을 운영하였다 후에 그 부지를 연세대학교에 기증함으로써 삼애재단이 설립되었다. 삼애재단은 설립 초기 연세대 신학과에 삼애장학금을 만들어 농촌선교에 투신할 수 있는 사람, 삼애정신을 가지고 그 뜻을 충분히 목회적으로 구현할 수 있는 사람에게 전액학비를 지급하였다. 그러나 얼마 후 장학금의 운용은 애초의 취지와는 달리 시행되었다. 대학 운영주체조차도 농촌과 농업선교에 대한 이해가 부족하여 전문가 발굴에 소극적이었기 때문이다. 최근에 와서 장학금의 운용과 삼애농장의 활용에 대한 논의가 새로운 국면을 맞이하고 있다. 삼애장학금은 GIT(Global Institute of Theology) 장학금으로 전면 개편되었다. 많은 아프리카, 아시아 학생들에게 전액장학금을 지급함으로써 한국이 선교 역사 100년 동안 받았던 혜택들을 돌려주려는 시도로 여겨진다. 바라기는 아시아 신학생들뿐만 아니라 농촌학생들을 선발하여 삼애정신에 맞는 생명농업교육이론과 영농교육, 농촌공동체 연구, 협동조합운동 등을 교육할 수 있는 농업전문교육기관의 역할을 수행하여 아프리카, 아시아의 농촌문제와 농업과제들을 함께 고민하고 연대할 수 있는 기관으로 거듭나는 것이다.

아시아에도 이러한 농촌지도자 리더십 교육기관들이 있다. 대표적으로 일본의 아시아농촌지도자훈련원(Asia Rural Institute, 이하 ARI)과 필리핀 민다나오지역에 동남아시아농촌지도자연수원(South East Rural Leadership Institute, 이하 Searsolin)이 있다. 두 기관은 교육과정이 대동소이하다. 농촌공동체 만들기, 유기농업의 철학과 영농실습, 평화교육, 협동조합운동과 조직운영, 소규모 영농사업 등이다. 이 두 기관의 공통점은 기독교정신에 입각해서 생명농업과 농촌공동체 리더십을 교육한다는 점이다. ARI와 Searsolin의 참가자들은 대부분 기독교 평신도 활동가들이거나 목회자 혹은 신부들이다. 설립자와 운영주체들도 기독교인과 대학이다. 아직까지 국내에는 이러한 국제적인 기독교농촌리더십 교육기관이 없다. 그러나 연세대학교는 이러한 인프라를 충분히 보유하고 있고 삼애농장이 있으며, 삼애 정신이 살아 있는 국내 유일의 대학기관이다. 제3세계 신학생들에게 신학교육뿐만 아니라 모국으로 돌아갔을 때 그들의 농촌지역에서 보다 큰 안목으로 농업선교의 관점을 갖도록 기여를 할 수 있지 않을까 생각한다.

이제 아시아, 아프리카 각 교단과 에큐메니칼 협력선교를 통해서 각 교단별 농촌선교를 위한 생명농업훈련센터를 설립하고 농촌과 농민선교를 위한 정책들을 개발하고 생명농업을 통한 공동체 살리기와 농촌교회의 역할을 찾는 것이 중요하다고 하겠다. 아시아, 아프리카 농민선교를 함에 있어서 현지의 농업관련 기관들과 긴밀히 협조하고 협력하여서 현지에 많은 생명농업 교육프로그램과 사업을 구상하는 것이 중요하다. 또한 현지 각 교단의 농촌선교부서와도 긴밀하여 교단 내 농촌교회의 활성화와 역할도 함께 고민해야 할 것이다.

아시아생명농업훈련센터의 사업내용은 다음과 같이 생각할 수 있다. ① 생명농업 교육(생명농업의 철학, 신앙적 고백, 작목별 농사법 교육), 좋은 토양 만들기와 종자에 대한 중요성, 식량주권과 종자주권에 대한 교육, ② 아시아 생명농업 포럼 개최, ③ 가축은행 시행(송아지, 돼지, 염소 분양), ④ 협동농장 운영 및 매뉴얼 작성 및 교육, ⑤ 농촌교회 목회자 교육(마을 공동체 세우기, 신용협동조합, 협동농장 운영에 대해서), ⑥ 생명농업의 관점에서 성서교재 연구 및 발간, ⑦ 현지 교단과의 생명농업 협력사업 추진 등이다. 이러한 교육, 훈련사업은 현지인 중심의 논의구조를 가지고 주민참여형으로 진행하는 것을 그 출발점으로 삼아야 한다.

2. 난민선교 — 자급자족 농촌공동체로서의 가능성

몇 년 전 태국과 미얀마의 국경에 위치한 맬라 난민촌을 방문한 적이 있다. 태국의 난민촌은 미얀마(버마)의 카렌족들이 미얀마의 정치적 탄압에 의해서 생겨나기 시작했다. 메솟지역에 위치한 맬라(Maela)캠프는 그 역사도 이미 수십 년이 지났다. 필자가 맬라캠프를 여러 번 방문하면서 느낀 점은 난민촌이라기보다는 평화로운 농촌마을이라는 인상이었다.

실제로 맬라캠프는 마을 중심에 개천이 흐르고 개천 주변의 땅에 농사를 짓고 있었다. 곡물 위주보다는 야채 위주의 농사가 이루어지고 있었다. 그 규모는 작은 텃밭의 규모를 넘어 보였고, 구획이 지어지고 정성스레 농사를 짓고 있는 것처럼 단정했으며 다양한 작물들이 자라고 있었다. 이 정도의 규모라면 캠프 내 학교급식과 각 가정에서 필요한 충분한 양을 생산할 뿐만 아니라 외부 거래처에 판매도 할 것이라는 생각이 들었다. 마을뒤편에는 깎아지른 듯한 절벽산이 있고 맞은편에는 완만한 경사의 풍경 좋은 산이 위치해 있었다. 맬라캠프의 모습은 어느 농촌마을에 비교해도 손색이 없는, 농업과 농촌공동체성이 살아있고 생태적 자연환경과 인적 인프라가 풍부해 보였다.

물론 난민캠프이기에 어려움이 많다. 주민들과 학생들의 외부 출입이 제한되어 있고, 난민의 지위가 부여되지 않아 대부분의 권리가 박탈되어 있었다. 현재 태국 정부는 미얀마로의 귀국을 종용하고 있으며, 장기적으로는 캠프의 폐쇄까지 염두에 두고 있다고 한다. 그러나 그곳 주민들은 미얀마로 송환되기를 원치 않고 있다. 캠프에서 태어나고 자란 젊은 세대들은 자신들의 모국에 대해서 잘 모른다. 다만 카렌족의 전통과 관습, 언어, 문화들을 잃지 않고 공동체적인 삶을 살아가고 있으며, 언제가 국적 혹은 난민의 지위가 부여될 때를 위해 미래를 준비하는 모습들을 엿볼 수 있었다.

필자가 보기에는 여러 국제단체들과 기독교단체 그리고 태국정부 당국이 난민캠프의 운용에 대해서 협상 혹은 대화를 통해서 대안적인 해결책을 마련해 보는 것이 필요해 보였다. 강제 송환이나 귀국종용은 정착한 지 수십 년이 지난 지금의 시점에서는 최선의 해결책이 아닌 듯 보였다. 필자의 구상은 캠프 내 신학교에서 생명농업교육과 시범농장의 운용에 대한 주민교육을 실시하고, 원조는 일단 받아들이되 차츰 자급자족할 수 있는 공동체로 전환을 도모하고, 1차 농산물은 가공하여 조달하고 상품화하여 외부에 판매할 수 있는 여건을 조성하는 것이다. 그러려면 주민회의를 거쳐서 마을에 필요한 것이 무엇인지, 자신들의 가지고 있는 활용가능한 자원이 무엇인지 광범위한 지역 조사를 실시하여 '자원기반의 공동체 개발'(Asset Based Community Development, ABCD approach)을 하는 것이 우선이다. 어차피 송환은 한순간에 이루어지지 않을 것이다. 현재의 자리에서 새로운 모색을 해보는 것이다.

맬라공동체는 하천을 중심으로 이슬람지역과 기독교지역으로 나누어져 있다. 이슬람지역은 이슬람 지역대로 그들의 종교적 전통을 유지하면서 살고 있고 기독교지역은 신학교를 중심으로 카렌족의 미래지도자 양성에 힘을 쏟고 있다. 그러나 모두가 신학자, 목회자가 될 수 없으며 다양한 직업교육과 농업교육을 통해 미래적 전망을 스스로 모색해야만 한다.

난민촌 주민들은 유엔과 각국의 인도주의적인 원조를 통해서 근근이 살아가고 있다. 본국으로 송환될 가능성은 거의 없을 것이다. 따라서 단기적인 사업보다는 장기적인 정착 사업을 진행하는 것이 중요할 것이다. 그러하자면 농업선교 프로젝트가 가장 필요하고도 절실하다. 첫 번째, 맬라캠프를 소규모 복합영농의 모범적인 농촌공동체 모델로써 자급자족의 마을공동체로 전환하는 것이다. 여기에는 많은 농업전문가들과 지속가능한 농촌개발사업의 밑그림을 그릴 수 있는 지도자들이 함께 머리를 맞대고 씨름해야 할 것이다. 그러한 계획에는 1차 진료기관인 의료시설, 소규모 병원도 포함된다. 두 번째, 그러한 바탕을 통해서 생산자 협동조합을 조직하고 소규모 가공사업 그리고 외부시장을 염두에 둔 유통의 방식을 생각할 수 있다. 처음에는 까다로운 정부허가에 부딪히겠지만 협의와 대화 그리고 단체들의 중재와 지원을 통해서 풀어나가는 일도 시도해보아야 할 것이다. 세 번째, 에코투어리즘(Ecotourism)이다. 지금처럼 소수의 방문자들과 후원자들을 맞이할 것이 아니라 자연생태적 환경을 적극적으로 활용하여 관광객들을 유치하는 것이다. 이는 주민들에게도 새로운 활력을 불어넣을 수 있고, 맬라캠프를 폐쇄하지 못하도록 태국정부를 압박할 수 있는 수단도 될 수 있을 것이다.

종합적으로 말해서 맬라캠프를 존속시키고 그 지역이 가지고 있는 농촌의 자원을 최대한 활용해서 지속가능한 농촌공동체의 모델을 실현해 볼 수는 없을까 하는 것이다. 필자는 앞서 말한 농업선교와 농촌공동체 건설 그리고 농촌문화의 다양성과 농민의 가치 있는 공동체적 삶의 복원은 수십 년 동안 고립되어 독립적인 생활패턴을 가지고 있는 맬라캠프적 환경이 개방된 다른 농촌지역보다 더 유리하고, 대안을 제시할 수 있을 것이라고 생각하였다. 이러한 구상이 주민들에게는 배부른 소리, 허튼소리로 치부될 수도 있겠지만 '꿈꿀 권리'는 언제나 열려있다고 생각한다.

IV. 생명의 권리와 정의(正義)

1. 농민권리선언6

"농민과 농촌에 사는 사람들이 전 세계 인류발전과 생물다양성 보존 및 증진을 위해 공헌해 왔음에도 불구하고 현재 농민과 농촌노동자가 빈곤, 기아, 영양실조, 기후변화로 고통 받고 있고, 매년 땅과 공동체에서 강제로 추방당하는 숫자가 늘어나며 농민과 농촌노동자가 의존 해왔던 천연자원 및 자원자원의 지속적 이용이 어려워지며 그들의 기본적인 권리행사마저 거부당하고 있으며 농민과 농촌지역민이 위험한 착취조건에 처해 있기 때문에 이 선언문을 제정하고자 한다"(유엔 농민권리선언 서문에서).

유엔(UN)은 이 선언을 통해 소농(小農)의 가치와 역할을 명확히 했다. 또 식량주권 확보와 생물다양성에 대한 소농의 공로를 높이 평가했다. 특히 여성에 대한 차별 철폐, 종자의 안정적인 제공, 농작업 안전성 강화, 교육을 받을 권리 보호, 협동조합 지원 등을 위해 회원국

---

6 「한국영농신문」 (2018.12.1). 세계적인 농민운동단체인 '비아캄페시나'는 소농 중심의 초국가적인 농민운동조직이다. 이 단체가 중심이 되어 2018년 12월 유엔에서 '농민권리선언'을 채택하도록 하였다. 12월 18일에 열린 유엔총회에서 최종 의결되어 효력을 얻게 되었다. 그런데 한국 정부는 유엔인권이사회 의결에서 기권을 행사했다. 47개국의 인권이사국 중 33개국이 찬성했는데 한국 정부가 기권을 한 것이다. 국회에서는 황주홍 국회 농림축산식품해양수산위원회 위원장, 송영길, 위성곤, 오영훈 의원, 비아캄페시나 코리아, 더불어민주당 전국농어민위원회가 공동으로 '농민의 권리와 유엔 농민권리선언' 토론회를 열어서 우리 정부의 이 같은 태도를 비판하고 나섰다. 이들은 농민권리선언의 당사자인 농민들과 이에 대해 논의 한 번 거치지 않았다는 점도 강하게 비판했다. 비아캄페시나의 한국인 관계자는 "이변이 없는 한 채택될 게 분명한 유엔 농민권리선언에 대한 우리 정부의 입장은 그야말로 무개념"이라며 "국내 농민들이 2016년부터 논의의 장을 마련했지만 우리 정부는 끝까지 무관심으로 대응했다"고 비판하였다.

이 재원확보는 물론 투자에도 적극 나서야 한다고 강조했다.[7] 서문과 총 28개 조항으로 이루어진 농민권리선언에는 식량주권, 농민의 종자주권, 차별금지와 평등, 생물다양성의 보전 등 농민의 권리가 포괄적이고 구체적으로 담겨 있다.[8]

앞서 말했지만 원문에는 농민을 '페전트'(peasant) 즉 소농, 소작농 등의 의미를 썼으나 여기에서는 일괄 '농민'으로 통일하기로 한다. 농민권리선언의 서문에서는 '모든 종류의 인권은 보편적이며 불가분의 관계에서 있고 서로 밀접하며 상호의존적이면서 상호 보완적이고, 공정하고 대등한 방식'으로 다루어져야 함을 강조하고 있다.

> "농민과 농촌지역민은 토지, 물, 자연자원 사이의 특수한 관계와 상호작용을 인정하며 과거와 현재 미래에 이르기까지 전세계 농민과 농촌지역민이 인류발전과 생물 다양성 보존 및 증진을 위해 공헌해 왔고 이는 세계 식량 농업생산의 기반이 되는 점 그리고 지속할 수 있는 개발을 위한 2030 의제를 비롯하여 국제적으로 합의된 개발목표를 달성하는 데 필수적인 적절한 먹거리에 대한 권리 및 식량 안보를 보장하는 그들의 공헌을 인정한다."

이와 같이 농민권리선언에는 농민과 농촌 지역민들의 삶이 결코 개인적인 삶의 영역에 그치는 것이 아니라 공적인 영역에 속하는 삶이며 또한 인류 공동체를 위한 공공의 장소가 바로 농촌이라는 곳, 특히나 농사를 짓는 토지와 숲, 물 등의 자연자원은 인류의

---

7 「농민신문」 (2018.12.3), 유엔, '소농 권리선언' 채택 기사 내용 중에서.
8 「한국영농신문」 (2018.12.1) 농민운동단체인 비아캄페시나 그리고 유엔 농민권리선언.

삶과 미래를 약속해주는 토대라고 말하고 있다. 그런데 그 공적 영역이 침범당하고 있으며, 그러한 지속가능한 우리의 삶의 수행자로서의 농민의 삶이 위협받고 있는 것이 오늘의 현실이다. 이에 관해 농민권리선언 서문에서는 다음과 같이 말하고 있다. "농민과 농촌지역민이 강제로 추방되거나 이주하는 숫자가 매년 증가하고 있는 점에 경각심을 가지고…", "또한 일부 국가의 높은 농민 자살율에 경각심을 가지고" 등의 말로 표현하고 있는 것이다. 전 세계 농민들은 자신들의 삶의 터전으로부터 강제로 쫓겨나고 있으며 자살의 궁지로 내몰리고 있다. 또한 "토지의 소유 및 점유권을 비롯하여 토지, 생산자원, 금융서비스, 정보, 고용이나 사회보장 등에 대한 동등한 접근법이 거부되고 있다"고 서문에서 밝히고 있다.

또한 서문에서는 농민들이 "다양한 형태와 방식으로 차별과 폭력의 희생자라는 점을 강조"하고 있으며 이러한 형태의 차별과 폭력의 여러 가지 요인들에 대해서 각 조별(條別) 항목에서 세부적으로 밝히고 있다. 또한 "지속할 수 있는 농업 생산 방식을 실천하고 촉진하는 농민과 농촌지역민의 노력을 지원해야 한다"고 말하고 있다. 그리고 농민들의 기본권리 행사 기회마저 빈번히 거부당하며 일하는 부당한 착취구조를 고발하였다.

근대 이전 세계에서 가장 보편적인 삶의 형태, 노동의 형태는 농사였다. 산업혁명 이후 산업화, 도시화가 이루어지면서 이농현상이 일어나고 도시 노동계층들과 슬럼가와 하층민들이 발생하였다. 자본주의가 극도로 발달한 오늘날에는 초국적 농산기업(multinational agrobusiness corporation)들의 대규모 단작으로 농민들은 토지에 대한 점유권을 행사하지 못하고 마을에서 쫓겨나고 있다. 이들을 생태난민9이라 정의한다.

　서문에서는 농민들의 인권의 향유, 자연적 재산과 자원에 대한 완전하고 충분한 주권과 권리의 회복, 나아가 식량주권의 개념, 농지개혁과 지속가능한 농촌개발에 대해서도 접근하며 기존의 국제 인권 규범 및 기준을 일관되게 해석하고 적용할 필요성을 피력하고 있다.

　앞으로 이제 각 조별 세부사항들을 살펴보면서 유엔 농민권리선언 속에 들어있는 구체적인 내용들을 다루어 보고자 한다. 그 기본 틀은 다음과 같다. 박탈-배제-상실-인정-연대의 틀 속에서 농민(소농)들의 삶을 살펴볼 것이며, 농민들의 권리를 선언할 것이다. 여기에는 마땅히 국가가 보호해야 할 국민들, 농민들의 삶이 명시되어야 하고 국가는 최선을 다해서 농업의 가치와 농민들의 공적인 삶의 영역을 보호해야 할 책임과 의무를 가진다.

　이러한 상황 속에서 교회는 무엇을 선교의 목표로 삼아야 할 것인가? 생명농업선교의 방향을 어디로 잡아야 할 것인가 생각해야 한다. 박탈당하고 배제당한 농민들의 삶은 어쩌면 오늘을 살아가고 있는 보통의 사람들 전체를 총괄적으로 대변하고 있는지도 모른다. 그래서 유엔 농민권리선언은 보편적 인권선언이라고 해도 무방할 정도의 내용을 담고 있다. 어쩌면 유엔 인권이사회의 모든 권리선언

---

9 유엔환경계획(UNEP) 등에서 전쟁난민과 구분하기 위하여 사용하기 시작한 말로, 환경난민이라고도 한다. 자연이 파괴되어 생태계가 무너지면 그 토지에 의존하고 있는 사람들의 생활도 곤경에 빠진다. 급속히 진행되고 있는 삼림의 파괴는 홍수나 토양 침식, 사막화, 나아가서는 기후의 변화까지 초래해 주민들로부터 집과 경지를 빼앗아 간다. 현재도 삼림 개발로 삶의 터전에서 쫓겨나는 원주민들의 이야기가 많이 보도되고 있다. 기후변화로 인해 극지방의 빙하가 녹아내려 해수면이 상승하고 있는데, 남태평양의 투발루는 원래 11개의 섬으로 이루어져 있었으나 9개만 남은 상태다. 앞으로 섬 전체가 물에 잠기면서 주민들이 다른 나라로 이주해야 하는 상황까지 예상된다(출처: 다음백과).

중에서 농민권리선언이 가장 상위 선언이라고 볼 수 있다. 왜냐하면 인권 문제가 발생하는 자리는 박탈된 삶의 자리이고 배제되고 거부되며 상실의 현장이기 때문이며, 그곳에 바로 농촌과 농업의 문제가 존재하기 때문이다.

2. 농민권리의 박탈과 그리고 정의

이제 농민들이 가진 권리에 대해서 살펴보고자 한다. 첫 번째는 본 선언문 제 1조, 1, 2, 3, 4항[10]에서 언급하고 있듯이 농민의 자격을 논함에 있어 토지와의 특별한 의존성에 대해서 언급한다. 농민은 토지 소유권과는 상관없이 농사 행위를 하는 사람으로 규정하고 있고 그들의 권리를 선언하고 있다. 여기에는 토지가 없는 원주민뿐만 아니라 플랜테이션 농장의 고용노동자와 이주노동자 그리고 계절노동자들도 포함된다. 이들 모두는 토지에 대한 특별한 애착과 의존성이 있다고 1항에서 전제한다. 이는 무엇을 말하는가? 토지 없이는 농민이 존재하지 않는다는 것이다. 토지를 임대해서 농사짓는 소작농 그리고 소농의 문제는 오늘날 사회정의와도 긴밀하게 연관된다.

---

10 1조 1항: 농민은 생계 및 시장을 위한 소규모 농업 생산에 혼자 또는 다른 사람과 함께 또는 공동체로서 참여하거나 참여하고자 하는 사람이다. 반드시 배타적이지는 않지만 가족 또는 가사 노동 및 기타 수익을 창출하지 않는 노동 조직 방식에 크게 의존하고 토지에 특별한 의존과 애착을 가진 사람이다. 2항: 이 선언은 장인(匠人) 또는 소규모 농업, 농작물 재배, 가축 사육, 목축업, 어업, 임업, 사냥 또는 채집, 농업 또는 농촌 지역 관련 직업과 관련된 수공예에 종사하는 모든 사람에게 적용되고, 농민의 부양가족 구성원에게도 적용된다. 3항: 이 선언은 위에서 언급한 활동에 종사하는 토지, 트랜스 휴먼, 유목 및 반(半)유목 공동체 그리고 토지 없는 지역에서 일하는 원주민과 지역 공동체에도 적용된다. 4항: 이 선언은 이주 상태에 관계없이 모든 이주노동자를 포함하여 고용된 노동자와 계절노동자, 농장, 산림, 양식업 및 농업 산업 등 기업에 적용된다.

일단 소농의 경우 토지를 일부분 소유하고 농사를 짓는 자작농이 있으며, 토지를 임대하는 소작농이 있다. 이들은 토지에 대한 광범위한 소유권을 주장할 수 없으며 작은 규모의 영농활동을 통해서 소득을 얻는다. 전 세계 대부분의 농촌지역의 토지 소유권은 농민들에게 있지 않고 대기업들이나 지방정부 혹은 중앙정부 소속이다. 농민은 토지에 대한 권리를 박탈당했다. 토지에 대한 소유권이 농민에게 없다는 것은 지속적인 영농활동을 계속할 수 없다는 것이며 자신의 삶을 주체적으로 계획하고 실행하며 평가할 수 없다는 것이다. 농민들에게 있어서 첫 번째 권리의 박탈은 토지에 대한 권리의 박탈이다. 둘째는 종자 권리의 박탈이며, 셋째가 수자원에 대한 권리의 박탈이다. 이는 사회정의와 직결된다.

농민의 권리의 박탈과 우리의 삶의 자리는 그리 먼 곳에 있지 않다. 우리는 농민들의 시간과 삶을 우리의 일상가운데 공유하며 향유하면서 살아간다. 그들의 권리가 이제 우리의 권리일 수도 있다. 레비나스는 나와 타자의 직접적인 만남, 즉 타자에 대한 책임의 관계 속에서 정의의 문제를 지적한다. 정의는 이데아를 인식하거나 이데아에 적합한 행위를 하는 데서 발생하는 것이 아니다. 정의는 진리의 조건인 타인과의 관계에서 나온다[11]는 것이다. 이렇게 함으로 레비나스는 존재에 대한 정의의 우위를 주장[12]하고 있다. 레비나스에게 있어서 정의는 타자의 부름에 대한 직접적인 응답이다. 다시 말해 타자의 호소와 나의 책임이라는 대화적 상황을 말한다.[13]

권리의 박탈은 정치적 배제를 의미한다. 정치적 배제라고 함은

11 김도형, 『레비나스와 정치적인 것』(그린비 2018), 58.
12 위의 책, 59.
13 위의 책, 61.

모든 정치적 행동과 결정에 있어서 목소리를 낼 수 없다는 것을 의미한다. 농민들은 삶의 모든 영역에서 침묵을 강요당하므로 서문에 명시한 착취와 폭력의 구조 속에 노출되어 있다.

V. 농업과 농촌 그리고 세계기독교

오늘날 북반구 선진국들에서는 기독교가 쇠퇴하고 있고, 남반구에서는 증가하고 있다. 아시아, 아프리카, 남미 등지에서 날이 갈수록 교인들의 숫자가 증가하고 있다. 이것은 긍정적인 것인가? 필자는 이에 대한 비판적 고찰을 시도해보고자 한다. 남반구 기독교인의 증가는 대부분 농촌지역이거나 빈민지역에서 나타나고 있다. 추론해 보건대 남반구 농촌공동체는 급속도로 자본주의 체제에 편입되고 있으며, 초국가 기업들에게 침식당하고 있다. 그들에게 전해져 내려오던 토착지식은 쓸모없는 유물이 되었고 더 이상 종자를 갈무리하지 않는다. 농민의 권리는 억압당하고 농업노동자로 전락하거나 도시로 이주해 룸펜 프롤레타리아로 전락하고 있다. 농민개인의 삶의 파괴는 공동체 문화의 해체로 이어지고 농촌문화의 다양성은 관광 상품으로 전락해버렸다. 주일날 예배 시에 입는 의복을 보면 거의 서양의 복식이다. 물론 각 나라의 전통성은 아직까지 복식에 남아 있기도 하지만, 전통 의상은 전통공연 때나 입는 것이 되어 버렸다. 한국은 교회 내 문화뿐만 아니라 사회전반이 이미 서양화되어버렸다.

한국의 교회 문화는 농촌과 도시의 구별이 없다. 아니 문화랄 것도 없다. 대형교회의 모범을 따라 성장주의에 갇혀서 농촌의 풍부한 자산과 다양성을 긍정적으로 끌어내지 못하고 있다. 그러나 한편 에서는 다양한 시도들이 행해지고 있다. 전통적 예전과 농사력에 맞는 예배의 다양한 방식들이 시도되고 있고, 농촌목회자들이 연대하 며 생존의 대안들을 모색하고 있다.

필자의 문제의식은 이러한 세계 기독교(World christianity) 부흥 이 북반구 중심의 서양 기독교왕국(Christendom)과 어떤 차이가 있는지에 대한 의문에서 출발한다. 식민지 시대가 끝나고 서양기독교 인들과 선교사들이 모국으로 돌아가고 난 후 기독교 식민지배자들을 대체한 사람들은 누구였는가? 식민지 모국에서 돌아온 아프리카인들 에 의해서 선교되었다는 아프리카조차도 그 혐의에서 자유롭지 못하 다. 그들은 어쨌든 식민지 모국에서 서양식기독교 문화에서 생활해 오던 사람들이다. 그들은 식민지 시대가 끝나고 자신의 나라들이 독립한 후에 돌아왔을 것이다. 현지에 남아 있는 토착기독교인들은 서구기독교인들이 남겨놓은 교회 자산과 예배를 통해서 자신들의 입지를 세우고 서양 기독인들이 행했던 것처럼 자신들이 그 권력의 위치에 서려고 하지 않았을까? 식민지배자들은 돌아갔을지언정 그들 이 심어놓은 서구식 기독교 문화와 교리들은 그대로 전수되었다. 그 후 새로운 식민주의자들이 초국적 자본을 등에 업고 지적재산권과 특허를 들고 남반구의 농업과 농촌을 서서히 잠식하기 시작했다. 남반구 농촌은 서서히 무너지고, 농민들의 삶은 다시 피폐해졌으며 농지를 잃은 채 도시에서 날품팔이로 삶이 전락하는 일들이 발생했다. 대부분의 교회들은 이러한 현실적인 사회적 문제들과는 담을 쌓은 채 은사와 방언이 넘쳐나고 은혜 넘치는 교회로써 날로 수를 더하며 부흥하는 기현상이 일어나기에 이르렀다.

이러한 측면에서 서구기독교의 몰락이 세계기독교의 부흥으로 이어졌다거나 혹은 토착적인 기독교의 문화적인 부흥에 기인해서 남반구 기독교가 날로 증가하고 있다는 생각은 더 이상 신뢰하기 어렵게 되었다. 식민시대의 종말과 함께 남아있던 현지 교회의 외적 인프라와 그것을 가동시킬 수 있는 인적 자원들은 서양인들 밑에서 자신의 능력과 정체를 드러내지 못하고, 소극적으로 신앙생활을 영위했던 현지 토착민들이었을 것이다. 그들은 자신들의 토착적 종교심과 토템, 신앙체계를 재발견하면서 자신들의 기독교를 건설하기 시작했을 것이다. 그들은 여전히 서양식 교회건물과 의복 등 서양 문화에 대한 열망과 열등감, 다시 말해 혼종성과 양가적인 문화적 판단을 하게 되었을 것이다. 앞서 말한 대로 현재 남반구 농촌과 농민, 농촌교회가 처한 정확한 상황의 인식없이 교회부흥에만 매몰된 선교적 시각은 교정되어야 한다. 이러한 교회부흥은 서양 기독교왕국(Christendom)의 남반구에서의 부활이라고 생각하게 만든다. 진정한 세계기독교 부흥은 생명농업, 농민 그리고 농촌공동체가 신앙적으로 다시 회복되는 차원에서의 부흥이라고 할 것이다.

　　인도네시아의 기독교인 숫자는 개신교, 천주교를 합해서 전인구의 10%에 육박한다. 전체 인구가 2억 5천만 명 정도이니 2천만 명 이상이 기독교인인 셈이다. 그러나 그 안을 들여다보면 도시를 중심으로 자본주의의 물결 속에 대형화 추세에 있다고 현지 목회자들은 말한다. 한국교회의 성장주의 함정과 비슷한 것으로 보인다. 아프리카 교회들도 마찬가지이다. 교회의 부흥은 복음의 진리를 전한다기보다는 은사주의와 축복, 치유 등 기적적 행위에 의해 이루어지고 있어서 사회문제를 제대로 바라보지 못하게 만들고 있다.

라민사네의 통계에 따르면 아프리카 대륙의 전체 기독교인 숫자
는 1962년 식민통치에서 벗어날 무렵 개신교, 천주교, 콥틱까지
합쳐서 1억 명이었다. 1985년에는 매년 600만 명의 개종자들이
생겨난다고 하니 단순 계산해도 현재 기독교인 수는 3억 명이 넘을
것이다. 그는『기독교 누구의 종교인가?』에서 남반구 기독교 부흥의
원인을 그들의 종교적 심성과 유사한 신화들 그리고 번역의 토착화
등에서 찾고 있는데 이는 다소 순진한 분석으로 보인다. 남미의
오순절 교회들의 부흥이 해방신학적인 형태로 나타나는 것은 하나의
큰 가능성이지만, 그 외 아시아, 아프리카 현지 교회들의 부흥은
새로운 기독교운동으로 보기에는 부족함이 있다. 그 빠진 퍼즐 조각
이 바로 사회정의이다. 농촌의 가치의 복원, 농촌문화의 다양성의
회복, 농업에 대한 새로운 인식, 농민의 삶에 대한 권리 등 관계성
회복의 차원이 결여된 채 다시 서구기독교로 돌아가려는 모습이
보이는 것이다.

세계기독교의 새로운 선교적 가능성은 성서의 농본주의 관점으로
돌아가는 것이다. 현대 농본주의의 원리는 다음과 같다. 첫째, 인간은
자연계에 포함된 일원에 불과하며, 인간의 삶은 전적으로 자연계의
지속적인 안정에 좌우된다는 것이다. 둘째, 자연과 대지가 운행하는
법칙에 대해 인간이 모두 알고 있다는 세계관을 비판하며 무지를
인간의 기본 조건으로 이해한다. 셋째, 겸손한 물질주의이다. 오늘날
무한 생산과 소비를 강조하며, 과정을 무시한 채 모든 물질을 탐욕의
대상으로 여기는 현대 물질주의와 달리, 농본주의는 인간이 보고
만지고 만들 수 있는 모든 것들과 이들 물질을 구성하는 요소들을
소모적인 것으로 여기지 않는다. 그리고 이 원리는 근본적으로 윤리

적 선택의 문제를 수반한다. 이러한 농본주의는 인간의 자연계와 자기 인식에 대한 이해, 헌신, 실천을 아우르는 인간의 근원적 사고방식이자 먹고 마시는 문제를 포함한 모든 문화적 행위의 근간이며 공적인 삶과 개인적 삶의 모든 면면을 아우르는 총체적인 이해이다.[14] 이러한 현대 농본주의의 근간을 성서에서 재발견하는 것이다. 창조질서의 회복과 온전한 관계의 재정립이야 말로 우리가 돌아갈 오래된 미래이다.

세계기독교 부흥운동은 이러한 생명선교와 농업선교, 더 포괄적으로는 농촌회복운동과 문화운동의 영역으로 확장되어야 한다. 그 지점과 만날 때 세계기독교 부흥은 진정한 기독교 부흥으로 살아날 것이다. 그것은 궁극적으로 생물 다양성을 파괴하고 문화 다양성을 해체하는 세력에 저항하는 사회정의 운동과 연결된다. 이럴 때 라민 사네가 주장하는 번역의 문제는 다시 돌아온 식민주의에 저항하는 것이면서 서구기독교의 폭력에 저항하는 것이 된다. 이러한 측면에서 복음의 생명농업선교적 새로운 번역은 기존의 식민 제국주의적 선교에 대한 반대이자 대안적인 관점을 제공할 것이다.

VI. 결론

이상에서 필자는 에큐메니칼 협력선교의 장점과 농업선교와의 연계에 대한 가능성과 대안에 대하여 서술하였다. 이러한 논의는 사실 기독교 선교에만 국한된 것이 아니라 더 넓은 에큐메니즘

---

14 정희원, "현대 농본주의와 성서 해석," 계간, 「농촌과목회」 (2019년 여름호): 10-11.

(ecumenism)[15]과 농민신학의 정립을 필요로 한다. 새로운 에큐메니즘은 아시아기독교협의회(CCA) 창립 45주년과 관련해서 2002년 8월 홍콩에서 개최된 국제 심포지엄의 주제였다. 새로운 에큐메니즘은 "우리의 너무나 좁은 것 — 사람들 특히 그리스도인들에 관한 것 그리고 때때로 오직 개신교인들에 관한 것"보다 더 넓은 의미이다.[16]

에큐메니칼 선교는 함께 생명을 향하여 나아가는 것이며 모든 목표와 희망이 생명을 살리고 생명을 긍정하는 것이 되도록 도전하는 것이다.[17] 그 최전선에 농업선교의 역할이 있다고 판단되며 그 개척자로서 농촌목회자들과 농촌교회가 존재하고 있다고 생각한다. 본회퍼의 말대로 교회의 해외선교가 자기보존을 위한 싸움이 되어서는 안되며 이기적인 전쟁이 되어서도 안된다.[18] 교회의 선교는 계속 갱신되고 재고되어야 한다. 선교는 예수의 해방하는 선교에의 참여이며 그것은 공동체의 증거 속에 성육신되는 하나님의 사랑에 대한 좋은 소식(good news)이다.[19] 농촌과 농업, 농민의 얼굴에서 성육화된 예수의 모습을 발견하는 것은 어려운 일이 아니다. 거기에, 그 현장에 하나님께서 천국의 비밀을 숨겨 놓으셨는지 모른다. 그러한 의미에서 생명농업선교는 밭에 감추어진 보물을 찾아가는 과정이며 천국의 비밀을 풀 수 있는 열쇠라고 생각한다.

15 나이난 코쉬 지음/김동선·정병준 공역, 『아시아에큐메니칼운동사1』(한국기독교교회협의회, 2006), 404.
16 위의 책, 405.
17 게네스 R. 로스 외 다수 지음/한국에큐메니칼학회 옮김, 『에큐메니컬 선교학』(대한기독교서회, 2018), 854.
18 데이비드 J. 보쉬 지음/김만태 옮김. 『변화하는 선교』(기독교문서선교회(CLC), 2017), 801.
19 위의 책, 803.

참고문헌

게네스 R. 로스 외 다수 지음. 한국에큐메니칼학회 옮김.『에큐메니컬 선교학』. 대한기독교서회,
    2018.
김도형 지음.『레비나스와 정치적인 것』. 그린비, 2018.
나이난 코쉬 지음/김동선 · 정병준 공역.『아시아에큐메니칼 운동사 1』. 한국기독교교회 협의회,
    2006.
데이비드 J. 보쉬 지음/김만태 옮김.『변화하는 선교』. 기독교문서선교회(CLC). 2017.
반다나 시바 지음/한재각 외 옮김.『자연과 지식의 약탈자들』. 당대, 2006.
정희원. "현대 농본주의와 성서 해석." 계간「농촌과목회」. 2019년 여름호.
황홍렬 편저.『에큐메니칼 협력선교: 정책, 사례, 선교신학』. 꿈꾸는 터/부산장신대학교 세계선교
    연구소, 2015.

농촌교회를 위한
한국 전통적 예배에 관한 연구*

안성국

(목사, 익산 평안교회)

I. 논고를 시작하며

예배학자 김운용은 "인간의 모든 갈망과 굶주림은 본질적으로 하나님을 향한 배고픔과 궁극적으로 하나님을 향한 갈망으로부터 시작한다"는 알렉산더 쉬메만(Alexander Schmemann)을 인용하며 기독교 예배는 이러한 갈망과 굶주림에 대한 관심으로부터 시작하였음을 지적하였다.[1] 지극히 옳은 것이 예배가 추구하는 신적(神的) 은혜는 우리의 실존적 결핍과 모순에 깊이 주목하며 이에 대한 독보적

---

* 이 글은 2004년 5월 7일 익산 평안교회에서 개최된 제4차 농신학 심포지엄에서 발표한 것이다.
1 김운용, 『예배, 하늘과 땅이 잇대어지는 신비』 (서울: 장로회신학대학교출판부, 2019), 19-20.

인 대안을 제시하기 때문이다. 그 은혜로 말미암아 우리는 치유와 회복을 경험하고, 세상을 변혁시킬 동력을 확보하며, 불의의 세력에 대하여 하나님의 정의로 저항할 희망을 지속적으로 공급받게 된다.

그렇다면 현재 한국교회의 예배는 이러한 영적인(Spiritual) 힘을 소유하고 있는가? 한국교회 목회자인 우리는 이에 대해 '당연합니다' 라고 자신할 수 있는가? 다시 한번 한국교회 예배학자 김운용의 이야기를 들어보자.

> 현대교회의 예배는 교회성장운동에서도 깊은 영향을 받아온 것이 사실 이다. 진정한 예배의 추구라는 차원보다는 더 많은 사람을 불러 모으는 수단이나 전도의 수단으로 예배를 활용하는 경향을 취한다. 기독교의 예 배 전통과 신학에 부합하기보다는 그것이 교회성장에 유용한가를 기준 으로 삼았던 것이 사실이다. 예배가 최종 목적이 아니라 일종의 수단으로 바뀌면서 예배 현장에서는 유용성과 효과성에 더 중점을 두게 되었고 참 석자들은 차츰 예배 '소비자' 혹은 '관람객', 그것을 결정하고 영향을 끼치 는 '지배자'로 군림해 가는 현상이 나타나게 된다.[2]

예배학자이며 동시에 한국교회 목회자인 필자는 이 같은 뼈아픈 지적에 깊이 동의하며 이를 어떻게 극복해야 하는가 라는 선명한 과제를 고민해오고 있다. 하지만 너무 멀리 지나쳐 온 것일까? 현재 우리 한국교회 예배의 현장은 가련하게 말라붙은 거북이 등가죽처럼 갈라져 있음을 발견한다. 영적 역동성(dynamic)이 실종된 예배는 현학적이거나 관념적인 탈을 쓰기도 하고, 주술적이거나 그릇된

---

2 위의 책, 26-27.

신비(mystery)에 열광하기도 하고, 소위 기복주의와 번영신학의 신기루에 집착하기도 하며, 심지어 허울 좋은 과학과 이성을 맹신하여 영적 무관심과 외면을 야기하고 하는데 이러한 오해들로 말미암아 예배를 통해 부어지는 성서적이고 신앙적이며 기독교 전통적인 하나님의 현존경험은 더욱 희미해지고 있다.

이 같은 문제의식 하에서 농신학회의 일원인 필자는 농촌지역 교회의 예배의 회복(Revival)을 돕기 위해 본 논의를 시도해본다. 이 같은 견지에서 먼저 농촌지역 교회의 예배학적 환경을 점검해보자. 현재 한국의 농촌지역 교회의 예배 현장은 어떠한가?

첫째, 대부분 예배의 회중들은 농업에 종사하는 고령의 성도들이다. 한국사회의 고령화가 급속도로 진행되고 있다는 사실은 누구나 주지하고 있는 현실인데, 농촌지역은 더욱 그렇다. 예배의 회중이 농민이라는 것은 농사(農事)의 영향을 받는다는 것을 의미한다. 예컨대 농번기와 농한기가 있으며, 파종의 시기와 수확의 시기가 있고, 관계당국의 농업정책에 예민하고, 농산물 생산량과 공급가격에 희비를 경험한다. 필자가 주목하는 농촌지역 교회의 회중의 특징은 농사문화, 농경문화에 대한 배경을 가지고 있다는 점이다. 또한 그 중에서도 노동요를 중심으로 한 농악(農樂)에 친숙하다는 점에 주목한다.

둘째, 예배현장에 직접적으로 관여하는 인적 자원에 대해 살펴보자. 예배를 기획하고 진행하는 예배인도자의 예배학적 소양은, 현재 시행하는 예배를 진행하는 데에 별다른 문제가 없겠지만, 새로운 예배를 기획하고 시도하기에는 그리 녹록하지 않다. 또한 목회자의 전략에 따라 새로운 예배를 돕게 되는 평신도 스텝들의 인적 자원도 충분하지 못하다. 더 적나라한 지적은 숙련된 예배 반주자를 구하는 것조차 어렵다는 실정이다.

이에 대해 필자는 이를 고려하여 그 해결책으로 한국 전통적 예배를 제시해 본다. 이는 농경문화라는 문화적 배경을 예배학적 모델에 충분히 반영하여 '국악찬양'을 위시한 한국전통의 음악적 요소를 예배에 접목하는 것이다. 앞서 언급한대로 농촌지역에서 친숙한 농악과 한국전통음악은 매우 근접하여 있으며, 때문에 이를 연주하고 노래하는 데에 매우 용이하다. 또한 음악적 요소뿐 아니라 한국의 전통적 정서를 예배의 구조에 담아내는 것이다. 시작은 미약할지라도 거듭거듭 채색하는 붓질을 통해 깊은 진가가 드러나는 수채화처럼 예배는 아름다운 면모를 갖추게 될 것이다. 그렇다면 한국 전통적 예배에 대한 청사진을 만들어보자.

II. 한국 전통적 예배에 대한 개요

1. 예배의 명칭과 정의

본 예배는 '한국전통'과 '예배'가 교차 및 결합되는 형태의 예배를 가리킨다. 이 두 개념의 조합에 따라 생성되는 명칭은 다음과 같다. '한국전통 예배, 한국 전통적3 예배, 한국전통의4 예배, 한국전통을

---

3 "的,"『다음한국어사전』, https://dic.daum.net/search.do?q=%E7%9A%84&dic=kor: 2. 주로 추상적인 뜻이나 동작, 상태 따위를 나타내는 서술성 한자어 명사 뒤에 붙어, '그런 상태로 된', '그런 성질을 띤', '그것에 관계된' 등의 뜻을 더하여 관형사를 만드는 말.
4 "-의,"『다음한국어사전』, https://dic.daum.net/search.do?q=-%EC%9D%98& dic=kor: 1. 체언의 뒤에 붙어, 선행하는 체언이 사물에 대한 소유의 주체임을 나타내는 관형격 조사.

반영한 예배' 이중에서 필자는 '한국 전통적 예배'를 선택하여 사용하기로 한다. '한국 전통적 예배'의 정의는 예배에 한국 전통적 요소를 반영하거나 결합시킨 예배로 이는 예배의 신학적 요소와 예배의 형식적 요소를 모두 함의한다.

2. 예배의 지향점

본 예배는 예배를 시행하고 참여하는 대상을 그 명칭에 따라 한국인으로 상정하며, 예배의 공간을 한국이라는 특정한 지역으로 상정한다. 또한 이에 따라 본 예배는 한국의 전통과 문화를 고려한다. 조금 더 심화 및 세분화하여 예배의 회중을 한국의 농촌지역의 예배자들로, 예배의 공간을 한국의 농촌지역으로, 한국의 농경문화를 고려하여 기획한다.

본 예배는 하나님을 경배하는 의식(ritual)으로, 한국전통의 행위와 언어로 격식을 갖춘 예식(service)을 구성한다. 이때 예식이 경배의 의식이라는 목적에 부합해야 하며, 격식의 요소(한국전통)가 경배라는 예배의 목적을 이탈해서는 안 된다.[5]

3. 예배의 주요 지침

본 예배의 시간은 주일예배의 시간을 기본 조건으로 기획한다. 한편 이 예배모범을 다른 요일과 시간에 적절하게 변형하여 사용할

---

5 이는 한국 전통적 특성을 강화함으로 자칫 예배의 본래의 목적이 상실되는 것을 지적한 것이다. 이는 예배의 환경, 특히 예배자의 상황과 연관되어 있다.

수 있다. 예배의 장소는 주일예배가 드려지는 예배당을 기본 장소로 기획한다. 예배의 성격에 따라 교회의 다른 공간으로 확장하거나 이동할 수도 있다. 예배의 참여자는 일반적인 예배참여의 대상으로 성인 중심의 예배로 기획한다. 본 예배의 구성은 장로교 전통적 주일예배의 형태를 기본 골격으로 채용하며 주일예배가 아닌 예배로 시행할 때에는 적절한 변화를 줄 수 있다. 예배를 기획할 때에 주의할 점은 한국 전통문화 중에 무속적 내용과 민간신앙 등이 관여되어 있는 부분은 세밀하게 살펴 이를 제거하거나 적절하게 변형하여 논쟁의 소지를 최소화해야 한다는 점이다.

4. 예배기획에 선행하는 예배학적 제안들

1) 한(限)의 정서를 담아내기

여러 분야의 학자들은 한국의 지배적인 정서로서 '한(限)을 언급한다. 현존하는 다양한 인문학적 연구들은 이를 잘 증명하고 있는데 특히 언어학6과 문화예술분야7에서 더욱 그러하다. 또한 심리학과 정신병리학적 관점에서도 한국민족의 한의 정서는 뚜렷하게 인지되고 있으며 지속적으로 연구의 대상이 되고 있다.8 그러므로 본 논고의

---

6 방영심·이정화, "한국어에 나타나는 한(限)의 개념화 양상," 한국어의미학회, 「한국어 의미학」 제22권 (2007). 본 논문에서 저자는 한(恨)의 언어적 용례와 더불어 개념의 은유적 형태에 대해 상세하고 서술하고 있다.
7 김동수, "한국시가에 나타난 한의 정서에 대한 고찰," 한국어교육학회, 「국어교육」 제57권 (1986); 김지원, "한의 해석과 관련한 한국춤의 예술적 의미구조," 한국동양예술학회, 「동양예술」 제51호 (2021).
8 고영건·김진영, "한국인의 정서적 지혜, 한의 삭힘," 한국국학중앙연구원, 「정신문화연구」 제28집 (2005). 본 논문에서는 한에 대한 심리학적 해석을 심도 있게 시도하고 있다.

주제인 한국 전통적 예배를 논함에 있어 한의 정서를 간과할 수 없다. 그렇다면 우리는 '한의 정서와 예배는 어떻게 대화할 수 있는가? 과연 예배 안에 한의 정서를 도입하는 것이 정당한가?'의 질문을 던져야 한다.

결론적으로 필자는 한의 정서를 담아내는 예배가 가능하며 더욱 이를 깊이 숙고해야 한다고 생각한다. 그 가능성의 실마리는 우리 민족의 정서인 한(限)이 단순히 '원한, 사무침, 증오' 등과 같은 부정적 특성에 한정되어 있지 않고, 이를 해결하고 풀어내는 긍정적 힘, 희망의 힘을 내재하고 있다는 해석에 있다.[9] 이 같은 이해는 필자가 살펴본 여러 분야의 한에 대한 해석에서 충분하게 발견되고 있다.[10] 예배 안에 부어지는 은혜로 발생하는 치유의 기능과 이러한 한의 정서는 매우 밀접하게 소통할 수 있다.

2) 흥(興)의 정서를 담아내기

우리 민족의 또 다른 정서로 거론할 수 있는 것은 '흥'(興)의 정서이다. 아쉬운 점은 흥(興)에 대한 이해와 선행연구들이 한(限)에 대한 것보다 현저하게 적다는 점이다.[11] 하지만 현재 확인할 수 있는 전통문화의 대다수가 한이 아니라 흥에 연관되어 있음을 발견할

---

9 김진, "한(限)의 희망철학적 해석," 한국철학회, 「철학」 78집 (2004). 저자는 이어령의 원한론 (願恨論)과 천이두의 일원론, 김지하의 한에 대한 변증법적 이해 그리고 서남동의 민중신학적 이해를 소개하며 이를 통해 칸트와 E. 블로흐로 대표되는 희망철학의 관점에서 한(限)을 해석해내고 있다.
10 한(限)에 대한 탐색을 통해 제기되는 질문이 잔존하는데, 한의 역사성에 대한 의문이다. 즉, 우리 민족을 한(限)의 민족으로 칭하고 용인하는 그 역사적 기원이 뚜렷하지 않다.
11 흥을 연구한 사례를 예시하자면 다음 자료가 있다. 정우봉, "시는 흥(興)이다," 서정시학, 「계간서정시학」 31권 3호 (2021 가을).

수 있다. 특히 현재 세계적으로 열풍을 일으키는 '한류'는 한의 문화가 아니라 흥의 문화임이 틀림없으며 이것은 현대에 급조된 문화적 흐름이 아니라는 것은 상식에 속하는 일이다. .

예컨대 한국의 전통음악의 주류인 정악류[12]에는 슬픈 음악이 아예 존재하지 않는다.[13] 이에 반해 농악 등 민속악류의 많은 곡들은 애간장을 녹이는 슬픈 곡들이 존재하는데, 중요한 점은 이러한 곡들의 목적은 슬픔의 예찬이나 슬픔의 유희 자체에 있는 것이 아니라 슬픔의 해결이며 곧 흥의 회복을 추구한다는 점이다. 이와 같은 맥락으로 필자의 경험에 의하면 민속악류 민요들의 매우 기묘한 특징은 슬픔과 흥겨움을 동시에 공유할 수 있다는 사실이다. 예컨대 진도 아리랑을 느린 템포로 부르면 매우 애절한 곡조가 되나, 빠른 템포의 장단으로 연주하게 되면 매우 흥겨운 노래가 된다.

흥의 정서를 예배에 담아내는 것은 지극히 자연스럽고 어울리는 작업이 될 것이다. 초대교회로부터 태동한 예배가 이미 잔치와 축제의 역동성을 지니고 있기 때문이다. 이러한 한민족의 흥의 정서를 예배 안에 적용하고 접목하는 것은 매우 바람직한 시도라고 사료된다.

3) 공동체성(共同體性)을 담아내기

현재까지 보편적으로 서구사회를 개인주의의 사회로, 동양사회를 공동체주의의 사회로 상정하여 개인과 사회의 관계를 정의하는

---

12 국악은 크게 정악류와 민속악류로 구분된다. 음악적 기교와 수준이 높은 것은 정악류이며, 민속악류는 일반 백성들이 부르는 민요를 중심으로 구성되어 있다. 이른바 클래식과 팝으로 은유될 수 있다.
13 임수철, 『OK 국악』 (서울: 작은우리, 1993), 97.

이론들이 주를 이루어왔으나, 최근 이 같은 이분법적 이해가 각 문화의 사회화 관습을 정형화함으로써 인간 본연의 독립성과 사회성을 제대로 관련시켜 설명할 수 없다는 비판이 제기되고 있다.[14]

하지만 그렇다 하여 우리 문화가 공동체성에 기반하고 있다는 이해가 포기될 수는 없다. 한민족과 우리 전통문화의 분명한 특징 중의 하나는 공동체성이다. 이는 분석적 사고와 통합적 사고의 차이로 잘 드러나며, 또한 각 개인이 연합하여 하나의 사회를 구성한다는 이해와 하나의 공동체 안에 구성원으로서 각 개인이 존재한다는 이해로 구분된다. 또한 그럼으로써 개인의 인권을 중시하는 경향과 공동체의 유익을 위해 개인의 헌신을 기대하는 경향 등으로 현저하게 구별된다.[15]

이와 관련하여 한국적 예배의 실천을 수십 년간 시도해오는 이정훈은 예배에 대해 다음과 같이 언급하였다. "예배는 하나 됨의 축제이다. 첫째로 하나님과 우리의 하나 됨이요, 둘째로 우리 사이의 하나 됨이요, 셋째는 우리(교회)와 세상의 하나 됨이다."[16]

신약성서의 증언에 따라 예수 그리스도를 머리로 삼은 교회는 하나의 몸이요, 하나의 공동체다. 교회는 예수 그리스도의 몸과 피를 나누며 하나의 공동체임을 회상한다. 성도는 신앙의 존재, 하나님을 아버지로 부름으로 교회가 이미 형제와 자매들로 연합한 하나의 가족 공동체임을 천명한다. 그러므로 농경사회에 기반을 둔 한국전통

---

14 안준희, "우리는 모두 친구, 우리는 모두 아름반, 미국과 한국의 공동체성 사회화에 대한 비교문화적 기술," 한국문화인류학회, 「한국문화인류학」 제52권 1호 (2019): 100-102.
15 한국 전통적 사고 안에 내재된 공동체성은 '우리'라는 언어사용에 의해 뚜렷하게 증명된다. '우리 교회, 우리 마을, 우리 나라, 우리 아빠, 우리 남편, 우리 학교, 우리 목사님 등.'
16 이정훈, 『한국의 그리스도인을 위한 절기예배 이야기』 (서울: 대한기독교서회, 2000), 54.

문화와 기독교 예배는 '공동체성'이라는 같은 궤적을 그려내고 있다.

5. 예배기획을 위한 세부사항

1) 예배의 언어 및 행위

먼저 본 예배의 언어사용은 한국어를 기본으로 사용하면서 다른 예배의 용례를 따른다. 예배의 행위로는 회중 간의 상호 인사를 위해 악수보다는 절을 활용한다. 또한 참회와 고백의 기도 시에 무릎을 꿇고 기도하는 예전적 행위를 배치한다.[17]

2) 예배의 음악

(1) 국악찬양의 사용

한국 전통적 예배에는 가급적 국악찬양을 사용한다. 국악찬양은 찬송가에 있는 곡을 우선적으로 활용하되 찬송가 외의 찬양을 사용할 수도 있다. 이 외에 한국인이 작곡한 곡을 사용하는 것까지 고려할 수 있다. 특히 회중 찬양에 대한 우선순위는 다음과 같다. 1순위: 찬송가 내의 국악찬양, 2순위: 찬송가 외의 국악찬양, 3순위: 찬송가 안의 한국인 작곡 찬양, 4순위: 찬송가 외의 한국인 작곡 찬양, 5순위: 국악곡의 개사.

---

17 무릎을 꿇고 기도하는 것을 위해 회중석의 의자에 별도의 장치를 할 수도 있겠으나 임시적 방법으로 1인용 매트나 방석을 활용하면 된다.

국악찬양의 경우 앞서 잠시 언급한 것처럼 정악류의 찬양과 민속악류의 찬양으로 구분될 수 있다. 전자는 차분하고 격조가 있는 반면, 후자는 매우 감성적이어서 호소력이 강한 특징이 있으므로 예배의 흐름과 맥락에 맞게 선택하여 사용하면 된다. 농촌지역임을 감안한다면 후자의 민속악류의 찬양을 사용할 것을 더욱 추천한다.

한국인이 작곡한 곡을 고려하는 이유는 먼저 영어를 중심으로 한 외국어와 한국어의 특징 때문이다. 즉, 양자는 어순이 달라 작곡의 형태가 상이해진다. 예컨대 관사나 감탄사로 시작하는 영미권의 찬양들은 이에 어울리게 못 갖춘마디로 시작하는 사례가 많으며 번역 시에 이를 고려하게 되는데, 전체적인 곡의 완성도에 영향을 미칠 수밖에 없다. 하지만 한국어 작곡은 못갖춘 마디로 시작할 필요가 거의 없으며 중요한 문맥과 단어의 의미가 살아나도록 자연스럽게 작곡을 하게 된다. 둘째로 국악찬양이 아니라 할지라도 한국인 작곡 찬양이 곡의 분위기와 흐름이라는 관점에서 더욱 유익하다. 물론 이것은 한국인의 정서가 담겨 있기 때문이다.

국악찬양을 예배에 사용함에 있어 중요하게 고려해야 하는 것은 창법이다. 국악곡들은 저마다의 고유한 창법을 가지고 있는데, 가곡, 가사, 시조 등의 정악류와 판소리, 민요 등과 같은 민속악류의 창법이 각기 다르다. 이는 서양음악이 락이나 발라드, 랩 등의 대중음악과 클래식의 고전 성악곡의 창법이 전혀 다른 것과 마찬가지다. 꺾는 소리와 떠는 소리 등을 잘못 사용하게 되면 자칫 트로트처럼 부를 수 있다. 때문에 국악창법을 구사할 수 있는 찬양인도자를 세워 활용하면 더욱 좋을 듯한데, 실제적으로 고령의 농촌지역의 성도들은 이미 그런 창법에 매우 친숙하다.

(2) 전통음악의 사용

예배 도입 부분의 전주나 기도 후 송영, 참회의 기도 시에 전통음악을 활용할 수 있다. 수제천이나 보허자와 같은 관현악곡을 적절하게 편집하여 사용하면 좋다. 영산회상이나 종묘제례악과 같은 곡들도 상당히 훌륭한 곡들이나 종교적 기원을 가지고 있어 유의해야 한다. 최근에는 서양악기와 협연하는 퓨전 국악곡과 현대적 감성을 반영한 다양한 창작 국악곡들이 많아서 이를 사용할 수 있다.

(3) 전통악기의 사용

일반적으로 한국 전통악기를 예배에 사용하게 되는 경우는 악기 연주보다 국악찬양에 대한 반주로 사용하게 된다. 국악찬양은 당연히 전통악기를 사용하여 반주하게 되었을 때 훨씬 조화롭고 적합하다. 농악을 연주하는 리듬악기인 타악기류는 반주로 사용하기에 적합하다. 대신 꽹과리나 북의 소리가 크기 때문에 이를 조절해야 한다.

난이도가 있는 곡조를 표현하는 악기들을 예배에 사용하면 더욱 좋겠으나 그 종류에 따라 유의해야 할 점이 있다. 현악기나 관악기들을 국악기들로만 구성하여 함께 반주를 하는 것이 이상적이다. 하지만 일반 농촌지역 교회에서 연주자들을 활용하는 것은 쉽지 않다. 이때 소수의 국악기와 피아노를 함께 협연하게 되는데, 서양악과 국악의 음이 진동수(pitch)가 미세하게 달라서 불협화음이 발생하게 된다. 이런 경우 국악기의 현악기를 조절하여 피아노의 음에 맞추면 되겠지만 관악기류는 음을 조절할 수 없으므로 서양악기와 협연하는 것은 지양해야 한다. 물론 민속악류의 국악찬양 곡에 타악기만을 사용하여도 매우 훌륭한 결과를 얻을 수 있는데 그 이유는 앞서 거듭 거론한 것처럼 그것이 우리의 문화적 배경이기 때문이다.

3) 예배의 공간

(1) 비움의 공간

한국의 전통예술의 특징은 느림과 여백의 미학이다. 그러므로 예배의 공간에서 이러한 비움을 활용하는 것이 더욱 한국전통과 어울린다 할 것이다. 이와 더불어 흰 천 등을 사용하면 비움과 여백을 표현할 수 있다.

(2) 채움의 공간

한국 전통적 예배의 효과적인 환경조성을 위해 전통문양과 전통적 도구들을 활용할 수 있겠다. 예컨대 산수화나 서예작품, 병풍, 만장 등을 활용할 수 있다. 특히 성경말씀을 적은 서예작품이나 문인화 등을 활용하는 것이 더욱 효과적이다.[18]

---

18 이정훈 편집, 『성실문화』 (양평: 도서출판 성실문화, 2021). 이 서적은 교회력과 예배연구에 대한 안내서이며 매년 네 차례 계간지로 소량 출간되는데, 2024년 봄호로 118호를 발간하였다. 특히 한국적 예배에 대한 깊은 연구와 성찰들로 가득 차 있다. 이 중에 예배 공간을 꾸밀 수 있는 서예작품과 미술작품이 매권에 걸쳐 고정적으로 소개되어 있다.

4) 예배의 구조

(1) 기경결해(起輕結解): 내고-달고-맺고-푸는 형태

한국 전통음악의 장단의 원리를 기경결해로 설명하는데 이는 문학의 흐름인 기승전결과 유사한 맥락의 구조이다. 시작하여 전개하고 치닫고 절정에 이르러 풀어 준다는 의미이다. 이정훈은 이를 '숨 구조' 혹은 '숨의 원리'로 명명하고 예배의 형식에 도입하였는데 '기'(起)는 예배의 시작 부분으로 개회사, 찬양과 경배, 죄의 고백, 용서의 확증, 감사찬송(영광송)까지이며, '경'(輕)은 성경봉독과 설교의 부분이고, '결'(結)은 성만찬, '해'(解)는 이후 축도에까지 이르는 예배 나눔으로 구성하였다. 여기서 특색이 있는 부분은 '기'의 부분으로 이정훈은 서서히 시작하는 도입이 아니라 분명하고 확실한 도입을 제안한다.[19]

필자는 이와 관련하여 이를 '마당'의 원리[20]로 명명하여 '내는 마당-달아 올리는 마당-맺는 마당-푸는 마당'으로 구성한 적이 있다. 이번 예배기획에는 '준비 마당-부름 마당-말씀 마당-어울림 마당-보냄 마당'으로 구성하도록 하겠다. 이는 '개회예전-말씀예전-성찬예전-파송예전'으로 구성된 장로교예전[21]과 매우 근접하게 조우하고 있다. 본 한국전통예배에서는 이러한 기경결해의 구조를 채택하되 각 순서의 구성과 배치는 약간의 변화를 줄 터이다.

---

19 이정훈, 『한국의 그리스도인을 위한 절기예배 이야기』, 29-32.
20 예배를 하나님과 그 백성의 만남의 장소로 이해하여 '마당'을 상정한 것이다. 마당이 항상 열려있는 재회의 장소임에 착안한 것이다.
21 『공동예배서』(*Book of Common Worship*) (서울: 한국장로교출판사, 2001), 47.

(2) 전항적 예배의 틀로서 마당극과 판소리

전통문화의 한 분야로 마당극과 판소리는 매우 역동적인 특징을 지니고 있다. 특히나 단순히 배우에 의해 실연되고 이를 관람하는 관계를 넘어 회중과 진행자의 매우 긴밀한 소통이 일어난다. 본 예배의 모델로 시도하지는 않았으나 앞으로 부가적인 연구를 통해 예배의 틀로 충분히 활용할 수 있겠다.

III. 한국 전통적 예배기획의 실례[22]

* 표는 일어서도록 한다

1. 준비마당(예배를 위한 준비)[23]

예배의 소개 ·······························맡은이

(본 예배의 취지와 각 순서의 의미를 간략하게 설명하여 예배드림에 더욱 집중할 수 있도록 한다. 특히 이때 예배에 사용되는 국악 찬송을 미리 불러본다. 예배 시에는 국악 찬양의 악보가 영상이나 인쇄물로 제공되는 것이 좋다.)

* 예배의 시작을 알림 ·······························징 3타[24]

이제 우리 모두 다 함께 자리에서 일어나셔서 위대하신 하나님을 예배

---

22 본 예배모델은『예배 예식서』(총회예식서개정위원회, 2022년)의 내용을 수정 및 보완한 것으로, 필자는 '한국 전통적 예배'와 수요기도회, 금요기도회, 새벽기도회 등을 집필하였다.
23 예배를 하나님과 그 백성의 만남의 장소로 이해하여 각 예배의 구성을 '마당'으로 명명 하였다. 한국전통문화에서 마당은 주인과 손님이 만나는 항상 열려있는 재회의 장소이다.
24 세 번의 장소라는 삼위일체 하나님을 상징하며 그의 임재하심을 알린다.

합시다.(이끄는 말 후에 징이 세 번 울린다. 간격은 최소 1초 이상,
최대 2초 이내로 친다)

* 예배위원의 입장···다함께

（이때 다음 곡들을 활용한다. '수제천, 대취타'[25] 등의 전통음악을 배경
으로 사용하거나, 찬양대가 '주께서 왕위에 오르신다,[26] 평화의 왕 임
하소서'[27]를 부른다)

2. 부름마당(개회예전)

* 예배로의 부름···인도자

"새 노래로 여호와께 노래하라. 온 땅이여 여호와께 노래할지어다.
여호와께 노래하며 그 이름을 송축하고 그 구원을 날마다 전파할지어
다(시 96:1-2)" 이제 우리의 마음과 의지와 지혜와 열정으로 하나님께
예배합시다.

* 기원···인도자

* 경배의 찬송·············거룩하신 주 하나님(찬 48장)·············다함께

（이 외에 '주의 전에 나올 때에,[28] 하나님 전에 드리는 가락'[29] 등을
사용할 수 있다)

참회와 고백의 기도···다함께

---

25 수제천은 우리나라 궁중음악의 백미로 국악의 대표적인 관현악곡이다. 수제천의 직접적인
언어학적 의미는 '하늘과 같은 영원한 생명'을 의미하고 있다. 대취타는 전통적인 행진곡
으로 왕의 행차 시에 사용한 음악으로 예배에 하나님의 오심을 상징하여 사용할 수 있다.
이 곡들을 채용할 때 주의해야 할 점은 회중들의 반응을 세심하게 고려해야 한다.
26 『우리가락찬송가』(완주: 한국기독교장로회 농어민선교목회자연합회, 2019), 93장.
27 문성모, 『우리가락찬송가와 시편교독송』(서울: 가문비, 2012), 194장. 전통음악을 사용
하기에 어려울 경우 본 곡을 사용하면 되는데 곡의 내용이나 곡조가 예배의 시작을 알림에
적합하다.
28 위의 책, 1장.
29 『우리가락찬송가』, 179장.

이제 우리의 죄와 연약함을 하나님 앞에 고백합시다. 다 함께 무릎을 꿇고 우리가 취할 수 있는 가장 겸손한 자세로 주님 앞에 참회의 기도를 드립시다. (무릎을 꿇고 기도를 드리며 사죄의 말씀이 끝나면 다시 제자리에 앉는다[30] 이때 찬송가 632장 '주여 주여 우리를 불쌍히 여기소서(Krie)'가 연주된다.[31] 기도 마지막 부분에 이 찬송을 함께 부르면 더 좋다)

사죄의 말씀⋯⋯⋯⋯⋯⋯⋯⋯⋯⋯⋯⋯⋯⋯⋯⋯⋯⋯⋯⋯⋯⋯⋯⋯⋯⋯⋯⋯⋯⋯인도자

영광송⋯⋯⋯⋯⋯⋯⋯⋯⋯영광은 주님 홀로(찬 596장)⋯⋯⋯⋯⋯⋯⋯⋯다함께

　(이 외에 '하늘에 가득 찬 영광의 하나님,[32] 오래전부터,[33] 알렐루야[34]

　등을 사용할 수 있다)

기도⋯⋯⋯⋯⋯⋯⋯⋯⋯⋯⋯⋯⋯⋯⋯⋯⋯⋯⋯⋯⋯⋯⋯⋯⋯⋯⋯⋯⋯⋯⋯⋯⋯맡은이

　(기도가 끝나면 바로 주기도송으로 연결된다)

주기도⋯⋯⋯⋯⋯⋯⋯⋯⋯⋯⋯주기도송[35]⋯⋯⋯⋯⋯⋯⋯⋯⋯⋯⋯⋯다함께

이제 주님께서 가르쳐 주신 기도로 함께 찬양합시다.

3. 말씀마당(말씀예전)

성경봉독(1) 구약의 말씀⋯⋯⋯⋯⋯⋯⋯⋯⋯⋯⋯⋯⋯⋯⋯⋯⋯⋯⋯⋯⋯⋯맡은이

아멘송[36]⋯⋯⋯⋯⋯⋯⋯⋯⋯⋯⋯⋯⋯⋯⋯⋯⋯⋯⋯⋯⋯⋯⋯⋯⋯⋯⋯⋯⋯다함께

성경봉독(2) 서신서의 말씀⋯⋯⋯⋯⋯⋯⋯⋯⋯⋯⋯⋯⋯⋯⋯⋯⋯⋯⋯⋯⋯맡은이

30　이를 위하여 1인용 방석이나 매트를 사용하면 좋다.
31　본 찬송가 632장은 3/4박자인데 12/8박자로 편곡하여 사용하며 이때 국악장단은 굿거리 가락을 사용하면 된다.
32　문성모, 『우리가락찬송가와 시편교독송』, 7장.
33　작자 미상.
34　작자 미상.
35　위의 책, 228장.
36　위의 책, 221장.

아멘송···다함께

성경봉독(3) 복음서의 말씀···맡은이

* 아멘송···다함께

찬양[37]···찬양대

성령 조명을 위한 기도···설교자

설교···설교자

4. 어울림마당(성찬예전)[38]

응답송·······························꽃이 피는 봄날에만(찬 541장)·····························다함께

   (응답송은 그날 선포된 설교와 연동하여 말씀에 순복하고 이를 결단

   하는 곡으로 선택하는 것이 좋다)

봉헌/봉헌기도···인도자

성찬찬송·······························예수님 오소서[39](찬 98장)·····························다함께

   (이 외에 '이 떡과 이 잔을 받을 때에',[40] '오소서 오소서'[41]를 사용할

   수 있다)

권면···집례자

재정의 말씀·······························고전 11:23-29·····························집례자

---

37 가급적 국악찬송곡을 선택한다.
38 이전 예배예식서 주일예배(6)를 참조하였으며 본 예배기획에서는 성찬성례전에 사용될
   수 있는 찬양과 행위를 중심으로 기획하였다.
39 이 곡을 다음과 같이 개사하여 사용할 수 있다. 1. 성령님 오소서 보혜사 우리 주 이곳에
   오셔서 기도 들어 주소서 능하신 주께서 크신 일을 행하사 간구하는 우리의 기도를 들어
   주소서. 2. 성령님 오소서 보혜사 우리 주 보좌를 떠나서 우리 곁에 계시네 높은 자 낮추고
   비천한 자 높였네 만민위해 오셔서 사슬을 풀어 주소서. 3. 성령님 오소서 보혜사 우리
   주 연약한 세상을 치유하러 오시네 주린 자 먹이며 병든 자를 고쳤네 천하만민 돌보사 빛
   의 길 가게 하소서. 아멘.
40 문성모, 『우리가락찬송가와 시편교독송』, 181장.
41 『성가 2015』(서울: 대한성공회출판사, 2015), 367장.

성령의 임재를 위한 기도···집례자

신앙고백··································사도신경······································다함께

성찬 참여··성찬위원

　(성찬에 참여할 때에 '생명의 꽃'[42]이 연주된다. 분병 시에는 맡은이가

　찬양으로 부르며, 분잔 시에는 노래 없이 연주곡만 사용한다)

감사찬송·····················이전에 주님을 내가 몰라(찬 597장)···················집례자

　(이 외에 '주의 성찬 받은 우리',[43] 사랑의 나눔 있는 곳에,[44] 이 떡을

　나눔은'[45] 등을 부를 수 있다)

5. 보냄마당(파송예전)

교회소식··인도자

파송의 말씀···인도자

* 파송의 찬송··············날마다 주님을 의지하는[46](찬 556장)···············다함께

　(이 외에 찬 223장 하나님은 우리들의, 갈릴리로 가요,[47] 시편 150편[48]

　등을 부를 수 있다)

* 축도··인도자

---

42 '생명의 꽃'은 현대적 국악찬송으로 '생명의 꽃 윤미'(feat. 기태희)로 검색하면 음원을 얻
　을 수 있다.
43 문성모, 『우리가락찬송가와 시편교독송』, 187장.
44 『성가 2015』, 498장.
45 『우리가락찬송가』, 88장.
46 이 곡을 다음과 같이 개사하면 더욱 좋다. 1. 날마다 주님을 의지하는 우리 (　)교회 복되
　어라. 다함께 모여서 예배하니 하늘의 위로가 넘쳐나네. 2. 하나님 예수님 사랑하고 형제
　와 자매들 우애하니 세상의 풍파가 밀려와도 주사랑 안에서 두렴없네. 3. 말씀과 기도가
　풍성하고 기쁨과 감사가 가득하니 하나님 우리를 생각하사 대대로 복되게 하시도다. (후
　렴) 할렐루야 우리교회 사랑과 행복의 안식처 할렐루야 우리교회 주님만 모시고 살아가리.
47 『우리가락찬송가』, 62장.
48 『성가 2015』, 252장.

IV. 예배에 사용되는 국악찬송들(찬송가 제외)

1. 준비마당

— 주께서 왕위에 오르신다

— 평화의 왕 임하소서

2. 부름마당

— 주의 전에 나올 때에(김정준 곡)

— 하나님 전에 드리는 가락(채일손 곡)

— 오래전부터 지금까지

— 알렐루야

— 주기도송

3. 말씀마당

— 아멘송

4. 어울림마당

— 이 떡과 이 잔을 받을 때에(문성모)

— 오소서 오소서

— 사랑의 나눔 있는 곳에(떼제)

— 이 떡을 나눔은(백창우)

5. 보냄마당

― 시편 150편(이건용)
― 갈릴리로 가요(류형선)

농과 치유

농(農), 창조세계를 치유하다*

서성열

(목사, 농사상연구소)

I

일본 후쿠시마 원전 오염수 방류가 다가오면서 일본 내 지역 조합에 이어, 일본 최대 어업단체까지 오염수 방류에 반대한다는 결의문을 채택했다. 원전 사고, 원전 오염수로 인해 가장 고통 받는 이들은 수산물을 사먹는 도시민이 아니다. 원자력 발전소가 있는 농어촌 그리고 바다에서 삶을 이어가는 어민들이다. 오염수 방류에 찬성하는 학자들은 안전하기에 마실 수 있다고 호언장담한다. 일본 정부도 연일 안전하다고 발표하지만, 자신들이 딛고 있는 땅에 버리

---

* 이 글은 2023년 6월 26일 비대면으로 진행된 제35차 농신학연구회 월례세미나에서 발표한 것이다.

지 못하는 까닭은 무엇일까?

우리의 먹거리는 모두 흙과 땅(바다 밑)에서 나온다. 사실상 우리는 흙의 영양분을 먹는 것이다. 캘리포니아대학교 샌프란시스코캠퍼스 가정의학과 교수인 대프니 밀러(Daphne Miller)는 다음과 같이 말한다.

> 토양의 탄질비(탄소와 질소의 질량비)는 인체와 비슷한 화학적 구성을 가지고 있다. … 그리고 흙의 정상적인 산도(PH 6.0-7.5) 범위 역시 인체의 산도 범위와 유사하다. … 인체의 기본 요소인 탄소, 질소 그리고 모든 미네랄과 비타민이 토양에서 나온 것 아닌가. 다시 말해 우리는 흙으로 이루어져 있다.[1]

그녀의 저서, 『땅이 의사에게 가르쳐 준 것』은 의사인 자신이 건강과 치유에 대한 더 나은 접근을 위해 흙이 살아있는 농장들을 방문하고, 거기서 얻은 통찰을 한 권의 책으로 묶어낸 것이다. 그녀는 책의 서문에 자신에게 이러한 영감을 준 글을 소개한다.

> 우리가 살아가는 동안, 우리 몸은 땅의 움직이는 티끌과 같은 것이며, 흙과 다른 살아있는 피조물과 떼려야 뗄 수 없게 연결되어 있다. 그러므로 우리 몸의 치료와 흙의 치유 사이에 깊은 유사성 있다는 점은 결코 놀라운 일이 아니다.[2]

---

1 대프니 밀러/이현정 옮김, 『땅이 의사에게 가르쳐 준 것: 하버드 의학박사가 농장에서 찾은 치유 비결』 (시금치, 2015), 23.
2 웬델 베리/이승렬 옮김, 『소농, 문명의 뿌리: 미국의 뿌리는 어떻게 뽑혔는가』 (한티재, 2016), 201-202. 위 글은 필자의 번역임을 밝혀둔다.

위 글을 쓴 사람은 문명비평가이자 작가 그리고 6대째 켄터키주의 농부로 살아온 웬델 베리(Wendell Berry)다. 위 글은 베리의 책, 『소농, 문명의 뿌리』의 7장 "몸과 땅"에 나온다. 베리는 7장에서 몸의 건강에 대해 언급하는데, 오늘날 "보건전문가들은 거의 전적으로 (주로 살균을 통해서) 질병을 예방하고 (주로 수술과 살균을 통해서) 질병을 치료하는 데" 관심이 있다고 지적한다.3 그리고 그는 건강이라는 개념은 단지 질병이 없는 상태가 아니라 전일성(全—性 /wholeness)에 뿌리를 둔다고 한다.4 베리는 "공기와 물이 오염되어 있거나 땅이 척박해진 상태인데도 육체적으로 건강할 수 있다고 생각하는 것은 틀렸다"라고 말한다.5 우리 몸은 하나님이 지으신 흙(피조물)과 깊이 연결되어 있어서, 흙의 건강이 우리 건강에 무엇보다 중요하다. 베리는 우리가 치유받기를 원한다면 하나님이 지으신 흙과 더불어 하나님의 창조의 기쁨과 즐거움을 누려야한다고 했다. 그에게 치유(healing)는 흙과 함께하는 공생공락(共生共樂/ con-viviality)이다.6

이 글은 인간의 건강은 하나님이 지으신 창조물, 흙의 건강에 토대를 둔다는 것과, 하나님의 치유(구원)가 땅을 잘 가꾸는 농적(農的) 삶을 통해 이루어진다는 것을 구약성서 창세기 통해 살펴보고자 한다.

---

3 앞의 책, 213.
4 앞의 책, 213.
5 앞의 책, 214.
6 앞의 책, 215.

II

우리 몸이 흙에 토대를 둔다는 것은 구약성서를 보아도 잘 알 수 있다. 창세기 2장 7절을 보자.

> 여호와 하나님이 땅의 흙(아다마)으로 사람(아담)을 지으시고 생기를 그 코에 불어넣으시니 사람이 생령이 되니라(창 2:7).[7]

여기서 '사람'은 구약성서 원어인 히브리어로 '아담'이고 '땅의 흙'은 '아다마'이다. 사람(아담)은 흙(아다마)으로 지어진 존재이다. 영어로 사람은 휴먼(human)인데, 휴먼은 휴무스(humus)에서 나온 말이다. 휴무스는 부엽토(腐葉土), 비옥한 토양이라는 뜻인데, 살아 있는 흙, 농사짓기 좋은 땅(humus)에서 사람(human)이 나온 것이다. 따라서 흙이 오염이 되어 더 이상 흙에서 건강한 먹거리가 나오지 않는다면, 흙으로 지어진 인간도 죽을 수밖에 없다. 창세기 2장 15절을 보면 하나님이 사람을 왜 지으셨는지를 잘 알 수 있다.

> 여호와 하나님이 그 사람을 이끌어 에덴 동산에 두어 그것을 경작하며 지키게 하시고(창 2:15).

사람에게 맨 처음 맡겨진 하나님의 소명은 에덴동산을 경작하며 지키라는 것이었다. 경작(耕作)은 말 그대로 땅을 갈고 농사를 짓는 것이다. 신경외과전문의 황성수 박사는 "원리적으로 사람은 누구나

---

7 본고에서 인용하는 성서구절은 주로 개역개정판을 사용하였다.

농사를 지어야한다"고 말한다.[8] 의사인 자신도 농사를 통해 자연의 이치를 알게 되었고, 몸과 먹거리에 대한 올바른 이해를 얻게 되었다고 한다.[9] 그리고 그가 농사를 짓은 까닭은 창세기의 말씀 때문이었다고 한다.

그런데 하나님은 인간에게만 농사를 맡기지 않았다. 창세기 2장 8절을 보면 "여호와 하나님이 동방의 에덴을 창설하시고 그 지으신 사람을 거기에 두시니라" 하고 기록되어 있다. 하나님은 사람에게 경작의 사명을 주기 전에 자신이 먼저 에덴동산을 창설하셨다. 여기서 하나님이 에덴동산을 만드셨다고 하니까, 흔히 작은 산이나 언덕 정도의 동산으로 이해되기 쉽다. 그리고 영어 성서(New Revised Standard Version)에서는 동산이 가든(garden)으로 표현되어 있어, 집 안에 있는 뜰이나 꽃밭 정도의 정원으로 생각되기 쉽다. 하지만 영어 가든(garden)에는 '비옥한 농경 지대'라는 뜻도 있다. 구약성서 학자 클라우스 베스터만(Claus Westermann)은 에덴동산은 하나님이 사람을 위해, 사람의 먹거리를 위해 만드신 것이라고 했다.[10] 에덴동산은 농작물을 경작하기 위해서 울타리로 둘러싼 지역이다.[11] 하나님은 사람을 위해 에덴 농원(農園), 에덴 농장(農場)을 아름답게 만드신 것이다. 마치 농부 아버지가 자식의 먹거리를 위해 농장을 잘 가꾸듯이 말이다.

---

8 안재홍, 『땅의 침묵, 몸의 반란: 농사꾼 천규석과 의사 황성수의 땅살림, 몸살림 이야기』 (스토리플래너, 2015), 216.
9 앞의 책, 217.
10 Claus Westermann, *Genesis 1-11: a Commentary*, trans. John J. Scullion (Augsburg Publishing House, 1984), 208.
11 Gordon J. Wenham, *Word Biblical Commentary, Vol. 1: Genesis 1-15* (Word Books Pub, 1987), 61.

인간의 소명인 '경작'은 히브리어로 '아바드'인데, 종종 땅을 가는 것에 사용된다. 그런데 이 말은 보통 하나님을 섬기는 데 사용된다. 그렇다면 땅을 가는 농사가 곧 하나님을 섬기는 예배라는 뜻이 아니겠는가. 웬델 베리도 농업을 다음과 같이 말한다.

> 농업(agriculture)은 결국 농학(agriscience)을 의미하지는 않는다. 더더욱 농기업(agribusiness)을 뜻하지는 않는다. 농업은 '땅의 경작'(cultivation of land)을 뜻한다. 경작이라는 말은 영어의 어원상 문화(culture)와 숭배(cult)라는 의미를 같이 지니고 있다. 이처럼 경작(tillage)하고 경배(worship)한다는 의미가 문화라는 말 속에 같이 들어 있다.[12]

영어성서(Amplified Bible)에서는 '경작하다'를 '컬티베이트'(cultivate)로 표현하고 있다. 명사형 컬티베이션(cultivation)은 인격을 '수양하다'고 할 때 쓰이는 '수양'(修養)으로 번역된다. 이 단어는 '땅을 갈다'라는 뜻을 가진 라틴어 '콜레레(colere)'에서 유래되었다. 땅을 가는 것이 곧 수신(修身)이다. 웬델 베리에게 농사는 '자기 수양'이자 '예배'라고 할 수 있다.

인간은 창조주 하나님이 지으신 에덴동산에서 땅을 일구며 자신의 존재의 근원과 이유를 알아가는 농(農)적 존재이다. 오늘날 우리가 하나님의 창조세계, 땅을 병들게 하는 까닭은 농(農)의 경험을 상실했기 때문이다.[13] 인간은 농(農)를 통해 하나님의 창조질서를 경험하고 자연의 섭리에 순응하게 된다. 그리고 인간은 하나님의 창조(자연)

---

12 웬델 베리, 앞의 책, 183.
13 Norman Wirzba, *The Paradise of God: Renewing Religion in an Ecological Age* (Oxford University Press, 2007), 72-73.

앞에서 경외와 겸손을 느끼게 되는 것이다.

III

창세기 3장에 보면 인간이 스스로 창조주 하나님이 되려는 것을 볼 수 있다. 창세기 2장 16-17절에 하나님은 사람에게 "동산에 있는 모든 나무의 열매는 먹고 싶은 대로 먹어라" 하고 말씀하시며, "선악을 알게 하는 나무의 열매는 먹지 말라"고 하셨다. 그런데 뱀이 사람(여자)에게 나타나 "너희도 하나님(창조주)과 같아질 것"(창 3:5)이라는 말에 사람은 하나님의 말씀을 어기게 된다. 뱀은 사람에게 배가 고프니까 하나님이 금하신 열매를 먹으라고 하지 않았다. 동산 모든 나무의 열매를 먹을 수 있는 사람은 배가 고플 수가 없다. 뱀의 유혹은 인간인 너희가 창조주가 될 수 있다는 것이었다.

창조주 하나님에 대한 인간의 불순종은 인간의 위치를 망각한 것이고, 인간의 자기 확대 욕망을 드러낸 것이다. 이러한 탐욕의 결과는 땅이 사람 때문에 저주를 받고, 땅은 가시덤불과 엉겅퀴를 내게 된다(창 3:17-18). 따라서 인간의 욕심이 하나님의 창조질서를 어그러뜨리면 땅이 저주를 받게 되는 것이다.

오늘날의 현대문명도 인간의 한계를 인정하려 하지 않는다. 2015년 노벨 문학상 수상자 벨라루스의 작가 스베틀라나 알렉시예비치(Светлана Алексиевич)가 쓴 『체르노빌의 목소리』를 보면 여실히 드러난다.[14] 이 책은 단지 체르노빌 원자력 발전소와 가까이 있다는

---

14 스베틀라나 알렉시예비치/김은혜 옮김, 『체르노빌의 목소리: 미래의 연대기』(새잎, 2015).

이유만으로 국가적 재난을 당한 벨라루스 사람들의 이야기를 들려준다. 저자는 거의 20여 년에 걸쳐 100여 명의 피해자들과 인터뷰했고, 그들의 육성을 고스란히 들려준다. 그래서 체르노빌 원전 사고의 실상을 우리에게 적나라하게 보여준다.

이 책의 한국어판 서문에서 그녀는 후쿠시마 원전 사고 전에 일본 홋카이도에 있는 토마리 원전을 방문했던 이야기를 들려준다. 토마리 원전 직원들은 그녀에게 체르노빌에 대해 물었고, 답변을 듣는 그들의 얼굴에는 연민을 담은 미소가 보였다. 직원들은 "우리가 일하는 원전에서는 절대로 일어날 수 없는 일!"이라고, "원전 건물 위로 비행기가 떨어져도 끄떡없고, 가장 강력한 지진 8.0의 강진도 견뎌낼 수 있다"고 장담했다. 그들은 스스로를 창조주처럼 생각하는 것 같았다. 하지만 일본 원전은 규모 9.0의 강진 앞에 아기 배냇저고리처럼 약했다.[15]

알렉시예비치는『벨라루스 백과사전』의 「체르노빌」항목의 내용을 다음과 같이 요약했다.

… 체르노빌 사고 후 벨라루스는 485개 마을을 잃었다. 그 중 70개 마을은 땅속으로 영원히 매장되었다. 벨라루스 국민의 5분의 1이 현재 오염된 지역에 살고 있다. 오염지역 거주민 210만 명 중 어린이가 70만 명이다. 벨라루스 국민의 주요 사망원인은 방사선 피폭이다. 체르노빌 사고로 가장 큰 피해를 본 고멜 주와 모길료프 주에서는 사망률이 출생률을 20퍼센트나 능가한다. (체르노빌) 사고 결과, 5천만 퀴리의 방사성 핵종이 방출되었고, 그중 70퍼센트가 벨라루스에 도달했다. 국토의 23퍼센트가 1제

---

15 앞의 책, 4-5.

곱킬로미터 당 1퀴리 이상의 세슘-137로 오염되었다. … (벨라루스의)
180만 ha가 넘는 경작지가 1제곱킬로미터 당 1퀴리 또는 그 이상으로 오
염됐고, 1제곱킬로미터 당 0.3퀴리 이상의 스트론튬-90으로 오염된 땅은
50만 ha에 달한다. 26만 4천 ha의 농지가 쓸 수 없게 되었다. 벨라루스는
숲의 나라다. 하지만 산림의 26퍼센트와 프리파티, 드네프로, 소지 강가
에 있는 저습지 초원의 반 이상이 방사선 오염 지대로 분류된다. 계속되는
저준위 방사선의 영향으로 인해 암, 지적장애, 신경정신 질환과 유전자
돌연변이의 발생률이 해마다 증가하고 있다.[16]

인간의 한계를 넘어선 욕망의 대가는 인간이 생존할 수 없는
땅으로 돌아왔다. 그런데 방사능 오염으로 사람이 떠난 지역에는
동물들만 남았다. 사람이 떠난 후 군인과 사냥꾼들이 마을로 왔을
때 개와 고양이들은 사람의 목소리를 듣고 반가워서 뛰어나왔다고
한다. 하지만 그들은 방사능에 피폭된 동물들을 총살해버렸다. 하나
님이 지으신 동물들은 무슨 잘못을 한 것인가! 이렇게 인간이 자신의
위치를 망각하면 대지에 뿌리박고 사는 수많은 하나님의 창조물을
죽음으로 몰고 갈 수 있는 것이다.

알렉시예비치는 자신의 책 맨 처음에 원자력 발전소 사고 진압에
출동한 소방관 이야기를 들려준다. 방사능에 피폭된 소방관은 가족과
격리되어 모스크바로 후송된다. 임신 중이었던 소방관의 아내는
수소문 끝에 남편을 찾았고, 의사들의 만류를 뿌리치고 남편을 간호
했다. 의사는 처참하게 죽어가는 소방관의 아내에게 위로 대신 이런
말로 설득한다. "남편에게 가까이 가면 안 됩니다! 포옹과 키스도

---

16 앞의 책, 24-25.

안 됩니다. 만지면 안 됩니다. 당신 앞에 있는 사람은 남편도, 사랑하는 사람도 아닌, 단지 전염도가 높은 방사능 오염 덩어리일 뿐입니다" 하지만 그녀는 남편과 끝까지 함께한다. 며칠 지나지 않아 남편은 죽는다. 그런데 고농도 방사능 피폭이 된 남편의 시신은 땅에 묻힐 수가 없다. 그 시신은 밀폐된 아연 관에 안치하고 콘크리트로 덮는다고 한다. 그리고 그 묘는 유가족들이 갈 수 없는 출입금지 지역으로 지정된 곳에 있다.[17] 창세기 3장 19절에 "너는 흙이니 흙으로 돌아갈 것이니라" 하고 기록되어 있는데, 우리 문명은 이제 흙으로 돌아갈 수도 없는 지경에 이른 것이다.

인류 역사 속에 한껏 꽃을 피웠다가 사라진 문명들의 멸망 원인은 땅이 황폐해졌기 때문이다. 그 문명들은 흙과 그리고 땅을 일구는 농부들을 무시했다. 데이비드 몽고메리(David R. Montgomery)는 다음과 같이 말한다.

> 땅이 사람들을 먹여 살리지 못하게 되면서 사회 갈등과 정치 갈등이 일어나 사회를 뒤흔드는 일이 거듭되었다. '흙의 역사'는 바로 사람들이 흙을 다루는 방식에 따라 문명의 수명이 결정된다는 사실을 알려준다.[18]

데일(Tom Dale)과 카터(Vernon Gill Cater)도 『표토와 문명』에서 역사학자들이 토지 이용의 중요성을 좀처럼 인식하지 못한다고 하면서, "인류가 만든 문명과 제국의 운명은 대개 토지 이용방식에 따라 결정된 것"이라고 했다.[19] 쓰노 유킨도(津野幸人)는 『표토와 문명』에

---

17 앞의 책, 30-52.
18 데이비드 몽고메리/이수영 옮김, 『흙: 문명이 앗아간 지구의 살갗』 (삼천리, 2010), 11.
19 Tom Dale, Vernon Gill Cater, *Topsoil and Civilisation* (University of Oklahoma

나오는 멸망한 문명들이 농업의 쇠퇴로 인해 사라졌다는 데 동감하면서 다음과 같이 표를 만들었다.[20]

문명 구분	중심 지역	농업 특징	농업쇠퇴 원인
이집트	나일강	홍수의존 관계농업 노예노동	토지의 잉여농산물이 장기간 타국으로 나갔다. 농민은 무기력해졌다.
메소포타미아	티그리스 유프라테스 강	홍수의존 관계농업 노예노동	수원이 있는 아르메니아 산림이 벌채되고, 그 후 양을 과다하게 방목하여 토양침식이 발생했다. 또한 유목민에 침입을 받았다.
크레타 레바논	동지중해	곡물,과수의 비관개농업	벌채와 산양의 방목으로 산림이 사라지고 겨울의 호우로 토양이 침식되었다.
시리아 팔레스타인	오론테스강	곡물,과수의 비관개농업	대지(臺地)의 산림이 사라지고, 호우로 인해 대지의 토양이 해안으로 밀려나, 사구가 발생하여 평지는 습지가 되고, 말라리아가 발생했다.
그리이스	지중해	곡물, 과수의 비관개 농업	경지의 토양침식으로 식량 자급이 안 되어 수입에 의존하다가 식량 수급이 안 되어 망했다.
북아프리카	지중해남안	곡물, 과수, 축산을 포함한 비관개농업	로마에 의해 식량이 수탈되고, 경지, 방목지가 건조지가 되어, 국토가 건조하게 되었다.
로마	이탈리아 시실리아	맥류,과수 집약재배, 대토지 소유 진행되어 과수 위주의 농업	비옥한 토지는 귀족이 독점하여 포도, 올리브를 노예노동으로 재배했다. 척박해진 땅에 과수 농업을 확대해서 토양침식이 발생했다.

Press, 1955), 10.
20 쓰노 유킨도/윤성희 옮김, 『이 땅에서 농업을 하는 의미: 농학의 사상, 즐거운 농업』 (흙살림연구소, 2003), 176-177.

농(農), 창조세계를 치유하다 _ 서성열 ㅣ **187**

위의 표에서 보듯 문명들의 멸망 원인은 산림이 파괴되어 토양이 침식되거나, 자영 농민이 붕괴되어 농토가 황폐해졌기 때문이다. 이렇듯 문명의 기초는 먹거리의 뿌리가 되는 흙과 그리고 땅을 일구는 소농(小農)[21]이다. 위의 표에서 알 수 있듯이 식민지 상황에서 농민은 땅을 제대로 가꾸지 못한다. 자신이 재배한 농작물을 빼앗기기 때문이다. 이러한 현실에서 농민들은 땅을 떠나게 되고, 농지는 황폐해진다.

오늘날 석유문명이 가져온 산업적 농업은 현재의 일시적인 풍요를 위해 장기적인 생존의 토대인 땅을 끝없이 망치고 있다. 우리의 터무니없는 욕망 때문에 우리는 다음 세대를 극히 위태롭게 만들고 있다. 더욱이 산업적 농업과 단일재배 중심의 세계식량체계 아래 남반구 농민들은 북반구 도시민들과 남반구 엘리트 계층을 위한 기호품을 생산하는 데 동원된다. 이로 인해 남반구 농민들은 기아에 허덕인다. 남반구 농민들은 구조적으로 식민지적 상황에 놓여 있다. 『녹색평론』 발행인 김종철은 이러한 상황에서 "땅을 사랑하는 농민의 존재를 상정하는 것은 불가능한 일이다" 하고 말한다.[22]

오늘날 산업적 농업은 대규모 상품작물을 재배하기 위해 과도한 비료와 농약을 땅에 뿌리고 있다. 황성수 박사는 자신의 아버지가 농부였는데 농약과 제초제를 많이 쳐서 파킨슨병이 생겼다고 말한다. 그는 농약이 우리 뇌의 신경과 몸의 면역체계를 파괴해서 여러 병을 일으킬 수 있다고 한다.[23] 그리고 이러한 농업방식은 해마다 250억

---

21 고려대학교 민족문화연구원 국어사전편찬실, 『고려대 한국어대사전』(고려대학교 민족문화연구원, 2009), 3518. 소농은 ① 한 가족끼리 작은 농토를 경작하는 소규모 농사, ② 그러한 농사를 짓는 사람이라는 뜻인데, 본고에서는 ①과 ②의 뜻을 모두 사용하고 문맥에 따라 각각의 의미를 충분히 파악할 수 있을 것이다.
22 김종철, 『땅의 옹호』(녹색평론사, 2008), 145.
23 안재홍, 앞의 책, 179.

톤 가량의 표토를 유실시킨다. 표토(흙)는 모든 생물, 식물과 동물의 터전이다. 산업적 농업은 대규모 단일재배와 유전자조작 작물로 생물의 다양성을 상실시키는 주요원인이 된다.24 미국 캘리포니아 버클리 분교 농업생태학(agroecology) 교수 미구엘 알티에리(Miguel Altigri)는 소농으로 생물의 다양성을 보존할 수 있고, 소농이 지속가능한 방식이라고 주장한다.25

앞서 우리는 창세기 2장를 통해 하나님이 농부로, 인간은 땅을 가는 존재로 묘사된 것을 보았다. 여기서 인간의 노동은 오늘날 남반구 농민들에게 전가된 노역(勞役)이 아니다. 구약성서학자 강성열은 고대 근동 창조신화와 창세기를 비교하면서 다음과 같이 말한다.

> 고대 근동인이 남긴 신화들을 보면, 인간은 철저하게 신들의 과중한 노역을 대신하고 그들의 양식을 조달하려는 목적으로 또는 신들을 편하게 함으로써 그들로 하여금 그들의 여가를 즐길 수 있게 하려는 목적으로 만들어진 존재로 묘사되고 있다.26

신들의 여가를 위해, 북반구 도시민의 기호품을 위해 남반구 농민에게 전가된 노동은 땅을 착취하고, 수탈하는 일이 된다. 그러나 이는 남반구 농민들의 잘못이 아니다. 그들에게 식민지적 상황을 만든 장본인은 북반구의 거대 다국적 농기업과 그들의 농식품을

---

24 헬레나 노르베리-호지 · 피터 고어링 · 존 페이지/정영목 옮김,『모든 것은 땅으로부터: 산업적 농업을 다시 생각한다』(시공사, 2003), 70.

25 Miguel Altigri, "Small farms as a planetary ecological asset: Five Key Reasons Why We should Support the Revitalization of Small farms in the Global South," *Food First*, http://www.foodfirst.org/en/node/2115.

26 강성열,『고대 근동 세계와 이스라엘 종교』(한들출판사, 2003), 91-92.

사먹는 나와 같은 북반구 도시민 소비자다. 밴더빌트 신학대학교 명예교수 샐리 맥페이그(Sallie McFague)에 따르면 북미 중산층 그리스도인들의 생활방식이 다른 사람들(남반구 농민들)의 삶의 권리를 빼앗고 지구를 위태롭게 하고 있다고 말한다.[27]

창세기 2장에서 말하는 인간의 노동은 "강제부역이 아니라 자기 땅에서 이루어지는 선하고 정직한 농사일이다."[28] 이러한 독립적인 자영 농민, 소농은 자신의 땅을 소중하게 가꾸며 토지비옥도를 높일 수 있다. 이렇게 함으로 자신의 가족과 태어날 후손들을 먹여 살릴 수 있는 것이다.

IV

창세기 6장부터 등장하는 노아는 하나님이 지으신 모든 창조물의 생명을 보존한 인물이다. 메소포타미아 지역의 홍수 설화에 나오는 주인공들은 한결같이 왕 또는 제사장으로 나타난다. 노아가 살았던 시대적 상황을 창세기 6장 11-12절은 다음과 같이 묘사한다.

그 때에 온 땅이 하나님 앞에 부패하여 포악함이 땅에 가득한지라 하나님
이 보신즉 땅이 부패하였으니 이는 땅에서 모든 혈육 있는 자의 행위가
부패함이었더라(창 6:11-12).

---

27 샐리 맥페이그/장윤재 · 장양미 옮김, 『풍성한 생명: 지구의 위기 앞에 다시 생각하는 신학
   과 경제』(이화여자대학교출판문화원, 2008), 21.
28 로버트 쿠트 · 데이빗 오르드/우택주 · 임상국 옮김, 『성서의 처음 역사』(한울, 2017), 97.

성서는 인간의 부패한 행위 때문에 온 땅이 부패했다고 기록하고 있다. 창세기 6장 13절에서 하나님은 인간의 포악함이 땅에 가득하므로 인간과 땅을 멸절하겠다고 하셨다. 여기서 '포악함'(하마스)은 생명을 죽이는 것을 말하며 땅에 피를 흘리는 것을 뜻한다. 창세기 4장에 보면 형 가인이 동생 아벨을 쳐 죽이는 장면이 나온다. 하나님은 가인에게 동생 아벨이 어디 있냐고 묻고, 가인은 모른척한다. 그때 하나님은 가인에게 이렇게 말씀하신다.

네가 무엇을 하였느냐 네 아우의 핏소리가 땅에서부터 내게 호소하느니라(창 4:10).

가인에게 죽임당한 아벨의 피가 땅에 흘렸고, 그 피가 땅에서부터 하나님께 호소한 것이다. 그리고 하나님은 가인에게 벌을 내리신다.

땅이 그 입을 벌려 네 손에서부터 네 아우의 피를 받았은즉 네가 땅에서 저주를 받으리니 네가 밭을 갈아도 땅이 다시는 그 효력을 네게 주지 아니할 것이요 너는 땅에서 피하며 유리하는 자가 되리라(창 4:11-12).

아벨의 피를 땅에 흐르게 한 가인의 포악함은 땅의 생명력을 상실하게 했다. 그리고 가인은 땅 위에서 쉬지도 못하고 떠돌아다니게 되었다. 하나님이 홍수를 내린 까닭은 이러한 인간의 포악함, 땅에 피를 뿌리는 인간의 생활방식 때문이었다. 오늘날 우리의 산업 문명도 폭력(violence)에 기초한다. 우리의 먹거리만 봐도 잘 알 수 있다. 앞서 공장식 양계는 물론이고, 소나 돼지의 경우를 봐도 더 심하면 심했지 별다를 바가 없다.

구제역이나 조류독감 바이러스가 발생되면 소나 돼지, 닭들은 생매장된다. 매몰 작업에 동원된 사람들 상당수가 생매장 광경을 지켜보면서 외상 후 스트레스 증후군을 겪는다. 돼지들을 생매장하는 현장은 그야말로 생지옥이다. 그런데 제레미 리프킨(Jeremy Rifkin)은 일반적인 정육 포장공장들의 도축장과 냉동실의 작업환경 또한 지옥을 방불케 한다고 말한다.[29] 수의사 박상표는 생매장 후에 드러난 일에 대해 말해준다. "돼지 사체가 썩어 가면 핏물이 매몰지(땅) 밖으로 흘러나오는 경우가 있다. 심지어 침출수가 지하수로 흘러들어 매몰지 근처 농가의 수도꼭지에서 핏물이 나오기도 했다."[30] 그리고 "부패한 동물 사체에서 나온 침출수엔 대장균, 장 바이러스 등의 유해한 미생물과 질산성 질소, 암모니아성 질소 등 유독화학물질이 가득 득실거릴 가능성이 높다."[31] 우리가 먹는 고기는 가축의 핏물로 땅을 오염시키는 방식으로 생산된 것이다.

미국에서 생산된 모든 곡물의 70%를 소를 비롯한 가축들이 먹고, 지구촌에서 생산되는 전체 곡식의 1/3을 소와 다른 가축들이 먹어치운다.[32] 그러나 "지구촌에는 날마다 10만 명이 기아나 영양실조로 인한 질병으로 죽어간다."[33] 리프킨은 거대 다국적기업의 사료곡물 생산으로 인해 남반구 농민들이 조상 대대로 물려받은 땅에서 쫓겨나고, 이로 인해 기아로 시달린다고 말한다.[34] 따라서 우리가 먹는

---

29 제레미 리프킨/신현승 옮김, 『육식의 종말』(시공사, 2004), 154.
30 박상표, 앞의 책, 156.
31 앞의 책, 157.
32 제레미 리프킨, 앞의 책, 8-9.
33 장 지글러/유영미 옮김, 『왜 세계의 절반은 굶주리는가?』(갈라파고스, 2011), 22.
34 제레미 리프킨, 앞의 책, 9.

고기는 남반구 농민들의 고통(핏값)으로 생산된 것이다.

더욱이 나와 같은 북반구 도시민들은 공장식 축산으로 생산된 고기를 자주 먹음으로 점점 뚱뚱해지고 있다. 실제로 비만은 심혈관계 질환, 당뇨병, 암, 근골격계 이상의 원인으로 지목받고 있다.[35] 우리는 리프킨이 말한 '풍요의 질병', 즉 심장발작, 암, 당뇨병 등에 걸려 죽어가고 있다.[36] 우리가 고기를 먹는다는 것은 땅에 우리 자신의 피를 흐르게 하는 것이다.

땅에 피를 흘리게 하는 폭력적인 우리의 생활방식은 땅을 오염키시고 우리 스스로도 죽음에 이르게 한다. 구약성서학자 버나드 앤더슨(Bernhard W. Anderson)은 하나님의 심판인 홍수는 인간의 폭력적이고 기만적인 삶의 방식이 대재앙을 자초한 것이라고 말한다.[37] 인간의 폭력적인 생활방식은 땅을 부패시켰고, 하나님의 창조물들을 죽음으로 몰고 간 것이다. 그래서 "하나님은 땅 위에 사람 지으셨음을 후회하시고 마음 아파하셨다"(창 6:6, 새번역). 하나님의 비통함은 부패하고 오염된 땅의 고통을 대변한 것이다. 하나님은 땅을 치유하고 정결하게 하기 위해 홍수를 내리신 것이다.

노아가 살던 시대에는 네피림이라는 거인족이 있었다. 그들은 "용사들로서 유명한 사람들"이었다(창 6:4, 새번역). 그들의 자기 확대 욕망은 하나님의 창조질서를 무너뜨렸고, 자신들의 폭력적인 생활방식으로 땅을 오염시켰다. 그 당시 사람들은 그들을 '영웅'으로 불렀다. 그러나 하나님은 땅을 새롭게 하기 위해 영웅을 부르지 않고, 노아를 부르셨다(시 104:30). 창세기 6장 8-9절을 보면 땅이

---

35 박상표, 앞의 책, 116.
36 제레미 리프킨, 앞의 책, 9.
37 Bernhard W. Anderson, 앞의 책, 160.

부패한 시대에 노아만은 "하나님의 은혜를 입었다" 하고 기록되어 있고, 노아는 "의인이요 당대에 완전자요 하나님과 동행한" 인물로 소개된다. 노아는 어떤 사람이었기에 하나님은 그에게 모든 창조물의 생명을 보존하도록 하셨을까?

노아라는 이름은 '안위'(安慰)라는 뜻인데, 노아의 아버지 라멕이 지은 것이다. 라멕은 노아의 이름을 지으면서 아담에서 시작된 땅의 저주를 떠올린다. 하나님께 불순종한 인간은 땅과 반목하게 되었고, 땅으로부터 소외된 인간의 노동은 고통스러운 것이었다.[38] 라멕은 땅과 멀어진 관계가 노아를 통해 회복되어, 땅과 더불어 안식을 누리고 싶었던 것이다.

노아는 '아담(인간)'에서 비롯된 자기 조상들의 자기 확대 욕망에서 벗어나 '아다마(흙)'가 무엇을 원하는지 잘 알고 있었다.[39] 노아는 땅의 고통으로 비통해하는 하나님의 심정을 누구보다 잘 알고 있었다. 땅의 아픔을 인간의 몸으로 드러낸 이야기가 있어 소개한다.

구(舊)소련의 공식적인 연구기관에서는 초능력자들을 연구했다. 그 기관에서는 초능력자들을 통해 농업생산량을 늘려 볼 심산이었다. 예를 들면, 곡식의 씨앗을 발아하는 데 초능력자의 힘을 이용해 보는 것이다. 그 당시 초능력을 가진 알라쿠드리아쇼바라는 여성이 있었다. 그녀는 소련아카데미 연구원의 부탁으로 시골의 집단농장에 가게 된다. 거기서 그녀는 땅을 바라보며 밭고랑에 앉아 정신을 집중하려는데, 별안간 그녀에게 큰 통증이 엄습했다. 그녀에게 땅의 고통이 전해진 것이다. 그 집단농장의 땅이 화학비료와 농약 때문에

---

38 크리스토퍼 라이트/김재영 옮김, 『현대를 위한 구약윤리』 (IVP, 2015), 181.
39 Norman Wirzba, 앞의 책, 34.

죽어가고 있었던 것이다. 사람도 자신의 몸에 독이 들어오면 견딜 수 없듯이 땅도 마찬가지다. 땅의 고통이 그녀의 몸으로 그대로 드러난 것이다. 그 일이 있고 그녀는 한동안 몹시 앓았고, 몸이 회복되는데 상당한 시간이 필요했다고 한다.[40]

우리는 그녀의 모습을 통해 하나님의 비통함을 짐작할 수 있다. 하나님의 마음에 합한 노아는 땅의 고통을 온 몸으로 느끼며 오랜 세월 묵묵히 대형 방주를 만들었을 것이다. 대를 이어 궁궐목수로 한평생을 보낸 니시오카 쓰네카즈(西岡常一)는 "대형 목조 건물을 지을 때는 나무가 아니라 산을 사라"는 말을 조상으로부터 전해 들었다. 이는 나무의 질, 나무의 성깔은 그 나무가 자란 땅의 성질에 따라 결정되기 때문에 대형 목조 건물을 지을 때는 제재가 끝난 나무를 사지 말고 직접 산에 가서 그 산의 땅(토질)을 보라는 말이다.[41] 나무로 대형 방주를 만든 노아도 마찬가지였을 테고, 누구보다 흙에 대해 잘 알았을 것이다. 노아는 '아다마(흙)'가 원하는 바를 겸손히 실천하는 '아담(인간)'의 모습을 잘 보여주었다.[42] 노아는 자신의 뿌리가 '아다마(흙)'인 것을 잘 알고 있었고, 자신이 땅과 더불어 안식해야 하는 존재라는 것을 깊이 인식했다.

홍수가 그친 뒤 하나님은 노아와 무지개 언약을 하고, 방주에서 나온 노아의 아들들로부터 사람들이 온 땅에 퍼지게 하셨다(창 9:19). 그리고 9장 20절을 보면 "노아가 농사를 시작하여 포도나무를 심었더니" 하고 기록되어 있고, 이 구절은 새번역으로 "노아는, 처음으로 밭을 가는 사람이 되어서 포도나무를 심었다"고 표현되어 있다.

---

40 김종철,『간디의 물레: 에콜로지와 문화에 관한 에세이』(녹색평론사, 2010), 117-118.
41 니시오카 쓰네카즈/최성현 옮김,『나무에게 배운다』(상추쌈, 2013), 188.
42 Norman Wirzba, 앞의 책, 34.

여러 영어 성서에는 '노아는 농부(farmer)가 되어'라고 되어 있는데, 영어 성서(New Revised Standard Version)는 "흙의 사람(a man of the soil) 노아는 처음으로 포도나무를 심었다" 하고 기록되어 있다. 노아는 자신이 흙으로 지어졌다는 것과 땅을 돌보며 살아가야 한다는 것을 온몸으로 알고 있었다. 노아는 흙의 사람으로 하나님의 창조세계를 온전히 보존했으며, 무엇보다 농부 하나님을 온전히 닮아갔던 것이다.

V

나와 같은 북반구 도시민의 폭력적인 생활방식은 땅을 부패시키고 하나님의 창조물을 죽음으로 몰아가고 있다. 이러한 현실인식을 토대로 본론에서 창세기 1-9장을 해석해보았다. 결론을 맺으면서 나는 오늘날 흙의 사람, 노아처럼 살아가기를 바랐던 그리스도인 한 사람을 소개하는 것으로 글을 마칠까한다.

의학계의 노벨상이라고 불리는 '앨버트 래스커 의학상'을 받은 외과의사 폴 브랜드(Paul Brand)박사, 그는 1914년 인도 남부 지역에서 선교사로 활동하던 부모에게서 태어났다. 그리고 브랜드는 런던 의과대학에서 외과를 전공하고, 다시 인도로 돌아가 한센병 환자를 치료하며 한센병 연구에 선구적인 역할을 했다. 그는 한센병 환자들을 위한 재활공동체를 운영했으며, 2003년 7월 89세 나이로 별세했다.

브랜드는 에티오피아에서도 한센병 환자들을 치료하며, 손과 발의 재활에 관한 교육을 실시했다. 하지만 그의 관심은 늘 그렇듯이 땅에 있었다. 그에게 진료 받는 환자 대부분은 농부였기 때문이다. 그들의 삶은 농사에 달려있었고, 농사를 지으려면 땅이 있어야만 했다. 환자들이 온전히 재활되기 위해서는 그들의 삶이 회복되어야 하는데, 그러려면 그들에게 건강한 땅이 있어야 된다. 브랜드는 땅이 없는 농부들에게 땅을 나누어주어야 한다는 입장에 공감하며 다음과 같이 말했다.

> "땅은 경작하는 사람의 소유가 될 때, 땅은 제대로 보존되며 다음 세대에게 온전히 전해질 수 있다. 농부는 자신의 손에 쥔 한 줌의 흙이 자식을 위해서 그대로 남아있을 수 있다는 확신을 가질 수 있어야 한다. 그렇지 않으면, 그들은 강으로 흘러가는 흙을 그대로 내버려두지 않겠는가?"[43]

브랜드는 환자들이 치료를 받지 못해 고통당하는 것보다 제대로 먹지 못해 죽어가는 지구촌 현실을 분명히 인식하고 있었다. 그는 항생제나 의료기술, 지식의 부족으로 인한 인류의 고통보다 건강한 흙과 청정한 물의 부족으로 인류는 더 큰 고통을 받고 있다고 말했다. 그에게 보건(health)이란 흙과 물을 잘 보존하고 토종작물을 재배하는 것이다. 그래서 브랜드는 "내가 만일 흙과 땅에 관한 정책에 영향을 줄 수 있는 일을 맡게 된다면, 내일이라도 당장 기쁜 마음으로 의사를 그만 둘 수 있다"[44]고 했다.

브랜드의 마음에는 어릴 때 인도에서 만났던 늙은 농부 타타(Tata)가 살아있었다. 그는 자기 친구들이랑 타타 할아버지의 논두렁에서

---

43 Paul Brand, "A handful of Mud," *Christianity Today* (July 1, 2003).
44 앞의 글.

개구리를 잡으며 흙탕물을 일으켰다. 흙이 논두렁 옆 도랑으로 흘러가는 것을 본 타타는 브랜드와 친구들에게 한 줌의 흙에서 한 사람의한 끼 식사에 먹을 충분한 쌀이 나오며, 이러한 일은 앞으로도 매년두 번씩 계속될 것이라고 말했다.[45] 늙은 농부 타타의 이야기는 계속되었다.

> "도랑에 떠내려가는 흙은 내가 태어나기 전, 내 할아버지가 태어나기 오래
> 전부터 우리 가족의 먹거리를 제공해왔단다. 그 흙은 내 손자와 그 손자의
> 손자에까지 먹거리를 제공해줄 것이었다. 그런데 이제 그 흙은 더 이상
> 우리에게 먹거리를 제공해주지 못하게 되었구나. 너희가 도랑에 떠내려
> 가는 흙을 바라볼 때, 너희는 생명이 떠내려간다는 것을 알아야 한다."[46]

브랜드는 늙은 농부 타타를 통해 흙이 생명인 것과, 흙을 다음세대에 물려 줄 막중한 책임이 자신에게 있다는 것을 깨달은 것이다. 그는 자신의 손자 다니엘에게 자신도 타타와 같은 존재, 흙과 땅을지키는 존재가 되기를 바랐다.

인간의 치유는 근원적으로 하나님이 지으신 창조물, 땅의 치유에달려있다. 성서에서 말하는 구원은 궁극적으로 하나님이 지으신모든 창조물의 치유를 말한다.[47] 우리는 근원적으로 흙의 사람, 농민이다. 우리는 농(農)을 통해 흙의 고통을 느끼며 땅을 치유한다. 우리는 흙과 더불어 창조주 하나님의 구원을 경험하게 된다.[48] 인간을

---

45 앞의 글.
46 앞의 글.
47 하워드 A. 스나이더 · 조엘 스캔드렛/권오훈 · 권지혜 옮김, 『피조물의 치유인 구원: 땅과
　　하늘의 이혼을 극복하는 죄와 은혜의 생태학』 (대한기독교서회, 2015), 16.

비롯한 모든 창조물은 농부이신 하나님이 만드신 에덴에서, 농(農)을 통해 온전히 치유되고 회복될 것이다.

---

48 여러 종교단체(기독교, 천주교, 불교)에서 농부학교를 열고 있다. 그리고 교육 현장과 교도 행정에 '텃밭가꾸기'가 수업으로 진행되고 있다. 이는 농사가 영성과 심리 치유에 도움을 준다는 말이다. "농사 행위의 자연치유 효과도 주목받기 시작했다. 그래서 도시농업, 농부교실, 귀농학교, 농사대학 등의 과정이 민간과 공공 영역에서 빠르게 확산되어 가고 있다." 이에 대해서는 다음의 책을 참조하라. 전희식, 『소농은 혁명이다: '똥꽃' 농부 전희식이 꿈꾸는 희망농촌』 (모시는사람들, 2016).

농신학으로 보는 치유농업*

이원영
(목사, 예장통합총회농촌선교센터원장)

I. 농신학(農神學)

1. 농(農)이란 무엇인가?

1) 성서로 본 농(農)

성서에서 농(農)과 관련된 단어인 농부, 농사, 경작을 사용한 구절들을 개역개정에서 살펴본 후, 구약의 히브리어와 신약과 구약 70인역의 헬라어 용례를 통해 농의 의미를 찾고자 한다.

---

* 이 글은 2024년 2월 27일(화) 비대면으로 진행된 농신학연구회 제40차 월례세미나에서 발표한 것이다.

(1) 농부[1]

구약에서는 세 단어를 사용하고 있다. 첫 번째는 '야기브'라는 동사의 명사형 '요겝'[2]으로 '갈다', '경작하다', '농부가 되다'란 뜻이다. 두 번째 '이시-아다마'[3]는 흙, 땅이란 뜻의 '아담'과 사람이란 뜻의 '이쉬'이라는 명사가 결합되어 '땅의 사람'라는 뜻이다. 세 번째는 '이카르'[4]라는 단어인데 이는 외래어에서 왔다고 해설한다. 신약에서는 농부를 일관되게 '게오르고스'라는 단어를 사용한다. 이 단어는 땅, 흙, 지구를 뜻하는 '게'와 일하다는 뜻의 '에르고'의 합성어로 '땅을 가는 사람'이란 의미를 담고 있다.

---

1 **구약** 왕하 25:12; 대하 26:10; 사 61:5; 렘 31:24, 51:23, 52:16; 겔 1:11; 암 5:16; 슥 13:5; **신약** 마 21:33, 34, 35, 38, 40, 41; 막 12:1, 2, 7, 9; 눅 20:9, 10, 14, 16; 요 15:1; 딤후 2:6; 약 5:7.

2 왕하 25:12: "시위대장이 그 땅의 비천한 자를 남겨 두어 포도원을 다스리는 자와 농부가 되게 하였더라"; 렘 52:16: "가난한 백성은 남겨 두어 포도원을 관리하는 자와 농부가 되게 하였더라."

3 슥 13:5: "말하기를 나는 선지자가 아니요 나는 농부라 내가 어려서부터 사람의 종이 되었노라 할 것이요."

4 대하 26:10: "또 광야에 망대를 세우고 물웅덩이를 많이 파고 고원과 평지에 가축을 많이 길렀으며 또 여러 산과 좋은 밭에 농부와 포도원을 다스리는 자들을 두었으니 농사를 좋아함이 었더라"; 사 61:5: "외인은 서서 너희 양 떼를 칠 것이요 이방 사람은 너희 농부와 포도원지기가 될 것이나"; 렘 31:24: "유다와 그 모든 성읍의 농부와 양 떼를 인도하는 자가 거기에 함께 살리니"; 렘 51:23: "네가 목자와 그 양 떼를 분쇄하며 네가 농부와 그 멍엣소를 분쇄하며 네가 도백과 태수들을 분쇄하도록 하리로다"; 겔 1:11: "농부들아 너희는 부끄러워할지어다 포도원을 가꾸는 자들아 곡할지어다 이는 밀과 보리 때문이라 밭의 소산이 다 없어졌음이로다"; 암 5:16: "그러므로 주 만군의 하나님 여호와께서 이와 같이 말씀하시기를 사람이 모든 광장에서 울겠고 모든 거리에서 슬프도다 슬프도다 하겠으며 농부를 불러다가 애곡하게 하며 울음꾼을 불러다가 울게 할 것이며."

(2) 농사5

개역개정에서 농사로 번역한 본문은 구약에서만 찾을 수 있는데 두 가지 표현을 사용한다. 첫 번째는 '짜라'6라는 동사인데 그 뜻은 '심다, 씨뿌리다'이다. 이는 파종이란 행위로 농사와 자연스럽게 연결된다. 두 번째는 '아바드-아다마'7 또는 '아바드-바싸다'8이다. '아다마'는 앞서 언급했듯이 흙이란 뜻이며 '바싸다'는 '싸데'라는 단어의 변형으로 들, 밭, 땅이란 뜻이고, 외래어이다. '아바드'는 일하다, 봉사하다, 섬기다, 경배하다의 뜻의 동사다. 이렇게 볼 때 농사는 땅에 봉사하고, 땅을 섬기며, 땅을 경배하는 일이다.

(3) 경작9

경작이란 단어도 개역개정에서는 구약에서만 볼 수 있는데 히브리어로 세 가지 단어를 사용한다. 첫 번째는 '아바드'10로 섬기다,

---

5 창 4:2, 9:20, 26:12; 출 1:14; 대하 26:10.
6 창 26:12: "이삭이 그 땅에서 농사하여 그 해에 백배나 얻었고 여호와께서 복을 주시므로."
7 창 4:2: "그가 또 가인의 아우 아벨을 낳았는데 아벨은 양 치는 자였고 가인은 농사하는 자였더라"; 대하 26:10: "또 광야에 망대를 세우고 물 웅덩이를 많이 파고 고원과 평지에 가축을 많이 길렀으며 또 여러 산과 좋은 밭에 농부와 포도원을 다스리는 자들을 두었으니 농사를 좋아함이었더라."
8 출 1:14: "어려운 노동으로 그들의 생활을 괴롭게 하니 곧 흙 이기기와 벽돌 굽기와 농사의 여러 가지 일이라 그 시키는 일이 모두 엄하였더라."
9 창 2:15; 잠 12:11, 13:23, 28:19; 렘 26:18; 겔 36:34; 48:19.
10 창 2:15: "여호와 하나님이 그 사람을 이끌어 에덴동산에 두어 그것을 경작하며 지키게 하시고"; 잠 12:11: "자기의 토지를 경작하는 자는 먹을 것이 많거니와 방탕한 것을 따르는 자는 지혜가 없느니라"; 잠 28:19: "자기의 토지를 경작하는 자는 먹을 것이 많으려니와 방탕을 따르는 자는 궁핍함이 많으리라"; 겔 48:19: "이스라엘 모든 지파 가운데에 그 성읍에서 일하는 자는 그 땅을 경작할지니라."

일이다. 예배하다란 뜻이다. 두 번째는 '니르'[11]로 파다, 갈아엎다, 경작하다는 뜻이다. 세 번째는 '하라쉬'[12]로 갈다, 궁리하다, 경작하다 란 뜻이다.

위의 내용을 종합해 보면 히브리어와 헬라어를 통해 성서가 말하는 농(農)은 땅의 사람, 땅에 속한 사람(농부) 그리고 땅을 위해 일하고, 예배하고, 섬기는 일(농사), 땅 그 차체가 농이다. 신학적 관점에서는 '아바드 하아다마'에 천착할 필요가 있다. 농은 땅을 위해 일하는 인간의 예배다. 이 명제가 기독신앙의 중심에 자리 잡는다면, 땅은 인간에게 종속적이지 않고 함께 더불어 살아갈 형제 이며, 먹거리를 얻기 위해 약탈할 대상이 아니라 보호하고 섬겨야 할 자매이다. 땅을 섬기고 예배한다는 말을 우상숭배로 오해하지 말아야 한다. 섬긴다는 말은 땅 역시 하나님의 피조물로써 생명을 가진 존재이며 공존을 위해 아끼고 보호한다는 뜻으로 해석되어야 한다.

2) 한자로 본 농(農)

농(農)이란 한자는 회의(會意)문자[13]로 별 진(辰)자와 굽을 곡(曲) 자가 결합한 모습이다. 진(辰)자는 농기구의 일종을 그린 것이다.

---

11 잠 13:23: "가난한 자는 밭을 경작함으로 양식이 많아지거니와 불의로 말미암아 가산을 탕진하는 자가 있느니라."
12 렘 26:18: "유다의 왕 히스기야 시대에 모레셋 사람 미가가 유다의 모든 백성에게 예언하 여 이르되 만군의 여호와께서 이와 같이 말씀하셨느니라 시온은 밭 같이 경작지가 될 것이 며 예루살렘은 돌무더기가 되며 이 성전의 산은 산당의 숲과 같이 되리라 하였으나."
13 둘 이상의 한자를 합하고 그 뜻도 합성하여 글자를 만드는 방법이다. '日'과 '月'을 합하여 '明' 자를 만들어 '밝다'는 뜻을 나타내는 것 따위이다.

갑골문에는 다양한 형태의 농(農)자가 등장했었다. 어떤 것은 수풀 림(林)자에 辰자가 더해져 🌿 로 표현되기도 했고, 또 다른 것은 여기에 손이 그려져 🌿 로 표현되기도 했다. 금문에서는 여기에 밭 전(田)자가 더해지면서 농기구로 밭을 가는 🌿 로 그 모습이 표현되었 다. 금문에 쓰인 전(田)자는 해서(楷書)에서부터 곡(曲)자로 표현되 면서 지금의 농(農)자가 만들어지게 되었다.[14] 농사철이 되어 밭에 나가 농사를 짓는다는 뜻을 나타낸다. 그 과정은 다음과 같다.

또 농(農)은 때 신(辰)자와 굽을 곡(曲)을 더해 농사 때에 씨 뿌리고 김매며 거두기 위해 허리를 구부려 일한다는 의미와 함께 농사가 잘 되라고 허리를 구부려 천지신명께 곡진(曲盡)하게 정성 드리는 뜻도 담겨 있다. 진(辰)[15]은 12지간(支干)중 씨를 뿌려야

---

14 '農': 네이버한자사전(naver.com.)
15 『家苑 周易大觀』강설: 12地支와 12띠 동물 중(한자와 유학경전연구소 대표 이윤숙).
  辰 ䷪(진) 동남방, 떨치다, 펴다, 다섯 번째 지지, 아침 7시-9시(辰時), 음력 3월(辰月),
  오행상 土, 용(龍)띠신 때, 일월이 만나는 곳(日月所交會之地) 북신(北辰)
  ① 澤天夬(택천쾌, ䷪)괘의 象에서 볼 수 있듯이 아래로부터 위로 다섯 陽이 올라와 마지
  막 남은 陰 하나를 결단해야 하는 때이다. 3월에 양기가 성해지고 초목이 뿌리를 내리고
  (氏) 땅을 뚫고 나오면서 둔덕(厂)에 양기운인 아지랑이(一)가 厊 아른아른하는 모습이다.
  ② 이때가 농사 때이다. '농사 農(농)'의 글자가 '때 辰(신)'위에 '곡진할 曲(곡)'을 더하여
  싹들이 고불고불(曲) 나오는 때(辰)에 정성을 다해 曲盡(곡진)히 농사를 짓는다는 뜻이
  다. 12地支 가운데 辰을 때의 대표로 삼은 것은 한 해의 농사 가운데 밭 갈아 씨 뿌리는
  것이 가장 중요하기 때문이다.
  ③ 辰(진)을 震(우레 진)이라고도 하는 이유는 穀雨(곡우) 비(雨)가 내리는 때(辰)라는
  뜻이다. 만물이 다 떨쳐 일어나기에 '떨칠 振(진)'에도 辰이 들어가고 입술을 열어야 말이
  나오고 음식물이 들어가기에 '입술 脣(순)'에도 辰이 들어감을 볼 수 있다.

하는 때인 음력 삼월로, 주역의 괘상으로는 양기운에 의해 음기운이 거의 물러가 결단할 때라는 뜻을 담은 택천쾌(澤天夬)에 해당하기에 농사의 '때'를 대표한다. 곧 농은 춘삼월에 힘써 씨를 뿌리고 김을 매야 가을에 거둘 수 있다는 뜻을 담았다. 농(農)에 대한 용례16를 통해 의미를 살펴보면 아래와 같다.

① 농사. 농업. 경작: 벽토식곡왈농(闢土殖穀曰農), 한서(漢書)

② 농부. 농민: 오불여로농(吾不如老農), 논어(論語)

③ 백성: 농자민야(農者民也), 춘추번로(春秋繁露)

④ 전답. 농지. 경지(耕地): 삼농생구곡(三農生九穀), 주례(周禮)

⑤ 경작하다.

⑥ 힘쓰다. 노력함: 소인농력이사기상(小人農力以事其上), 좌씨전(左氏傳)

⑦ 두텁다: 농용팔정(農用八政), 서경(書經)

농(農)의 용례를 두 가지 갈래로 나눠보면 명사와 동사로 사용되었

---

④ 龍을 『說文』에서는 "비늘 있는 짐승의 어른이고, 능히 어둡게 하고 능히 밝게 하며, 능히 작게 하고 능히 크게 하며, 능히 짧게 하고 능히 길게 하여 춘분에 하늘에 올랐다가, 추분에 연못으로 잠긴다"(鱗蟲之長, 能幽能明, 能細能巨, 能短能長, 春分而登天, 秋分而潛淵)고 했다. 이 말은 龍이 구체적인 물건이 아니라 신묘한 조화작용을 나타내는 음양의 기운이란 뜻이다. 곧 龍이란 글자를 보면 '立(설 립) + 月(달 월) + 卜(점 복) + 己(몸 기) + 三(석 삼)'으로 이뤄졌다. 달력인 책력을 세움에(立, 月) 8년에 세 번 윤달(己, 三)을 두어 태음력과 태양력의 차이를 메워 中을 맞춘다(卜)는 뜻이다.

⑤ 이러한 龍은 『주역』 乾 괘(䷀)로 비유되고, 彖傳(단전)에 "大明終始하면 六位時成하나니 時乘六龍하여 以御天하나니라(마치고 시작함을 크게 밝히면, 여섯 위가 때로 이뤄지나니, 때로 육룡을 타서 하늘을 어거하나니라.)"라고 했듯이 때를 다스리는 표상이다. 이 여섯 陽이 들고 나면서 일 년 열두 때를 이룬다. 그러므로 백성들에게는 실질적인 일 년의 시작, 곧 농사의 시작 때인 辰을 龍으로 삼게 했고, 풍운조화의 작용은 하늘에 있기에 정성을 다해 농사를 짓도록 독려한 것이다.

16 '農' 다음한자사전(Daum 漢韓辭典).

다. 첫 번째, 명사로는 농사(농업), 농민, 백성, 농지(전답)이고 두 번째, 동사로는 '경작하다', '힘쓰다', '두텁다(견고하다)'이다. 한자의 의미를 종합해 보면 농(農)이란 ① 때를 따라 땅을 갈고 씨를 뿌리는 일이며, ② 이를 통해 먹거리(食)를 얻고, ③ 사람(農夫)은 ④ 땅을 가꾸는 일에 ⑤ 힘을 써야 ⑥ 삶이 든든할 수 있다.

2. 농신학, 농(農)에 근거한 신학의 방향

농(農)에 대해 두 가지 관점으로 살펴보았다. 첫 번째, 성서적 관점에서 농(農)은 땅을 갈고(농사), 땅의 사람, 땅에 속한 사람(농부) 그리고 땅을 위해 일하고, 예배하고, 섬기는 일이다. 땅(자연, 피조세계)과 관계를 맺는 삶이 농(農)이라는 말이다. 레오나르도 보프는 자신의 저서 『생태신학』에서 "생태학은 (생물이든 무생물이든) 존재하는 모든 것이 자신과 그리고 (실재하는 것이든 잠재하는 것이든) 존재하는 다른 모든 것과 갖는 관계이자 상호 작용이며 대화이다"[17]라고 했다. 이런 관점에서 땅을 섬기고 예배하는 농(農)은 생태학과 마주하며 생태신학과 공명한다.

두 번째, 한자라는 인문학적 관점에서 농(農)은 ① 때를 따라 땅을 갈고 씨를 뿌리는 일이며, ② 이를 통해 먹거리(食)를 얻고, ③ 사람(農夫)는 ④ 땅을 가꾸는 일에 ⑤ 힘을 써 ⑥ 삶이 든든하도록 이끄는 원천이다. 한자가 가지고 있는 농에 대한 독특한 관점은 때, 시간이라는 점이다. 농(農)에서 시간은 계절의 흐름과 연결되어 있다. 인간은 시간을 조절하거나 조정할 수 없다.[18] 농에 의존하며

---

17 레오나르도 보프, 『생태신학』, 21.

살아가는 인간은 시간을 따라 살아가야만 한다. 그렇지 않으면 삶을 든든히 유지할 수 없다.[19]

농(農)의 뜻을 톺아보면서 농에 근거한 신학의 목적과 방향은 이미 우리에게 주어졌다. 농이란 땅을 위해 일하고 섬기는 일이기에 첫째, 하나님께서 창조하신 땅(자연, 피조세계)과 관계 맺는 신앙(실천)과 신학(학문)을 추구해야 하고, 둘째, 농(農)은 때(시간, 계절)라는 한계를 받아들이기에 자연의 법칙을 거부하려는 기술과 과학을 견제하고 창조질서에 따라 살아가는 유익을 제시해야 한다. 이렇게 볼 때 농신학은 생태학 및 자연과학과 끊임없는 대화를 시도해야 한다.

II. 치유농업

1. 치유농업이란 무엇인가?

1) 치유농업의 개념

치유농업은 본질적으로 '치유를 위한 농업의 활동'이라는 의미를 내포하고 있는데, 구체적으로 정의하면 식물, 동물 등 농업의 소재나

---

18 전 3:11: "하나님이 모든 것을 지으시되 때를 따라 아름답게 하셨고 또 사람들에게는 영원을 사모하는 마음을 주셨느니라 그러나 하나님이 하시는 일의 시종을 사람으로 측량할 수 없게 하셨도다."
19 잠 20:4: "게으른 자는 가을에 밭 갈지 아니하나니 그러므로 거둘 때에는 구걸할지라도 얻지 못하리라."

그 산물을 활용하거나 농촌의 환경, 문화 등의 자원으로 사람의 심리적, 사회적, 신체적 건강을 도모하는 산업이나 활동[20]으로 정의한다. 즉, 농(農)이란 활동과 농(農)이 이루어지는 물리적 환경(농촌)으로 건강이 회복되도록 돕는 산업활동이 치유농업이다. 치유농업에서 다루려고 하는 핵심은 인간의 건강이고 농업활동이 건강을 증진시킬 수 있다는 말이다.

2) 치유농업의 목적

세계보건기구(WHO)는 건강을 '단순히 질병이나 허약함이 없는 상태가 아니라 신체적, 정신적, 사회적으로 안녕한 상태'로 정의한다. 그래서 치유농업은 일과 관련된 스트레스를 받고 있거나 건강이 좋지 않은 사람들뿐만 아니라 의학적, 사회적으로 치료가 필요한 사람들(정신 질환자, 우울증 환자, 학습장애인, 약물 중독자, 사회적인 불만이 있는 사람들)을 치유하는 농업활동이다.[21] 치유농업의 다양한 활동은 사회적 농업[22]과 연결되어 있어 혼용되기도 한다. 치유농업과 사회적 농업은 농업을 활용한다는 면에서 공통점을 갖고 있지만, 치유농업은 치유활동에, 사회적 농업은 농업의 공익적 역할을 통해 농업인과 사회적 약자를 포용하는 농촌 공동체 활성화를 도모하며, 사회적 약자에게 돌봄, 교육, 일자리를 통해 사회 참여

---

20 농촌진흥청, 『치유농업』(M&B), 9.
21 농촌진흥청 국립원예특작과학원, 『치유농업 총서』(M&B), 10.
22 사회적 농업이란 농업인이 농업 활동과 농촌자원을 활용해서 농촌 주민들에게 부족한 서비스를 제공하는 활동이다. 농업의 공익적 역할을 통해 농업인과 사회적 약자를 포용하는 농촌 공동체의 활성화를 도모하고, 사회적 약자에게 돌봄, 교육, 일자리를 통해 사회 참여 기회를 제공하여 농촌 생활 적응도를 높이고 정서적 안정을 도모하는 것이다.

기회를 제공하는데 목적을 두고 있어 차이점을 나타낸다.

3) 치유농업이 말하는 치유

치유농업에서 말하는 치유는 치료와 다른 개념이다. 치유(治癒, healing)의 사전적 정의는 '치료하여 병을 낫게 함'으로 설명하고 있어 치료와 비슷한 개념으로 사용된다. 하지만 치유라는 말은 정신적, 육체적으로 안도감이 찾아올 때 '치유된다'고 말하는데 이처럼 심리적인 안정감을 주고 그로 인해 육체적, 정신적 영향을 미치는 활동이다. 그에 반해 치료는 약물투여나 수술과 같은 의학적 개입으로 증상의 원인을 물리적으로 제거한다는 면에서 차이가 있다.

치료(治療, Therapy)	치유(治癒, Healing)
① 질환의 증상제거에 중점(육체,물리)	① 질환의 원인제거에 중점(심리, 정서)
② 질병 중심	② 사람 중심(전인적)
③ 의료인의 개입	③ 해당전문가의 개입
④ 투약과 수술 위주	④ 식사, 운동, 명상 등 위주
⑤ 의학적 개입	⑤ 자연적 회복
⑥ 특이적/ 서양의학 관점	⑥ 비특이적/ 보완대체의학 관점

2. 치유농업의 유래(역사)

2차 세계대전 이후 기술과 자본 집약적으로 발전한 유럽의 농업은 비약적인 생산성 증대와 함께 환경문제, 생산성을 위한 단조로운 농촌 경관, 가축 질병 발생 등 부정적 결과를 낳게 되었다. 자연과 환경을 보존하고자 관심이 증대되면서 생산성 증대에 따른 경제적

이익 극대화와 대조적인 움직임이 일어나게 되었다. 그 움직임은 기존의 형식을 깨는 젊은 농업인으로부터 시작되었는데, 유기농을 실행하고자 하는 농업인뿐만 아니라 도시에서 온 젊은 사람들을 중심으로 하는 소규모의 생활 농업 프로젝트가 시도되었다. 치유농업은 보건복지와 농업을 함께 하려는 이런 새로운 시각에서 시작되었다.[23]

유럽은 1, 2차 세계대전에 따른 전쟁후유증과 급격한 산업화로 인한 피해를 경험했다. 20세기 들어서 정신건강의 문제를 가지고 있는 사람의 수가 증가했다. 인구의 증가와 함께 가속화되는 산업화, 조직 사회의 중요성이 지나치게 강조되면서 이러한 경향은 심해졌다. 정신병원의 환자들은 대부분 거의 영구적으로 침대생활을 해야만 했다. 당시에 노동은 사회로 향하는 재통합의 방법으로 여기지 않았으나, 1950-60년대에 들어 노동이 정신적 질병이나 지적 장애를 회복하고 개선하는 방법으로 인식, 활용되기 시작했다.[24] 그와 더불어 최초의 치유농장은 1975년에 시작되었다고 한다.[25]

III. 농신학으로 본 치유농업

치유농업은 그 용어가 지시하는 바와 현장이 다르다. 농업이라고 할 때 직관적으로 이해되기는 땅에서 먹을 수 있는 작물을 키우는 일이다. 하지만 치유농업이 말하는 '치유를 위한 농업의 활용' 안에는

---

23 농촌진흥청, 『치유농업』, 22.
24 이에 대한 구체적 사례를 재미있고 쉽게 알고 싶다면 『정원의 쓸모』를 추천한다.
25 위의 책, 24-25.

작물을 키우는 농업 및 텃밭활동 외에 가축(동물) 기르기, 원예작물 기르기, 산림치유, 허브식물을 활용한 향기(아로마)치유 등이 포함되어 있다. 농업에만 국한되지 않지만 모든 것에 공통된 특징은 땅(자연)을 기반으로 하고 있다는 점이다. 농(農) 역시 땅을 갈고, 땅을 가꾸며 섬기는 일이기에 치유농업이 구현되는 땅이 어떻게 인간을 치유하는지 살펴볼 필요가 있다.

1) 땅 에너지를 이용한 자연치유

켄트주립대학에서 심리학 박사학위를 취득한 심리치료사 워렌 그로스맨은 1987년 브라질로 휴가를 다녀온 뒤 기생충 감염으로 치명적인 병에 걸렸다. 기력이 쇠한 그는 매일 땅 위에 몸을 눕혔고, 일주일 밖에 살지 못할 거라는 의사들의 진단과 달리 놀랍게도 건강을 되찾았다. 그 후 땅의 에너지를 이용한 자연치유를 가르치고 활동하고 있다. 그는『땅 에너지를 이용한 자연치유』라는 자신의 책에서 땅의 치유력에 대해 아래와 같이 이야기한다.

> "치유에 가장 좋은 진동수는 자연 에너지의 진동수이다. 두통이나 소화불량, 걱정, 긴장감이 들 때마다 땅 위에 앉거나 서거나 누워보자. (중략) 땅과 만나는 느낌에 집중하는 것이다. 우리의 작은 에너지가 대지의 커다란 에너지와 공명을 일으켜 건강한 대지의 에너지를 닮아갈 것이다. (중략) 대지와의 이런 상호 작용은 불안이나 우울, 편집증적 생각, 강박적인 행위나 분노 같은 심리적 증상에 훌륭한 치유제가 될 뿐만 아니라 두통이나 등의 통증, 소화불량과 같은 신체적 증상을 없애주기도 한다.[26] 대지와의

교감은 몸을 치유해준다."[27]

언제부턴가 '맨발 걷기' 열풍이 불었다. 맨발로 땅을 밟으면 건강해
진다는 믿음 때문이다. 이것은 단순한 미신이나 정서적 효과에 불과
한 것일까? 의학박사이며, 미국 심장병학회 전문의인 스티븐 시나트
라는 맨발 걷기(접지, earthing)의 효과를 임상실험을 통해 의학적으
로 증명하고 사례를 모은 책을 발간했는데 바로『땅과의 접촉이
치유한다』이다. 이 책에서 그는 만병의 원인을 염증으로 보고 있다.
현대의학은 염증을 치료하기 위해 증상을 완화시키는 약물을 몸에
투여하지만 염증이 치유되지 않는다.

2) 염증과 흙 밟기(earthing)의 상관관계

염증은 누구나 생길 수 있다. 염증(inflammation)이라는 말은
불붙다는 의미인 라틴어 '인플라마티오(inflammatio)에서 유래되었
다. 염증은 병원균, 세포손상, 외부 자극과 같은 해로운 자극으로부터
신체를 보호하기 위한 복합적인 생물학적 반응이며, 해로운 물질을
제거하고 환부조직을 치유하는 반응이다. 염증이 생기지 않으면
상처와 감염이 치료되지 않고 조직 파괴가 계속 진행되어 생존을
위협할 것이다.[28] 다시 말해 염증은 건강을 지키기 위한 몸속 방패다.
하지만 문제는 손상된 세포가 회복되고 세균과의 싸움이 끝난 후에도
염증이 사라지지 않는다는 사실이다. 급성염증(세균의 침입이나 세

---

26 워렌 그로스맨,『땅 에너지를 이용한 자연치유』(샨티), 40-41.
27 위의 책, 51.
28 클린턴 어버·스티븐 T. 시나트라·마틴 주커,『땅과의 접촉이 치유한다』(히어나우), 83.

포손상에 의한 염증)이 아닌 만성염증[29]이 고질병을 키우게 되는데 그 이유는 땅과의 단절에서 비롯되었다[30]고 한다.

인간의 면역계는 수백만 년에 걸쳐 진화했다. 물론 이 장구한 세월동안 인간은 맨발로 지내며 땅에 접촉하고 살았다. 인간은 원래부터 접지인(接地人)으로 살았던 것이다. 그러나 현대적인 삶의 방식 때문에 인간이 지구의 전기 에너지(안정화 에너지)로부터 단절되어 자연적인 접지 상태에서 벗어났으며, 그로 인해 면역계 이상이 발생할 수 있음을 과학자들은 아직 인지하지 못하고 있다.[31] 이 책을 읽으면서 아이가 태열로 고생할 때 어른들로부터 자주 듣는 말이 생각났다. "흙 밟을 나이가 되면 사라진다."

흙 밟기, 맨발 걷기를 이 책에서는 '어싱'(earthing)이라고 표현한다. 흙 밟기는 지구 표면에 존재하는 에너지에 우리 몸을 연결하는 것이다. 말하자면 야외에서 맨발로 걷거나 앉아있기 혹은 대지의 자연적인 치유에너지를 우리 몸속으로 전달해주는 전도성(傳導性) 장치에 몸을 접촉한 상태에서 잠을 자거나 일을 하는 것이다. 지표면에는 음전하를 띠는 자유전자가 풍부한데 흙 밟기를 하면 이 자유전자가 우리 몸으로 유입된다. 그 즉시 우리 몸의 전기에너지 혹은 인체전위가 지구의 전기에너지 혹은 지구 전위와 같아진다. 흙 밟기를 통해 얻어진 연구결과에 따르면 염증완화, 만성 통증 감소, 수면개선, 스트레스 감소, 생체리듬 회복, 혈압, 혈액순환 개선, 두통 해소,

---

29 만성염증과 관련된 질환—알레르기, 알츠하이머, 루게릭, 빈혈, 관절염, 천식, 자폐증, 암, 심혈관 질환, 1, 2형 당뇨, 섬유근육통, 장질환, 신부전, 루푸스, 다발성 경화증, 통증, 췌장염, 건선, 습진.
30 위의 책, 85.
31 위의 책, 33.

월경 증후군 증상 경감 등의 효과가 있다고 한다[32].

3) 흙 밟기와 치유농업

흙 밟기에 대한 주장과 신체에 미치는 효과를 어디까지 신뢰할 수 있을까? 사이비 의학이라 폄하할 수 있을지 모르나 과학적 검증과 임상적 데이터를 쌓고 있다는 점을 주목할 필요가 있다. 사실 치유농업에서도 이와 비슷한 궤적을 볼 수 있다. 단지 농업활동을 통해 정신질환, 마약중독, 아동기에 많이 나타나는 주의력 결핍 과잉행동장애(Attention-Deficit Hyperactivity Disorder, ADHD와 같은 증상이 완화되고 극심한 심리적 불안이 해소된 사례들이 치유농업을 통해 보고되기 때문이다. 그와 더불어 치유농업의 환경이 땅에 기반하고 있다는 점을 무시할 수 없다.

토양은 지구상에서 가장 광범위한 천연 미생물 저장소다. 이 중 특정 미생물이 인간의 신체 건강에 도움이 되는 유익한 미생물임이 밝혀졌다. 사람이 흙을 만지거나 밟으면 토양미생물과 그 안에서 유래한 생리활성 휘발성유기화합물이 호흡기나 피부 접촉을 통해 인체에 유입되는데, 그 토양미생물에 들어 있는 어떤 성분이 건강에 이롭다는 것이다. 또 토양미생물 마이코박테리움 박케(Mycobacterium vaccae)를 쥐의 체내에 주입하자 행복 호르몬인 세로토닌 수치가 증가하고, 분노 행동이 감소하는 것을 확인했다[33]고 한다. 또 일반

---

32 위의 책, 26-27.
33 Lowry, C. A., Wu, Y., and Park, S. A., "Effects of Olfactory Stimulation with Aroma Oils on Psychophysiological Responses of Female Adults," *Environmental Research and Public Health* 19(9) (2022).

성인 30명(남자 10명, 여자 20명)에게 박테리아의 일종인 스트렙토마이세스 리모서스(Streptomyces rimosus)가 함유된 토양을 이용해 흙 섞기 활동을 수행한 결과, 혈액 내에 행복 호르몬으로 잘 알려진 세로토닌 농도가 유의미하게 증가했다[34]고 한다[35]. 결론적으로 땅과 자연에 뿌리를 둔 농(農)에 잇대어 살아가는 모든 활동이 병든 인간을 치유하는데 효과가 있다는 점은 의심할 여지가 없어 보인다.

4) 농의 회복이 치유

오늘날의 "농업은 경제 체제 속에 있는 산업의 한 분야이고, 시장 경제에서 산업은 효율성과 생산성을 둘러싼 경쟁을 그 원리로 삼고 있다."[36] 그래서 농민(농가)은 이러한 경쟁에서 살아남으려고, 농약과 화학비료를 사용해 자연의 시간을 조정하려고 한다. 이영재 목사의 지적처럼 농인(農人)의 타락이다. 농민의 구원, 농의 회복을 위해서 우리는 어떻게 해야 할까?

농사는 인류를 특징짓는 것이라는데 그 의미가 있고, 인간 본래의 생활방식과 깊은 관계가 있다.[37] 즉, 인간 본래의 생활방식인 농본주의, 농을 중심에 둔 삶을 회복하는 일이 중요하다. 농사(아바드 하아다마)는 땅을 경작하고, 섬기며, 예배하는 행위다. 그러기에 농(農)의

---

34 Kim, S, O., Kim, M, J., Choi, N. Y., Kim, J. H., Ohm M. S., Lee, C. H., and Park, S. A., "Psychophysiological and Metabolomics Responses of Adults during Horticultural Activites Using Soil Inoculated with Streptomyces rumosus: A Pilot Study," *International Journal of Environmental Research and Public Health* 19(19) (2022), 12901.

35 박신애, 『식물치유』 (인사이드북스), 98-99 재인용.

36 쓰지 신이치, 『슬로 라이프』, 58.

37 우자와 히루후미/이병천 옮김, 『사회적 공통자본』 (필맥, 2008), 45.

중심에는 "노동이 기도요 기도가 노동이라"라는 영성이 충만하다.

교회의 중대한 관심사는 구원(구속)이며, 성경적으로 말하면 구원은 궁극적으로 피조물의 치유를 의미한다. 성경은 치유되고 회복된 '새 하늘과 새 땅'을 약속한다(사 65:17, 66:22; 벧후 3:13). 히브리어 '샬롬'이 포괄적인 행복(well-being)을 의미한다는 사실을 기억할 필요가 있다. 세상을 치유하는 것이 바로 복음이다. 예수가 하나님 나라를 전할 때 그는 치유, 즉 샬롬을, 그만이 진실로 약속하고, 진실로 줄 수 있는 그런 평화와 치유를 전했다(눅 9:2). 물론, 복음은 믿음에 의한 칭의, 속죄, 용서 그리고 거듭남(new birth)에 대한 것이다. 하지만 이 모든 것에 포괄하는 좀 더 큰 진리는 치유다. 완전한 치유, 회복된 피조물, 참된 샬롬이다(계 22:2).[38]

신약성서에서 병을 고치다, 치유하다는 표현으로 두 가지 단어를 사용한다. 첫 번째는 '야오마이'고 두 번째는 '테라퓨오'다. 두 단어의 용례에 '치료하다, 병을 고치다'와 같은 뜻으로 사용하는 데 큰 차이점은 없지만 '테라퓨오'에는 다른 뜻이 하나 더 있는데 '시중들다, 섬기다, 봉사하다'이다. 치유의 과정에는 병수발이 병행되어야 한다. 그런 의미에서 치료와 섬김은 딴이름 한소리로 들린다.

농사를 표현하는 히브리어 단어 '아바드'는 일하다, 경작하다, 땅을 갈다는 뜻 외에 섬기다, 예배하다는 뜻이 있다고 했다. 이는 헬라어 '테라퓨오'의 뜻과 유사한 측면이 있다. 히브리어 '아바드'와 헬라어 '페라퓨오'를 단순히 '섬기다'는 공통의 뜻이 있다고 해서 함께 엮는 것은 무리일 수 있다. 그러나 하나님을 예배하듯 정성을 들여야 땅심이 살아 농사가 잘 되듯, 사람 역시 정성을 다해 섬겨야

---

38 하워드 A. 스나이더 · 조엘 스캔드렛, 『피조물의 치유인 구원』(대한기독교서회), 16.

병이 치유된다. 이런 관점에서 농의 회복 그 자체가 치유농업으로 볼 수 있다.

앞서 농신학의 방향을 두 가지로 제시하였다. 농(農)이란 땅을 위해 일하고, 섬기는 일이기에 첫 번째로, 하나님께서 창조하신 땅(자연, 피조세계)과 관계 맺는 신앙(실천)과 신학(학문)을 추구해야 한다. 두 번째로, 농(農)이란 때(시간, 계절)라는 한계를 받아들이기에 자연의 법칙을 거부하려는 기술과 과학을 견제하고 창조질서에 따라 살아가는 유익을 제시할 수 있어야 한다. 땅과 관계를 맺고 시절을 좇아 살아가는 농(農)의 실천은 병든 지구와 그 속에 살아가는 만물을 회복시키고 치유하기에 충분하다. 이정배 교수는 "시간(자연의 리듬)을 파괴하는 것은 공간을 파괴하는 것보다 더욱 근본적으로 하나님의 창조질서를 해치는 일이다. 시간(제철)을 지키고 생명을 지키는 농사꾼(農)의 삶을 편드는 일이 기독인인 우리 모두에게 요구된다"[39]고 했다. 농(農)의 회복은 에덴의 회복이며 새 하늘과 새 땅의 도래다. 농과 인류는 함께 해야만 하는 운명공동체다. 농신학적 관점에서 치유농업은 농의 부산물에 불과하며, 농의 회복과 농본주의적 삶의 구현이 만물의 치유와 구원의 실현이다.

---

39 이정배, "생명신학으로써의 농민신학," 「농촌과목회」 통권 5호 (2000년 봄호): 213-214.

인간, 그 생물학적 위치와 신학적 과제*

한경호

(목사, 아시아농촌선교회)

I. 들어가면서

오늘날 한국기독교는 여러 면에서 해결해야 할 과제를 안고 있다. 외형적으로 볼 때 교세는 크게 성장했지만, 내면적, 질적인 성숙이라는 측면에서는 아직 갈 길이 멀다할 것이다. 역사학자에 의하면, 통일신라 시기 성덕왕과 경덕왕 때에 불교가 가장 흥왕하였지만, 바로 그때부터 정치화되고, 불교의 내적성숙이 정체되어 세속화되면서 타락하기 시작하였고, 불교에 기반한 신라가 약화되면서 멸망의 길로 접어들었다고 진단하기도 한다. 기독교 역시 성장의 절정에

---

* 이 글은 2023년 7월 17일 비대면으로 진행된 제36차 농신학연구회 월례세미나에서 발표한 것이다.

이르러 지금은 하락세에 접어들어 있는데, 문제가 무엇인지 진지하게 성찰하고 해결해나가지 못하고 지금처럼 세속화의 길을 가면 어느 시기에 갑자기 추락할 수도 있다는 점을 명심해야 할 것이다.

오늘 기독교가 해결해야 할 과제 중 대표적인 것들을 꼽으라면 제일 먼저 타종교와의 대화를 통한 올바른 관계 정립, 현대 자연과학적 진리에 대한 이해와 수용, 분단문제에 대한 신학적 이해와 신앙적 실천, 생명의 위기에 대한 신학적, 신앙적 대응, 주체적 한국신학의 정립 등이라고 말할 수 있을 것이다. 이 글은 이중 자연과학적 진리에 대한 이해와 수용에 관한 것이다. 자연과학의 두 중요한 영역, 즉 물리학과 생물학 중 생물학의 영역에 관한 글이다. 인간이 제 아무리 난다 긴다 하고, 4차 혁명을 말하며, 트랜스휴먼을 말한다고 해도 여전히 연약한 생물의 한 종(種)에 불과하다. 장구한 지구생명계의 진화와 그 거대한 자연생태계의 힘 앞에 인간은 무력한 하나의 생명체에 불과한 것이다.

한국기독교계의 자연과학에 대한 이해는 어느 정도일까? 나는 농과대학시절, 1970년대 후반에 석사과정을 이수하면서 생식생리학(reproductive physiology)을 전공하였다. 생식활동은 인간을 비롯한 많은 생명체의 본성적 활동이요, 생명현상의 근원적인 모습을 살펴볼 수 있는 분야이기에 호기심을 갖고 현대생물학에 대하여 공부하였다. 적지 않은 분량의 전공서적 및 관련서적들을 읽으면서 농학이 요구하는 실용적인(practical) 연구보다는 생물학 그 자체에 골몰하였었다. 나아가 그 생명현상에 대한 신학적 이해에 더 큰 관심을 기울였었다. 그 결과로 얻은 것이 위의 제목에 관한 글이었다.[1]

---

1 당시에 쓴 글은 월간 「씨올의소리」 통권 91호 (1980년 1, 2월 합본호)에 "인간과 우주의

나는 지금도, 짧은 기간이었지만 그리고 매우 불충분한 지식이지만 당시 생물학을 집중적으로 공부할 수 있었던 점에 대하여 매우 다행스럽게 생각하고 있다. 생물학적 진리와 함께 보다 넓은 자연과학적 진리(특히 현대물리학)에 대한 이해의 폭을 넓힐 수 있었기 때문이요, 이때 형성된 생각은 지금도 여전히 나에게 영향을 미치고 있다.

그런데 당시와 비교해볼 때 자연과학에 대한 기독교계의 이해의 수준은 별로 진전된 것 같지 않다. 신학계에서 자연과학의 영역을 다루는 글들은 별로 눈에 뜨이지 않는 것 같다. 당시에는 과정신학에 대한 글들이 간간이 발표되었던 것으로 기억된다. 물리학 쪽으로는 화이트헤드, 존 캅 등이, 생물학 쪽으로는 떼이야르 드 샤르댕 등이 언급되었다. 지금은 어떠한지 그 방면에 학문적 관심을 별로 기울이지 못했기 때문에 확실한 언급은 어렵지만, 신학 일반적인 수준에서 보면 별 진전이 없는 것으로 보인다. 신학자들 중에 자연과학을 공부한 사람이 별로 없기 때문이 아닌가 생각되기도 하고, 자연과학을 전공한 사람인 경우에는 대체로 인문적 사고력이 약하기 때문이다. 장회익 교수 정도가 자신의 물리학적 지식을 바탕으로 사상적 논구를 하였고 그 외 몇몇 분이 있는 것으로 알고 있다.

따라서 당시에 공부했던 자연과학의 내용을 오늘 이야기하는 것이 별로 어색하지 않다는 생각을 갖게 된다. 자연과학계의 발전이 워낙 빠르기 때문에 학문적인 내용에 있어서는 당시(40여 년 전)와 차이가 있을 것이지만, 그 근본적인 세계에 대한 설명에 있어서는 별 무리가 없을 것으로 생각되어 오늘 농신학모임에서 다루어 보려고

생물학적 조명"이라는 제목으로 게재되었다. 현재의 글은 당시의 글을 수정·보완하고 제목을 바꾼 것이다.

한다. 농학 역시 생물학에 기반을 두고 있기 때문이기도 하다.

II. 자연과학과 기독교와의 관계

자연과학(이하 과학)과 기독교와의 관계를 생각하자면 우리는 먼저 이 양자가 상호 대등한 관계 속에서 논의될 수 있는 것인지 의문을 갖게 된다. 과학은 인간 이성에 기초한 학문의 영역인 반면, 기독교는 인간의 이성을 초월한 하나님의 계시의 영역에 관심을 기울이기 때문이다. 과학이 주로 물질세계의 본질에 대한 탐구와 그 응용에 대한 연구라면, 기독교는 영적인 삶, 종교적 내면세계에 대한 추구를 본(本)으로 한다. 과학의 열매가 인간의 실질적인 살림살이에 도움을 주는(물론, 전쟁 등에 의한 파괴적인 결과도 낳지만) 수단 및 방편으로 작용한다면, 기독교는 현실의 물질생활을 뛰어넘어 궁극적, 초월적 세계를 목적으로 한다.

그리하여 기독교는 전통적으로 과학을 수단 내지는 하위개념으로, 종속적이고 부차적인 개념으로 인식해 왔다. 과학이 자기세계의 진실을 증명하려하면 기독교는 그것을 위험시하고 적대적인 감정을 드러내곤 하였다. 인간의 이성이 아무리 위대하여도, 피조물인 인간이 하나님의 지극히 높고 오묘한 세계와 전지전능하신 능력 앞에서는 미약한 존재라는 인식이 지배해온 것이다. 과거 중세시대 기독교가 과학이 밝혀낸 지동설에 대하여 가했던 탄압과 억압의 역사가 그것을 말해주고 있으며, 그것은 오늘의 기독교계에도 특히 진화론에 대해서 여전히 작동하고 있는 것이다.

기독교는 그동안 과학에 대한 잘못된 인식으로 인해 많은 오류를 범해왔다. 기독교가 과학에 대하여 무관심과 우월의 태도를 견지해오는 동안 과학은 꾸준히 발전하여 기존의 패러다임을 깨고 새로운 패러다임을 형성하면서 그야말로 혁명적 변화를 거듭해오고 있다. 물리학의 경우 소위 고전물리학(뉴턴물리학)의 틀을 뛰어넘어 현대 물리학이라는 새로운 학문적 세계를 열어놓은 것이다. 상대성이론과 양자론으로 대표되는 현대물리학은 세계관의 혁명적 변화를 이끌어내고 있는 바, 기독교계는 아직 그 세계관이 무엇인지 제대로 파악도 하지 못한 것 같다. 기독교인들 역시 탁월한 과학적 성과들에 큰 빚을 지고 편리한 삶을 누리고 있으면서도 그것을 가능케 한 과학적 진리에 대해서는 무지하거나 눈을 감고 있는 것으로 보인다. 특히 기독교지도자들의 경우 교리적 사고에 얽매여 일반 교인들의 사고를 묶어놓고 있는 게 아닌가 생각된다.

과학은 단순히 물질적 편의만을 제공해주는 것이 아니다. 과학적 사고는 사물의 본질과 관계를 합리적으로 파악하고, 수학적으로 증명하며, 추상적 개념들을 논리적으로 정돈할 수 있는 능력을 길러준다. 그리고 기존의 가치체계를 새롭게 변혁시키는 능력을 발휘한다. 예를 들면, 지구의 모형에 관해서는 기존의 평평한 네모라는 관념을 뒤엎고 둥글다는 사실을 입증했고, 기존의 천동설을 지동설로 변화시켰다. 그리고 생물의 기원과 변화에 대한 과정을 진화의 개념으로 설명함으로써 기존의 창조론을 근본적으로 뒤흔들어 놓았다. 과학이 인간에게 미치는 중요한 영향은 단지 물질적 삶의 풍요한 편리의 차원이 아니라, 과학적 진리가 초래하는 새로운 세계관, 우주관, 생명관, 인간관 등 가체체계의 새로운 변화에 있는 것이다. 기독교는 이러한 과학의 영향을 애써 무시하거나 외면해 왔다. 그러나 과학과 기독교와의 투쟁 관계는 처음에는 기독교가 이기는 것처럼 보였으나, 시간이 지나면 언제나 과학이 승리하곤 했다는 사실을 명심해야 한다. 종교적 억압은 과학적 진리 앞에 무력하다는 점이 역사적으로 입증된 것이다.

한국기독교는 과학에 대하여 어떤 태도를 취하고 있는가? 목회자들의 과학에 대한 무지와 우월적 편견이 아직도 대부분 교회의 분위기 아닐까 짐작해본다. 과학에 대한 성서적, 신학적인 설교나 설명 자체가 아예 거의 없는 상황이 아닐까? 매우 위험하고 뒤떨어진 일이다. 오늘의 과학발전은 상상을 초월하고 있다. 청소년 세대는 첨단 과학에 대한 교육을 받고, 일상에서 그것을 경험하면서 사고체계 자체가 변화하고 있는데, 기독교교육은 이러한 현실에 얼마나 주목하고 대응하고 있는 것인가? 이제 기독교 지도자들에게 필요한 것은 과학적 진리에 대한 정직하고 겸허한 수용과 아울러 성서에 대한 새로운 각도의 해석과 안목을 갖추는 것이다.

나는 이러한 입장을 갖고 기독교계 내에서 아직도 갈등과 마찰을 일으키고 있는 진화(進化, evolution))의 문제를 생물학적인 지식을 통해 설명하면서 기독교적인 수용에 대해서 생각해보려고 한다. 생물학은 1953년도 왓트슨과 크리크(Watson and Crick)에 의해 생명체의 기본물질인 DNA(Deoxyribo Nucleic Acid, 핵산)의 구조가 밝혀지면서 오늘의 생명공학에 이르기까지 장족의 발전을 거듭해오고 있다. 신비의 영역에 속해있던 생명현상들이 물질적 토대위에서 밝혀지고 있는 것이다. 생명현상은 더 이상 하나님의 영역에 속한 것이 아니라, 인간의 능력에 의해 이성적인 설명이 가능해지는 영역이 된 것이다. 프랑스의 분자생물학자인 쟈끄 모노(Jacgues Monod)는 "모든 과학의 궁극적인 목적은 인간과 우주와의 관계를 구명하는데 있다고 믿기 때문에 생물학은 여러 과학 중에서 중심적인 위치를 차지하지 않으면 안된다"고 그가 지은 책 『우연과 필연』에서 주장하고 있다.

이제부터 나는 그동안 생물학이 밝혀낸 화학적 진화론(chemical evolution)의 내용을 정리하여 설명해보고 나아가 그 신학적인 의미를 생각해보고자 한다.

III. 생명의 기원

아득한 먼 옛날, 우주 발생의 처음, 원시적 혼돈 상태(primordial chaos)의 우주는 초고온상태의 소립자만으로 이루어진 채, 거대한 붕괴과정의 도가니 속에 들어 있었다. 압축상태가 붕괴되어 우주팽창이 진행되면서 원소(元素)를 이루는 기본입자들이 서로 결합하여 원자핵의 원형이 되는 여러 종류의 복합입자를 만들었고, 이 복합입자들에서 원소가 생성되었다. 우주팽창이 계속됨에 따라 원시은하들 사이의 거리는 점점 더 멀어지고, 수소와 헬륨으로 이루어진 성간기체(星間氣體) 속을 떠돌던 먼지 알맹이인 행성간(行星間) 물질이 뭉치기 시작하였다. 이것은 원시행성핵(原始行星核)을 형성하였고, 이 형성 과정에서 태양계가 생성되었다(G. Gamov, 『우주의 창조』; 이노끼 마사후미, 『현대물리학입문』).

또한 은하들의 내부에서 훨씬 작은 덩어리인 원시성들이 응축하기 시작하였다. 별이 원시은하속의 기체 물질의 응축으로 생성될 때, 물질의 일부는 그 근처에 남아 있다가 후에 행성계로 생성되었다. 태양계와 지구는 이런 과정 속에서 그 모습을 갖추었다.

지구 탄생 직후, 원시지구의 환경과 대기에서는 생명체의 존재가 불가능하였다. 모든 생명체를 구성하는 유기화합물들은 환원성대기에서는 안정하지 못한데, 지구 대기는 수소, 헬륨, 암모니아, 메탄, 수증기 등으로 환원성대기였기 때문이다. 대기 중에는 산소도 없었고, 대기 상층에는 아직 오존층도 형성되지 않았다.

원시지구상에 형성되어 있던 환원성대기는 어떤 에너지의 작용을 받지 않는 한, 무한한 안정상태에 있었을 것이다. 그러나 이 안정상태는 태양광선, 화산활동에 의한 높은 열, 대기 속에서 발생하는 전기방전, 우주선(cosmic ray)이 대기와 충돌할 때 생기는 이온화 방사선 등에 의한 에너지 충격으로 무너지기 시작하였는데, 이 과정에서 복잡한 유기분자들(organic molecules)이 합성되었다.

미국의 화학자이며 생물학자인 스탠리 로이드 밀러(Stanley Lloyd Miller)는 실제로 실험실에서 유기화합물을 합성해 냈다. 그는 5리터의 플라스크에 200cc의 물과 수소, 메탄, 암모니아를 주입하여 원시지구의 대기를 인위적으로 조성한 후 밀폐하고, 물을 끓이면서 일주일 간 계속하여 전기방전을 시켜보았다. 그 결과 시험관 아래쪽의 U자관에 적갈색의 액(液)이 고였다. 그는 이 액을 페이퍼 크로마토그라피(paper-chromatography)로 분석해보았는데, 거기에서 글라이신, 알라닌, 아스파르트산, 글루타민산 등의 아미노산과 포름산, 초산, 낙산, 젖산, 숙신산 등의 유기산 및 요소가 검출되었다.[2]

2 이것은 사실 한 예에 불과하다. 환원성대기에 에너지를 가하면 복잡한 유기화합물이 실험적으

원시지구의 온도는 서서히 내려갔다. 수증기가 응결되어 빗물이 되어 쏟아지면서 원시바다가 형성되기 시작하였다. 환원성대기 중에 생성되어 떠있던 원시생명분자들(primordial bio-molecules)은 빗물에 용해되어 원시바다와 호수에 점차 쌓이기 시작하였다. 이 축적된 유기물질이 지열(地熱)에 의해 농축되면서 원시적 유기수프(organic soup)를 형성하기 시작하였다. 수프 속에 있던 유기분자들은 무수한 화학반응을 일으키면서 점차 고분자물질로 합성되었다. 유기분자들은 홀로 있는 것보다 뭉쳐있는 것이 열역학적으로 더 안정하기 때문에 생존에 더 효율적인 공동생사(共同生死)의 형태를 갖게 되었다.3

공동생사의 기능을 획득한 유기분자 덩어리들은 중합체(重合體)를 형성하여 환경변화에 적응하는 힘과 그것을 자기에게 맞도록 변화시키는 능력을 갖추기 시작하였다. 이때 형성된 중합체 중에서는 아미노산의 중합체인 폴리펩타이드(poly-peptide)와 누클레오티드의 중합체 폴리누클레오티드(poly-nucleotide)가 중요하였다. 아미노산과 누클레오티드가 갖고 있지 못한, 고분자화합물을 형성할 수 있는 입체구조적인 가능성을 이 중합체들이 갖고 있었기 때문이다.

활발한 물질대사 과정 속에서 이 중합체들은 각각 단백질과 핵산으로 생성되었다. 이러한 물질적 기반 속에서 핵산은 자기복제능력을

로 합성된다. 단백질을 구성하는 아미노산뿐만 아니라 핵산인 DNA와 RNA를 구성하는 리보오스(ribose), 데옥시리보오스(deoxyribose)도 합성되며, 아데닌, 구아닌, 티민, 시토신, 우라실 등의 핵산 염기 그리고 생명체의 화학적 에너지 저장 물질인 ATP(Adenosine Tri-Phosphate) 등 수많은 생명분자들이 합성된다(A. L. Lehninger, *Biochemistry*).
3 모든 자발적인 반응은 엔트로피(entropy)를 증가시키는 방향으로 일어나는데 화학적 진화는 우주의 엔트로피를 극대화시키는 방향으로 내모는 힘(driving force)을 갖고 있다(A. L. Lehninger, *Biochemistry*).

갖추기 시작하였다.[4] 많은 중합체들 중에서 핵산과 연관된 중합체가 가장 효율적으로 복제할 수 있었기 때문에 경쟁에서 이겼다. 복제능력을 갖춘 핵산은 이제 구조적이고 촉매작용이 있는 단백질 합성을 지도하게 되었다.[5]

맨 처음 단계의 중합체들은 분자들 사이에 협동의 필요성이 없었다. 그러나 핵산이 단백질 합성을 지휘하게 되면서 고분자들은 한데 모여 있을 필요성이 생겼다. 그리고 이 고분자집단을 흡착시키거나 포위할 장치가 필요하게 되었다. 내부를 물리적으로 보호하고, 선택적으로 물과 양분을 통과시키며, 폐기물을 분비하는 반투과성막(半透過性膜)이 필요하게 된 것이다. 이 필요에 부응한 것은 원시 유기수프 속에 있는 지질(脂質, lipids)이었다. 지질은 자체의 화학적 성질 때문에 자연스럽게 고분자집단을 둘러싸게 되었다.[6]

세포막의 형성은 하나의 단위생명체를 탄생시켰다. 생물의 중요한 화학적 성분인 누클레오티드와 아미노산의 형성에서부터 복제능력을 가진 최초의 고분자물질의 합성 단계를 지나, 이 복제기능을 가진 고분자물질의 주위에 합목적적 장치인 막(膜)을 구축함으로써 유기물질은 이제 하나의 생명체로 도약한 것이다. 이때부터 지구는

---

4 오늘에 와서 복제기능을 가능케 하는 이유, 즉 하나의 배열 순서를 가진 폴리누클레오티드의 고리가 이에 상응하는 염기를 자발적으로 만듦으로써 상보적인 배열을 갖춘 폴리누클레오티드의 고리를 유도한다는 사실이 실증되고 있다.
5 단백질과 핵산이 모두 1차원의 사상(絲狀)고분자인 점이 중요하다. 이것은 생명체의 핵심물질인 핵산과 단백질의 불가분리성을 말해주는 것이다. 이 구조상의 유사성이 단백질 합성의 기본을 이룬다.
6 모든 생물학적인 막(膜)은 지질의 유기분자들로 이루어져 있다. 지질은 물에 분산될 때에 물의 극성(polar nature)과 지질의 양극성(amphipatic nature)으로 인해 친수성(親水性)의 머리(hydrophilic head)와 소수성(疏水性)의 꼬리(hydrophobic tail)를 형성하면서 자연적으로 막을 만든다(R. Eckert and D. Randall, *Animal Physiology*).

물질권의 임계점(critical point)을 넘어 찬란한 생물권(biosphere)을 형성하게 된다.

IV. 생명의 진화

처음의 원시세포는 산소를 사용하지 않는 혐기적 타가영양체 (anaerobic heterotrops)였다. 이들은 자기 주위에 있는 풍부한 유기수프를 영양원으로 하여 에너지를 공급받았다. 그러나 이 유기수프는 세포의 증식과 지열(地熱)의 하강, 자외선 조사량(照射量)의 감소 그리고 화산활동과 뇌우의 빈도가 줄어듦에 따라 점차 고갈되었다. 이제 세포는 스스로 독립하여 화학 포텐셜을 동원함으로써 세포에 필요한 성분을 합성하는 일을 배우지 않으면 안 되었다.

이 도태 압력(selection pressure)은 간단한 탄소화합물, 특히 이산화탄소와 태양빛을 에너지원으로 사용할 줄 아는 세포만 생존가능하게 하였다. 그 결과 광합성 능력을 가진 세포가 탄생하였다.[7] 이것은 화학적 진화에 있어서 결정적인 도약을 가져왔다. 광합성 작용으로 인해 대기 중에는 산소가 방출되어 지표는 환원시대에서 산화시대로의 일대 변혁을 겪게 되었고, 대기권내에 축적된 산소는 자외선을 흡수하여 오존층을 형성하게 되었다. 그 결과 자외선의

---

7 가시광선은 그대로는 물을 분해할 수 없으나 적당한 광증감물질(光增感物質)만 있으면 그것이 가능하다. 원시생물에서는 포피린(porphyrin)이 그 역할을 한 것으로 추측한다. 이것은 생체 내에서 글리신과 숙신산으로부터 합성된다. 이 포피린은 마그네슘(Mg) 염으로써는 엽록소가 되어 광합성의 주역을 맡으며, 철(Fe) 염으로써는 산소호흡에 필수불가결한 역할을 수행한다.

조사량(照射量)이 급감하여 바다 깊이 서식하던 원시 생물들이 바닷가의 지표까지 서식할 수 있게 되었다. 물질대사에서도 혐기적인 대사 외에 산소를 이용할 줄 아는, 능률적인 대사기능을 갖춘 생물들이 탄생하게 되었다.[8]

원시세포들은 처음에는 제 각기 독자적인 삶을 영위하였다. 이 과정이 오래 지속되던 중, 세포들끼리 서로 붙어 있는 것이 생명기능을 보다 효율적으로 수행할 수 있다는 사실을 알게 되었다. 이 세포집단은 기능을 분담하기 시작하여 기능별로 분화되면서 특수한 화학적, 구조적 역할을 담당하게 되었다. 많은 세포들이 자신의 편의를 위해 붙어 있다가 자신의 생존에 더 효율적인 기능분화를 일으킨 것이다.

생명활동의 기초가 되는, 이 고도로 발달된 분화와 분업을 통하여 마침내 간단한 다세포생물이 출현하였다. 가장 간단한 다세포생물은 하나의 출입구(입)를 가진, 조그만 자루로 된 강장동물이었는데 이 자루는 하나의 장(腸)을 갖고 있었다.[9] 그 후 몸의 두 측면이 대칭을 이루는 좌우상칭동물이 생겨났다. 이들은 체강(體腔)의 본래 출입구 외에도 또 다른 하나의 입을 가지게 되어 앞뒤가 뚫린 하나의 체관을 형성하였다.[10] 동물은 이후 원구와 입이 일치하는 선구(先口)동물군과 원구와 항문의 위치가 일치하는 후구(後口)동물군으로 분지(分枝)하여 선구동물군에서는 절족동물이, 후구동물군에서는 척추동물이 진화되었다.

---

8 산소를 이용하는 호흡대사는 처음에는 세균에 의해 이루어진 것으로 보고 있다. 세균 간에 먹고 먹히는 과정 속에 산소를 세포에 공급해주다가 나중에는 체내의 각 부분에 산소를 공급해 주는 혈액과 혈액순환으로 발달한 것이다.

9 모든 고등동물의 발생 중에 공통적으로 나타나는 원장(原腸, primitive gut)은 이 모양을 하고 있다.

10 이 체관은 인간에게 있어서 입-식도-장-항문의 도관으로 주어져 있다.

맨 처음 나타난 척추동물은 물고기였다. 연골어가 처음 출현하였으며, 실루리아기와 데본기(4억 5천만 년 전에서 4억 년 전)에 와서 수많은 종류의 물고기들이 빠르게 진화하였다. 나중에는 수족 같은 지느러미를 가진 비늘 달린 물고기들이 나타났는데 이들이 양서(兩棲)동물의 선조가 되었다.

데본기 말기(약 3억 5천만 년 전), 어느 화창한 날 바다 속을 유유히 노닐던 물고기 한 마리가 육상으로 탐험을 떠났다.[11] 그러나 육상은 바다 물속과는 판이한 환경 조건을 갖고 있어서 행동양식을 전환하지 않고서는 생존할 수가 없었다. 이 도태의 압력은 물고기로 하여금 육상생활에 적응하도록 생존방식에 변화를 초래하였다. 이 새로운 생태적 공간의 점유는 생물 진화의 여정에 있어서 커다란 전환이었다.

식물은 동물보다 다소 빨리 육지에 발을 디뎠을 것으로 본다. 조류의 흐름과 같이 움직이지 못하고 바닷가 육지에 남게 된 바다 식물들은 두 가지 문제 즉, 몸을 지탱하는 것과 영양분의 원천인 물을 공급받아야 하는 문제에 봉착하였다. 수많은 시행착오를 겪으면서 목질조직(woody tissue)의 발달을 통해 이 문제를 해결하였다. 3억 년 전에 이르러서는 양치식물들이 지상에 크게 번식하였다. 동식물의 진화에 있어서 식물은 홀로 꼿꼿이 서는 자발성을 발전시켰고, 동물은 자발성에 의식작용을 할 수 있는 신경계까지 발전시켜 나왔다고 말할 수 있다(떼이야르 드 새르댕).

양서동물에서 진화한 파충류는 세력권을 넓혀나가면서 1억 5천만

---

11 어떤 진화적 변화는 생존과 생활을 위해 새로운 길을 발견하려는 탐험적 호기심에서 발생하기도 한다(J. Monod, 『우연과 필연』).

년 동안 번성을 누렸지만, 공룡과 같이 신체의 일부분이 지나치게 발달하는 과대특수화(overspecification) 현상[12] 등 여러 요인에 의해 세력권이 점차 축소되었고, 포유동물이 진화되어 나오기 시작하였다.

포유동물이 처음 파충류에서 진화해 나왔을 때에는 체구가 작아 파충류와의 생존경쟁에 불리하였으나, 놀라운 적응력을 발휘하여 약 6천만 년 전에는 전 육지를 석권하게 되었다. 포유동물의 장점은 비록 낮은 수준이지만 파충류와 달리 정신적인 삶(mental life)을 발전시켜 나간 점이다. 파충류는 자신이 낳은 알을 방치함으로써 정신적 생활이 한 개체에 국한된 반면, 포유동물은 체내에서 알을 부화시켜 출산하고, 젖을 빨리며 키우면서 새끼를 소중하게 돌볼 줄 알았다. 어미는 새끼와 교감을 하면서 점차 정신적 삶을 발전시킬 수 있게 되었다(H. G. Wells, *A short history of the world*).

포유동물이 진화되어 나온 후 2천 5백만 년 동안 오늘의 포유류 집단이 모두 출현하였다. 액 2백만 년 전에 이르러, 어느 원숭이 집단에서 인류의 조상이 되는 호모(Homo)종이 진화하였다. 호모 종은 이후 여러 단계를 거치며 현세인인 호모 사피엔스(Homo Sapiens)로 진화하였으며, 이 호모 사피엔스는 현재 진화의 정점에 서서 지구를 석권하고 있다.

---

12 공룡은 다른 종보다 생존을 유리하게 해주는 신체 부위가 지나치게 발달하여 개체수가 크게 증가했으나, 이것이 오히려 먹이사슬의 균형을 파괴하여 개체수가 급감하였고, 마침내 지구상에서 사라지는 비운의 동물이 되었다.

V. 진화의 원동력

우주는 끊임없이 변화하고 있다. 정적체계가 아니라 동적체계이다. 변화는 우주적 현상이다. 생물도 변화하는 집단이다. 30억 년 전 물질의 세계에서 처음 출현한 생명은 장구한 세월, 무수한 변화 속에서 생존 능력과 적응력을 강화하면서 수많은 종으로 분화하였다.13 그러면 단위 생명체에서 점점 복잡한 생명체로, 종의 수도 헤아릴 수 없을 정도로 분화된 진화의 원동력은 무엇인가? 그것은 돌연변이(mutation)와 자연도태(natural selection)이다. 돌연변이는 DNA복제 중에 일어나는 우연한 실수(error)이다. 물리학자들은 절대 0도(-273.2도, 켈빈온도라고도 함)에 도달하지 않는 한 어떤 미시적인 물체도 양자적 교란을 받는다고 한다. 그러나 네른스트(Nernst)의 정리(定理)에 의하면 절대 0도에는 완전하게 도달할 수가 없다(J. Monod, 『우연과 필연』). 생명체의 기본물질인 DNA의 분자들도 따라서 양자적 교란을 받는다. 돌연변이는 이 교란 중의 어떤 것이 DNA배열에 우발적인 변화를 초래하여 발생하는 것이다.

가장 흔한 돌연변이는 한 누클레오티드를 다른 것으로 대치하거나 하나를 더 첨가하거나 삭제하는 것이다. 예를 들면 다음과 같이 표현할 수 있다. … ACAT가 AGAT(C가 G로 대체됨)로 되거나, ACGAT(G가 첨가됨)가 되거나, AAT(C가 삭제됨)로 되는 것이다.14

---

13 지금까지 분화된 종은 약1억여 종으로 추산된다. 현재는 이중 98%가 멸종되었고, 2% 즉 식물 50만 종, 동물 150만 종 등 200만 종이 살고 있는 것으로 알려져 있다.
14 A는 Adenine(아데닌), G는 Guanine(구아닌), C는 Cytosine(시토신), T는 Thymine(티민)를 말하며 모두 DNA의 염기이다. DNA의 구조는 이 염기들의 배열과 결합에 의해 구성된다.

이 미시적 변화로 인한 돌연변이는 빈도가 매우 높다.[15] 진화적 변화는 수많은 개체들로 구성된 거대한 집단 내에서 오랜 세월에 걸쳐서 일어나기 때문이다(Holm and Soule, *Introductory Biology*).

일단 한 개체에 돌연변이가 발생하면 일반적으로 아미노산 서열에 변화가 일어나 수정된 아미노산 서열의 단백질이 생산된다. DNA의 염기배열 순서에 대응하여 전령RNA(messenger RNA)가 그 정보를 전사(轉寫)하여 세포핵 밖으로 나오면, 전달RNA(transfer RNA)는 그 코돈(codon)의 암호에 따라 세포질 내에 떠도는 아미노산을 끌어와 폴리펩티드를 형성하여 단백질이 합성되는 것이다. 이후 수정된 아미노산 서열의 단백질을 갖게 된 개체는 이 새로운 단백질이 그 개체의 생존의 목적을 이루기 위한 전체 체계와 양립할 수 있는지 시험을 받게 된다. 이 시험에 성공한 개체는 기존의 다른 개체들과 생존경쟁을 하게 되는데 대부분의 돌연변이는 유해유전자의 출현으로 퇴행적 성격을 띠게 되어 다른 개체보다 생존에 유리하게 변화되는 돌연변이는 그리 많지 않다. 대부분이 열성 돌연변이라는 말이다.

그러나 개중에 다른 개체보다 생존경쟁에서 더 유리해진 소위 우성돌연변이를 일으킨 개체는-돌연변이는 유전되는 것이기 때문에-자기와 닮은 개체를 생산하게 되고, 그 후손들은 다른 경쟁자들을 물리치면서 개체수가 증가하게 된다. 이런 과정이 거대한 집단 내에서 장구한 세월에 걸쳐 반복되면, 처음의 미시적 변화가 누적되어 오면서 마침내 새로운 종이 출현하게 된다. 이것이 바로 종(種)의

---

15 박테리아의 경우 그 확률은 세포 1세대마다 10^{-6}-10^{-8} 정도이며 사람의 경우 10^{-4}-10^{-5} 정도이다. 그런데 박테리아는 불과 수㎤의 물에서 10억 개로 증식하며, 인간의 경우는 30억의 인구를 가정했을 때 세대마다 1천억-1조 개의 돌연변이를 일으키고 있다.

기원(origin species)이다. 인연이 매우 가까운 종일지라도 새로운 종으로 분화되는 정도의 현저한 진화는 서로 관계없는 돌연변이가 본래의 종 안에서 계속 축적되어 오면서 그리고 생식행위를 통하여 유전자의 흐름이 촉진되면서 재결합되어 일어나는 것이다. 진화의 과정은 이렇듯 미시적 변화의 축적과정(cumulative process)이고 적응력의 확산과정(process of adaptive radiance)이다(G. G. Simpson, *The meaning of evolution*).

그러므로 새로운 종이 출현하는 사건은 유일회적인 사건이다. 새로운 종이 출현하기까지에는 그 종의 집단 내에서 발생하는 서로 무관한 무작위(random)의 돌연변이의 수가 헤아릴 수 없이 많고 생식의 조합도 실로 다양하기 때문이다. 그리고 이 과정이 장구한 세월에 걸쳐서 일어나기 때문에 이런 집단 내에서의 변화과정을 다시 똑같이 반복하는 것은 상상할 수 없는, 불가능한 일이다. 그러므로 진화의 과정은 다시 반복될 수 없는 비가역적인 과정이기도 하다. 오늘날 원숭이에서 인간이 다시 나오지 않는 이유가 여기에 있다. 지금의 원숭이 집단에서 인류의 조상을 찾아서는 안 된다. 그들은 인간으로의 진화를 놓쳐버린 종(種)인 것이다.[16]

---

16 필자가 고등학교 시절인 1960년대 후반, 서울영락교회에 다닐 때의 에피소드인데, 어느 주일에 한경직 목사는 설교를 통해 "만일 원숭이에게서 인간이 나왔다면, 오늘날에는 왜 원숭이에게서 인간이 나오지 않는 것이냐?"고 하면서 진화론은 틀린 것이라고 비판하였다. 당시는 이런 과학적으로 무식한 말이 통하는 시대였다.

VI. 공통의 조상(common ancestor)

모든 생물에 있어서 그 유전자의 구조적 차이는 단순히 4개의 염기(아데닌, 구아닌, 티민, 시토신)의 배열과 그 양의 차이에 불과하다. 화학적 메카니즘의 구조와 기능은 본질적으로 동일하다. 그리고 DNA, RNA의 성분들과 20종의 아미노산들, 유전암호문도 모든 생물에서 동일하다(J. Monod 위의 책). 복잡한 생화학적 구조와 기능이 모든 생물에서 공통하다는 것은 모든 생물이 공통의 조상에서 유래되었음을 말해주는 것이다. 독립적으로 생겨난 계(系)가 이처럼 닮으리라고는 상상할 수 없는 일이다.

생화학자들은 상이(相異)한 종들의 서로 대응하는 단백질의 아미노산 서열 상이도가 종들 간의 진화적 간격에 비례함을 증명하였다. 예를 들어 단백질인 헤모글로빈의 경우 인간과 큰 원숭이 간에는 아미노산 서열이 거의 구별할 수 없을 정도로 같고, 진화 간격이 먼, 쥐나 토끼의 그것과는 그 간격만큼 다르다는 것이다. 또한 인간의 세포내 산화효소는 104개의 아미노산으로 연결되어 있는데, 그중 103개는 영장류의 그것과 같고, 92개는 말, 82개는 물고기, 58개는 누룩세포의 그것과 같다.

그리고 인간의 태아는 자궁 속에서 수정, 발생 분화되어 태어나기까지 생물이 진화해온 전 과정을 반복 재현한다. 즉, 단세포인 정자와 난자의 수정 과정부터 어류, 양서류, 파충류, 포유류로의 전체 진화과정을 10개월 동안 엄마의 뱃속에서 반복 재현하는 것이다. 30억 년에 걸친 장구한 생물 진화의 과정을 요점 요점만 반복한다고 해서 이것을 '요점반복의 법칙'(law of recapitulation)이라고 한다.[17] 이 또한 생물이 공통의 조상으로부터 비롯되었음을 말해주는 것이다.

VII. 진화의 방향

그러면 앞으로의 진화과정은 어떤 방향으로 나아갈까? 인간이 생물진화의 정점에 서 있다면 인간 이후의 다른 종의 출현은 불가능한 것인가? 아니면 다른 종으로의 진화가 가능한 것인가?

30억 년 전 물질권으로 뒤덮여 있던 지구는 물질진화의 임계점에 이르러 그 성숙의 결과, 바닷속에서 생명을 낳았다. 그 후 생명은 오랜 세월 진화해오면서 단세포에서 다세포로 그리고 척추동물인 물고기로 진화하였다. 물고기에서 양서동물이 나와 육상생활이 가능해졌고, 뒤를 이어 파충류, 그 뒤에 포유류가 출현하였으며, 마침내 호모(Homo) 종이 출현하였다. 호모종은 그 후 원시인(proto-hominoids)인 오스트랄로피테쿠스(Australopithecus), 호모 하빌리스(Homo Habilis),[18] 호모 이렉투스(Homo Erectus)로의 진화 과정을 거쳐 현생 인류인 호모 사피엔스(Homo Sapiens)로 진화하였다.

동물 진화에서 가장 특기할 만한 현상은 후생동물에서 비롯된 신경계의 출현과 발달이다. 이 신경계는 진화과정에서 신경세포인 뉴런(neuron)이 조직화(체제화, organisation)되어 신경절(ganglion)

---

17 개체발생은 계통발생의 단축이며 급속한 반복이다. 이 반복은 유전과 적응의 생리적 기능에 의해 조건 지어진다는 것이 생물 세계의 법칙이다.
18 인류학자들에 의하면 직립 자세를 취하고, 고기를 먹을 수 있으며, 도구의 제작과 사용이 가능하고, 기호로 의사 전달을 할 수 있을 때 비로소 '사람'이 탄생하였다고 간주할 수 있는데, 호모 하빌리스가 이 네 가지 조건을 갖추었다고 한다.

을 이루었으며, 머리 쪽에 가까이 있던 신경절들이 융합하여 두뇌를 형성하였다(R. Eckert and D. randal, 위의 책). 이 두뇌 신경계의 발달은 생물 진화의 과정에서 한 임계점(critical point)을 이룬다. 물질권의 성숙으로 생물권이 형성되었다면, 생물권의 진화 과정에서 발달한 신경계는 정신권을 형성하도록 추동한 것이다.[19]

　　진화는 예측할 수 없는 여러 요소들이 유기적으로 결합하면서 단순한 것이 점차 복잡화되어 왔다. 그런데 이것은 비가역적 과정이다. 신경계 역시 점차 복잡화되어 인간의 두뇌신경으로까지 진화하였다. 인간 진화의 가장 현저한 특징은 진화의 기간에 비해 뇌의 용량이 매우 커졌다는 점이다. 700cc에 불과했던 초기 원시인의 뇌용량이 1400-1500cc로 증가한 것이다. 이것은 직립으로 인해 눈의 가시영역이 확대되어 뇌로 주입되는 감각의 주입량(sensory input)이 폭증하게 되었는데, 이 새로운 자극에 대응하기 위해 뇌용량을 증가시키는 방향으로 진화를 촉진시켰다는 점과[20] 도구의 제작, 의사소통 능력의 강화로 뇌의 기능이 확대 발달했다는 점에 기인한다.

　　앞으로 인간의 진화도 두뇌화 과정이 점차 복잡화되는 방향으로 진행될 것으로 예측한다. 동물 진화의 특징이 신경계의 발달과 두뇌화 과정에 있으며, 그 진화는 비가역적인 복잡화의 방향으로 나아가기 때문이다. 떼이야르 신부는 이 현상을 '의식복잡화의 법칙'(law of complexity-consciousness)이라고 말한다.

---

19 떼이야르 드 샤르댕 신부는 지구는 진화과정에서 지질권(geosphere)위에 생명권(bio-sphere)을 덧입고, 다시 그 위에 정신권(noosphere)을 덧입어 가고 있다고 말한다.
20 생물은 고도의 기능을 발휘하기 위해 빛을 이용한다. 식물은 빛을 이용하여 광합성을 한다. 광합성은 모든 생물체를 지탱해주는 에너지의 일차적 원천이다. 동물은 시각(視覺)을 통하여 빛을 이용한다. 이 시각은 고도로 발달한 기관으로 이를 기반으로 고등한 뇌를 발달시켰다.

생물 진화는 '우연한 돌연변이'와 '적응이라는 필연성'에 의해 추진되어 왔다. 아무런 동기와 목적없이 우연과 필연에 의해 이루어져 온 것이다. 그러면 인간으로의 진화 역시 아무런 의미없이 이루어진 것인가? 인간 진화의 특징인 두뇌화 과정의 복잡화는 그 무의미성을 극복할 수 있는 능력을 부여하고 있다. 의식작용에 의한 정신화 과정을 통해 인간은 진화의 의미와 목적을 발견하게 되었고, 앞으로의 결과가 인간에게 달려 있다는 사실을 깨닫게 되었다. 우연과 필연에 의한 확률적인 진화의 노정은 인간에게 와서 자율진화, 의미진화의 길을 걸을 수 있게 된 것이다. 생물 진화의 종점에 서 있는 인간은 장구한 생물진화사를 완성시킬 의무와 책임을 지고 있다. 이 과제는 생물학적 영역을 벗어난다. 존재의 궁극적 의미와 목적에 관한 질문은 종교적, 신학적 영역에 속하는 일이기 때문이다.

VIII. 떼이야르 드 샤르댕 신부의 과정신학적 입장에서

우주는 하나의 거대한 진화 과정 속에 있다. 수십 억 년간 계속되어 왔고, 지금도 미래를 향해 움직이고 있는 진화 현상인 것이다. 창조는 태초에 행하신 하나님의 일시적, 유일회적 사건이 아니라 진화의 과정 그 자체이다. '창조는 진화의 과정'인 것이다(creation is the process of evolution).[21] 이 거대한 진화 과정의 마지막 바통을 인간이 받아 쥐고 있다. 인간은 진화 과정의 결정(結晶)이요, 마지막 주자(走者)이며, 동시에 새로운 시작점이기도 하다. 지금 세계는

---

21 떼이야르 신부는 진화의 과정에 대한 형이상학적 개념이 창조라고 말한다.

인간을 통하여 더 큰 완성을 향해 움직여 나가고 있다고 생각한다.

인간에게 와서 우주 진화의 의미와 목적이 발견되었다면 과연 그 목적 즉 진화운동이 향해야 할 궁극적 지점은 어디인가? 인간과 사회, 세계와 우주의 진화적 미래상을 어떻게 설명할 수 있을 것인가? 생물 진화과정을 통하여 미래를 그려본다. 생명의 탄생과 진화의 과정이 창조적 연합과정이요, 정신화(두뇌화)과정으로 진행되어 왔다는 사실에 입각하여 미래의 세계를 투영해서 의식복잡화 법칙에 의한 생명의 창조적 수렴 과정을 예견해보는 것이다. 이 수렴의 진로는 전체 운동이 하나로 몰리는 어떤 중심, 즉 생물학적 전체 진화과정의 최종점, 궁극점이다. 떼이야르 신부는 이것을 오메가 포인트라는 개념으로 설명한다. 이 오메가 포인트는 우주적 사랑의 법칙이 정점으로 도달하게 될 최후의 종점이다. 그리고 이 수렴과정을 이끌어 가시는 분이 하나님이시다(N. M. Wildiers, 『떼이야르 드 샤르댕의 사상 입문』).

떼이야르 신부가 예측하는 미래의 사회는 다음과 같다. 인간의 두뇌가 천억 개가 넘는 신경세포로 구성되어 있으면서도 무수한 연결과 합성으로 통일되어, 인간의 단일의식(單一意識)이 가능하듯이, 인간은 상호 결합하여 공동의식(共同意識), 즉 초인격적 통일을 이루는 일종의 초유기체를 형성하게 될 것이다. 인간의 두뇌를 형성하는 세포는 개별적으로 존재할 수 없지만, 인간은 반성적 사고 (reflexion)[22]에 의해 더 큰 유기체 안에서도 자신의 개인적 자유를

---

22 reflexion은 떼이야르 신부의 용어로써 일반적으로 사용하는 reflection과는 다른 뜻을 지니고 있다. 즉, 생물진화의 과정에서 형성된 두뇌화 과정(정신화 과정)의 의미를 내포하고 있는 것이다.

보유하고 단독적인 존재로 살아간다는 점이 다르다. 진화의 최종기에는 모든 사람이 윤리적 연대성과 합일에 바탕을 둔 집단적 초의식이 발생한다. 따라서 인간 진화의 전 과정은 일심화(一心化, unanimisation), 전체화(全體化, totalisation)의 완성으로 종결지어질 것이다. 개인과 사회(전체)가 사랑 안에서 유기적으로 통전(統全, integration)되는 세계를 이룩하는 것이 생물진화의 최종점인 것이다.

그리스도는 여기에서 누구이신가? 그는 만물의 시작과 끝, 즉 알파와 오메가이다. 세계는 처음부터 그리스도를 지향하였다. 만물이 그로 말미암았고, 그의 안에 만물이 존재한다. 우주는 끊임없이 변화하는 동적현상이라고 보면 우주발생(cosmogenesis) 과정은 그리스도화(christification) 과정이다. 우주발생은 생명발생(biogenesis)을 거쳐 정신발생(noogenesis)으로 끝맺으며 이 정신발생은 그리스도발생(christgenesis)에서 완성된다.

역사적 사건으로써의 전 우주는 그리스도화 현상이며 전체 진화는 결국 그리스도에로의 상승과정이다. 그리고 이 상승운동을 가능케 해주는 동력은 아가페이다. 그리스도는 생물진화의 궁극점이 오메가 포인트의 종말론적 실재이다. 하나님은 그리스도를 통하여 우주진화의 정점을 제시하셨고, 그리스도안에서 그 종말론적 성취를 이룩하셨다.

그리스도는 말씀을 완성하신 분, 성자(誠者)이며 인간은 그 완성을 향해 나아가는 존재, 성지자(誠之者)이다. 앞으로의 인간 진화는 생물진화 과정을 통해 계시해주신 하나님의 우주 완성의 뜻을 이해하고, 그 완성으로서의 그리스도를 믿고, 성육(成肉)을 통해 현존하신 그와 함께 진화의 대열에 서서, 하나님의 뜻을 완성시키기 위한 활동에 동참하는 데에서 그 의미를 발견할 수 있을 것이다.

IX. 나가면서

지금까지 생물진화의 과정을 화학적 진화론에 근거하여 생각해보고, 진화의 종점으로서의 인간이 갖는 생물학적, 역사적 위치와 앞으로의 미래에 대하여 떼이야르 드 샤르댕 신부의 견해를 중심으로 간략하게 생각해 보았다.

한국교회는 아직 진화론에 대한 입장을 공식적으로 정리하지 못하고 있다. 교회 내에서는 여전히 창조론이 유통되고 있다. 창조 사건을 과학적으로 설명하려는 발상 자체가 지닌 인문적 사고의 빈약함을 말해주고 있지만, 신앙이라는 이름하에 진화론은 그 명백한 과학적 증거에도 불구하고 교회 내에서 입에 올리지 못하고 있는 실정이다. 한국교회의 신학적 낙후성이다. 진화와 창조를 더 이상 이런 차원에서 논의하는 일은 이제 그쳐야 한다. 생물 진화의 과정을 이해하고 수용하여 그 바탕위에서 성경을 해석하는, 보다 성숙한 교회와 그리스도인이 되어야 할 것이다.

아울러 현대물리학이 밝혀낸 과학적 진리와 그에 따른 세계관을 이해, 수용해야 한다. 현대물리학의 두 축은 상대성이론과 양자론인데 아직 한국교회는 이 물리학적 진리를 잘 모르고 있으며 이해하려는 노력조차 하지 않고 있다. 그 결과 아직 뉴톤물리학적인 고전적 사고에 머물러 있는 점들이 많다. 상대의 세계에 살고 있으면서도 '절대'라는 말을 쉽게 사용하면서 오류에 빠지는 것이 그 예에 속한다.

인간은 시간과 공간의 제약 속에서 살아가고 있기 때문에, 즉 시공을 초월할 수 없는 존재이기 때문에 절대의 개념을 인식할 수 없는 위치에 있다. 그럼에도 자신의 믿음과 성경에 대한 이해가 절대라는 사고에 사로잡혀 사는 교인들이 많다. 절대의 세계는 시공을 초월하는 진정한 깨달음의 세계, 신인합일(神人合一)의 체험을 할 수 있는 극소수의 사람들이 순간적으로 맛볼 수 있는 세계인 것이다. 우리가 사는 세상에 절대는 없다. 모두 상대적이다. 자신과 자신의 생각을 상대화시킬 수 있어야 성숙한 신앙인의 길을 걸어갈 수 있을 것이다.

또한 양자론이 가르쳐주는 세계관은 무엇인가? 양자론에 의하면 끊임없는 운동과 변화의 세계에서 관찰자와 관찰대상은 상호유기적인 관계 속에 있기 때문에 고정적인 실체로써의 단위 물체는 인식되지 않는다고 한다. 만물을 캐고 끝까지 들어가면 그것을 이루고 있는 단위구성체(building block)가 있을 것이라고 생각하지만, 그것은 상호유기적인 관계 속에서만 인식되는 것이지 실체로써 인식되지는 않는다. 모든 존재의 밑바닥에는 관계만이 있을 뿐이라는 말이다. '나'와 '너'를 구분하고 '나'와 '사물'을 구분하는 구분의식이 존재의 근원에는 없다.[23] 그래서 "'나'의 구원 없는 '너'의 구원 없고, '너'의 구원 없는 '나'의 구원 없다"는 말을 하는 것이다. 고정적 실체론에 입각하여 한 영혼, 한 영혼의 구원을 말하고, 한 영혼 한 영혼을 전도, 구원하여 모두 교인을 만들어 거룩한 도시를 이루자는 성시화 운동 역시 이런 관점에서는 너무도 비현실적이고 무지한 일인 것이다.

---

23 노장(老莊)은 이 구분의식을 넘어서야 진리를 깨우칠 수 있다는 점을 강조하고 있다. 이 구분의식, 즉 선악을 구분하고, '너'와 '나'를 구분하고, '네 것'과 '내 것'을 구분하는 의식이 야말로 원죄이다.

이렇듯 현대물리학과 생물학이 밝혀낸 과학적 진리를 수용하며 신학적 체계를 세운 것이 과정신학(process theology)이다. "창조는 진화의 과정이다"라는 말에서 보듯이 '과정'의 개념으로 창조와 진화를 대립적이 아닌 통전적으로 인식하는 것이다. 우주와 세계는 끊임없는 운동과 변화의 '과정' 속에 있다. 이 '과정'의 개념을 이해하는 것이 과학적 진리를 수용하면서 신학을 가능케 해주는 길이다.

마지막으로 떼이야르 드 샤르댕 신부가 생물학적 진화의 과정을 미래에 투사하여 제시한 두뇌화 과정의 발전에 따른 초유기체로의 진화, 오메가 포인트, 그리스도 생성 등의 개념들은 인간의 본성을 너무 낙관적으로 본 측면이 있지 않은가 생각하게 한다. 30억 년에 걸쳐 이루어져 온 생물 진화의 원동력은 돌연변이와 자연도태이다. 그 과정 속에서 생존 경쟁에서 우월한 개체들, 즉 먹이의 쟁탈에서 우위를 점하고, 자신의 후손을 많이 퍼뜨리는 종들에 의해 진화가 이루어졌다. 인간에게 와서 의식작용이 활발해지고 도덕과 윤리, 종교 등 고등한 장신문화가 형성되었지만 생물로써의 모습인 탐욕과 분노, 지배욕과 소유욕 등의 본성은 여전히 강력하게 작동하고 있다. 그것은 인간이 질머진 진화의 무거운 짐이기도 한다. 그 짐을 쉽게 떨쳐버릴 수 있을까?

오늘날 4차 혁명을 말하고 있지만, 그래서 한편으로는 떼이야르 신부의 두뇌화과정의 발달이 눈에 뜨이게 이루어지고 있지만, 인간성 내부에 깊이 박혀있는 탐욕, 소유욕, 지배욕 그리고 그 본성에 의해 형성된 인간중심적이고 이기적인 삶의 구조로 인한 자연생태계의 파괴, 끊이지 않는 전쟁과 폭력, 발달된 과학기술의 오용과 악용 등에 의한 부정적인 측면은 떼이야르 신부의 낙관적인 진화를 불투명하게 만들고 있는 것이다. 앞으로는 트랜스휴먼이 출현하여 그에 미치지 못하는 열등한 인간을 억압, 차별할 것이며, 이후 인간에 의한 진화가 이루어져서 포스트 휴먼의 시대가 오면 새로운 기술을 장악한 우월한 인간들이 세상을 지배할 것이라는 비관론이 언급되고 있는 것이다. 인간의 악한 본성이 통제될 수 있는 효율적인 방안이 없는 과학기술의 혁명은 오히려 인간 진화의 장애물이 될 가능성이 농후한 것이다.

그러면 인간 진화의 진정한 길을 어디에서 찾을 것인가? 인간이 자신이 어떤 존재인지, 자기 정체성을 올바로 깨닫고, 그 깨달음을 바탕으로 미래의 진화를 말하는 것이 오늘의 세계위기를 극복할 수 있는 방향이 아닐까 생각해본다. 인간 이성에 대한 낙관적 믿음과 과학기술에 대한 과도한 신뢰는 인류의 미래를 책임있게 인도해주지 못할 것이다.

여기에 농신학의 주장이 설 자리가 있다. 농신학적 입장에서 볼 때 인간은 땅을 경작하고 그것을 지키는 존재로 지음을 받았다. 즉, 땅과 함께 살아가면서 하나님의 생명 창조를 이어받고, 그것을 보전해야 할 소명을 갖고 태어난 존재이다. 이것이 성서적 인간정체성이다. 오늘 인간 문명의 위기는 바로 이 본연의 자리에서 이탈하여 땅을 떠나 거대한 인위적 도시를 건설하고, 그 도시문명을 발전시키면서 인간 중심의 풍요와 편리함을 누리면서, 결국 하나님께 등을 돌리고 교만하게 바벨탑을 쌓고 있는 데서 발생하고 있는 것이다. 두뇌화과정이 인간 진화의 특징이고, 요즘 디지털시대, AI, 4차 혁명의 시대를 맞이하면서 앞으로 그것이 더욱 진화하는 방향으로 나아갈 것이라는 점에는 동의할 수 있지만, 그 발달이 과연 인간의 종교적,

윤리적 성숙으로 나아갈지, 아니면 파괴와 멸망으로 나아갈지는 전적으로 인간 자신에게 달려있다. 인류가 과연 자기 본성을 극복하면서 인간 진화의 순방향으로 갈 수 있을까? 질문을 던져본다.

농사 현장에서의 실천과 응답*

임기도

(목사, 괴산 소마교회)

I. 들어가며 : 시대의 표징을 읽을 수 있는가?

아무 연고도 없는 충북 괴산에 들어와 농사를 지으며 소마교회를 개척하면서 살아온 지 어언 12년여의 세월이 흘렀다. 정확하게 말하면 나는 생명목회의 방향성을 갖고 이곳 괴산에서 12년 26일차 복무 중에 있다. 지난 12년간 하나의 방향성을 세워내는 교회의 모델이 되고자 노력해온 과정은 말씀에 근거한 처절한 삶의 몸부림이었고, 시대의 징표를 읽어내려는 몸짓이었다고 말할 수 있다. 교회의 패러다임 전환이라는 화두(話頭)에 어떻게 대응할 것인가? 현실적으

---

* 이 글은 2024년 3월 26일 비대면으로 진행된 농신학연구회 제41차 월례세미나에서 발표한 것이다.

로는 어떻게 생존할 것인가? 두 가지 고민을 안고 그것을 해결하기 위해 몸부림쳐 온 과정이었다. 이 과정은 목회 이중직 수행의 과제를 연구하는 계기도 되었다.

농사를 짓게 되니 땅에 대하여 깊이 생각하게 되었다. 내가 얻은 결론은 땅의 건강성이 인간의 건강성을 담보한다는 점이다. 유기농업의 핵심은 땅심을 살리는 것이다. 이 땅심을 높이기 위한 문제의식이 출발점이 되었고, 말씀에 근거한 실천의 현장이 되고자 하였다.

이 글에서는 그동안 필자가 해온 활동을 중심으로 기술하겠다. 나의 사역은 토종고추 종자 부문과 땅심 살리기 영역 즉 리그닌 함양이 높은 토양 만들기와 중복기생균(Trichoderma hazianum), 방선균(Actinomycetes), 살충곰팡이(Beauveria bassiana, Metarhizium anisopliae), 유효미생물(EM) 등의 미생물 자가배양에 집중하고 있다.

II. 네가 어디 있느냐?

내가 목회하고 있는 소마교회는 괴산군 장연면 추점리에 소재하는 리(里) 단위 교회이다. 나는 이곳에서 목회와 농업을 병행하고 있다. 쉬운 일은 아니지만 나는 소명감으로 임해왔다.

농업이 이루어지는 거대한 순환 과정을 보면, 농사 현장을 중심으로 전방농업과 후방농업이 있다. 전방농업은 농사지어 생산한 농산물을 유통, 저장, 가공, 판매 등을 하는 영역으로 이는 농식품 전문 유통업체 및 가공업체와 유통회사로 전문화되었고, 후방농업은 농업

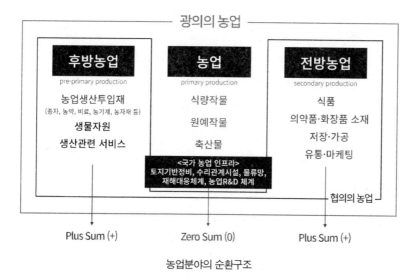

농업분야의 순환구조

생산을 위한 각종 농기계 및 자재들과 종자, 농약, 비료 등을 생산하는 영역으로 이 또한 40~50년 전부터 농기계전문생산업체, 농자재생산업체, 종자생산회사, 농화학생산회사로 그 역할이 이전되었다. 농민들의 농사 현장은 오롯이 식량작물, 원예작물, 축산물 등의 생산만을 담당하도록 농업 구조가 정착되었다. 정부는 토지기반 정비, 수리관계시설 구축, 물류망, 재해대응체계, 농업 R&D 체계 등을 지원하고 있다.

협의의 농업을 보면 농민들을 1차 농산물 생산에만 집중하도록 몰아넣고 있는 것을 볼 수 있다. 이 영역은 그야말로 제로섬(Zero Sum) 지대여서 후방농업과 전방농업의 이익(Plus Sum)을 위해 쌍끌이로 수탈당하는 구조이다. 요즘은 조직된 농민 단체나 자본이 있는 농민들은 전방농업에도 뛰어들어 농업회사법인을 통한 저장, 가공, 유통, 마케팅 등을 하기도 하지만 그것은 극소수의 예외에 속하며 대부분의 농민들은 거대 자본에 의한 수탈구조 속에 놓여 있다고 할 수 있다.

이러한 농산업의 구조 속에서 교회는 어느 영역에 복무할 것인가? 농촌현장도 농산물을 생산 하는 분야 외에도 교육, 복지, 환경, 문화 분야 등의 삶의 영역이 있다. 농촌교회의 경우 종교교육 외에도 복지 및 문화 등 여러 분야에서 역할을 감당할 수 있다.

소마교회는 1차 농산물 생산영역에 복무하는 생산공동체 조합이다. 따라서 전문 농작업인 또는 전문 농경영인의 범주에 속한다. 그런데 1차 농산물 생산영역은 저수익, 초장기의 고통을 감내해야만 수익을 볼 수 있는 영역이다. 지금은 풍년이란 말이 나에게만 적용되어야 하는 단어가 되었다. 모두가 풍년이 들면 농산물 가격이 하락되기 때문이다. 농의 본질과는 너무나도 멀어져 버린 '풍년'이 되어버렸다.

정부의 농업 정책 중 더 심각한 것은 농산물 생산 농가를 전 국민의 1% 선으로 낮추려 계획하고 있다는 점이다. 물론 농촌 인구 소멸과 생산 농민의 연령이 높아지고 있는 상황에서 이해되는 면이 없지는 않다. 농기계의 대형화와 농지기반시설 및 수리 시설 등의 인프라가 구축되면서 농업생산성이 많이 높아져 있는 것 또한 사실이다. 역할분담이란 면에서 수용할 부분도 분명 있지만, 전방농업과 후방농업이 현장농업의 건강한 생존과 함께 순환되는 유기적인 관계에 있어야 한다는 점을 간과해서는 안 될 것이다.

III. 그 씨가 온 땅 위에 살아남게 하여라(창 7:3)

농부는 죽어도 종자를 품에 안고 죽는다는 말이 있었다. 그런데 요즘은 아니다. 우리 종자는 외환위기(IMF)사태 이후 다국적 기업으로 거의 넘어가 버렸다. 청양고추는 이때부터 우리의 종자가 아니게 되었다. 또한 36년간의 일제 강점기와 625 전란 등을 거치며 미국과 독일, 일본 등은 한반도 고유의 종자들을 거의 줍다시피 긁어갔다. 전 세계적으로 크리스마스 트리로 유명한 구상나무나 미국산 대두콩의 뿌리가 한반도의 종자에 있다는 점은 이미 주지의 사실이다.

오늘날 선진국 농업은 종자 산업에 큰 힘을 쏟고 있다. 종자 값이 금값보다 비싼 시대가 되었다. 농촌현장의 거의 모든 작물 종자는 종자회사에 종속되어 있다. 농가에서 자가채종하여 심는 시대가 지났다는 말이다.

IV. 네 손에 있는 것이 무엇이냐?(출 4:2)
— 토종고추 종자의 보존과 확산

충청북도 괴산군을 중심으로 음성군, 충주시, 청주시 일원에서 생산 재배되고 있었던 토종 고추에는 괴산 수비초, 유월초, 쇠뿔초, 음성초, 충주 소태초 등이 있다. 영양군 수비면에서 채종 되었던 수비초, 유월초가 오랜 세월 괴산군의 자연환경에 토착화 되면서 괴산 유월초, 수비초가 되었다. 생산성이 떨어진다 하여 농가에서 외면당하던 토종고추 종자를 발굴하여 보니 오랫동안 타품종과 교잡되어 토종 본래의 맛과 색이 발현되지 않아 순종 선발에만 4-5년 걸렸다. 노력 끝에 수비초와 유월초는 어느 정도 순종에 가까워졌다.

토종고추의 식물화학적 특성과 항산화 활성도를 종합적으로 연구해 본 결과 토종고추의 항산화 효율이 일반 품종보다 높았으며, 더 강한 항산화 화합물이 존재한다는 점을 알게 되었다. 그 결과 식품 산업 내 기능성 식품 및 식이 보조제 개발에 귀한 자료를 확보하게 되었다.[1]

현재는 45농가에서 200,000포기 정도 재배, 생산하고 있다. 토종고추 육묘장이 협소하여 2024년도에는 토종고추 육묘장 지원사업으로 1억 8천만 원의 지원을 받았다. 지자체에서도 관심과 지원을 하고 있는 것이다. 토종고추 생산 농가들은 토종고추의 육묘, 재배, 채종 등을 각자의 비술(秘術)이라고 잘 공개하지 않고 있었는데, 이를 취합하고 정리하여 토종고추 재배 매뉴얼을 만들게 되었다.

V. 또 내가 새 하늘과 새 땅을 보니(계 21:1)

괴산군은 막대한 국가 예산을 지원받아 세계 유기농엑스포대회를 두 차례 개최하면서 유기농업 육성에 심혈을 기울여 왔다. 관내 유기농업인은 480여 농가이다. 괴산군은 10여 년 동안 유기농업인들에게 퇴비 지원사업으로 90%를 보조해주고 있다. 매우 좋은 제도임에 틀림없다. 유기농 인증 제도에 의하면 매년 본인이 경작하는 토양의 시료를 채취하여 관내 농업기술센터 토양분석실에 의뢰하면 토양 성분이 어느 정도인지 분석해주는데, 그 결과 나오는 토양시비처방서를 통해 자기 농지의 땅심 정도를 알 수 있다. 문제에 대한 인식은 이 토양시비처방서를 받으면서 생겼다. 막대한 세금으로 90% 보조를

---

1 한국 기초과학지원연구원 2부 생화학분석팀, 과학기술대학교 생물분석과학과, 대전, 대한민국.

받는 퇴비를 내 땅에 오랫동안 투입하였지만 유기물 함량의 변화 추이를 볼 수 없다는 사실을 알게 된 것이다.

공동연구 결과 시중에 유통 판매되고 있는 퇴비의 유기물 함량 표기 중 유기물의 내용에 문제가 있음을 알게 되었다. 리그닌(lignin) 함량이 낮은 유기물은 3-4개월이면 분해가 되어 토양에 축적되지 않기에 매년 반복하여 투입해야 하는데 퇴비회사들이 이런 퇴비를 제조, 유통, 판매하고 있었던 것을 알게 된 것이다. 막대한 세금을 투입하고 땅을 살리기 위한 농민들의 고된 노동 사이에서 퇴비회사만 이득을 보는 구조가 자리 잡고 있었던 것이다. 퇴비회사도 리그닌 성분 높은 퇴비가 좋은 것을 알지만, 발효과정이 길고 뒤집기 하는 공정을 거쳐야 하므로 경영상 채산성이 안 맞는다는 이유로 리그닌 함량이 높은 퇴비 생산을 외면해온 것이다.

마침 소마교회가 위치하고 있는 장연면 인근에는 사과농장들이 많다. 이런 농장에서는 순 정지 작업과 수종(樹種) 변경으로 사과나무를 매년 잘라 내어 소각하고 있었다. 이 자원들을 파쇄하여 퇴비화 작업을 하게 되었는데 놀라운 변화들이 생기기 시작했다. 땅심이 좋아지면서 병해충들이 감소했고 생산성이 더 높아지기 시작한 것이다.

토양시비처방서 항목에는 유기물 함량 수치가 있는데 우리나라 농지 평균은 1.8%라고 한다. 괴산 관내의 농지는 2.0±2%라고 하니 전국 평균치와 유사하다. 이론적으로는 유기농업이 정상적으로 이루어지려면 유기물 함량이 최소 4-5%는 되어야 하는데 괴산군을 '유기농업군'이라고 말하기에 낯이 붉어질 정도였다.

평균 유기물 함량을 2%로 보고 매년 0.5%씩 높여 나간다면 5년이면 유기물 함량 4.5%에 도달할 수 있다는 계산이 나온다. 파쇄목퇴비자가생산에 집중하면서 파쇄목퇴비 투입 전 5년과 투입 후 5년의 어떤 변화가 일어났는지 자료를 모으는 중이다. 10년간의 자료를 취합하여 농정의 전환 계기를 만들어 보고자 한다.

파쇄목으로 퇴비를 만드는 과정

Ⅵ. 하나님이 지으신 그 모든 것을 보시니 보시기에 심히 좋았더라 — 미생물 자가 배양 (살충곰팡이, 방선균, 백강균, EM 등)

12년 전 괴산 땅을 처음 밟았을 때 유효미생물(EM) 20 리터가 손에 있었다. 그동안 미생물을 꾸준히 활용해 본 결과 많은 시행착오가 있었지만 소기의 성과도 있었다. 마침 전문적으로 연구해온 분들이 곁에 계셔서 같이 공부하고 연구하여 농가에서도 쉽게 자가배양할 수 있는 매뉴얼을 만들기 시작했다. 중복기생균(Trichoderma hazianum), 방선균(Actinomycetes), 살충곰팡이(Beauveria bassiana, Metarhizium anisopliae) 이런 균들을 자가 배양하는 이유는 시중 유통 판매되고 있는 제품들이 너무 고가이며, 방제효과가 너무 떨어지기 때문이다. 농가에서는 병충해가 발생하니 어쩔 수 없이 고가의 약제를 구입하여 사용하게 되니 약제 값만 연간 1천만 원이 넘게 들어가는 농가도 있다. 최소 2-3백만 원은 기본이고 평균 4-5백만

충북 괴산의 유기농업 일꾼들

원 정도 지출한다. 위와 같이 자가 배양을 하면 10-20만 원이면 1년 농사를 걱정 없이 지을 수 있다.

미생물을 자가 배양하는 모습